光明社科文库
GUANGMING DAILY PRESS:
A SOCIAL SCIENCE SERIES

·经济与管理书系·

企业顾客关系及其营销策略研究：
基于交换的电商时代

李双龙丨著

光明日报出版社

图书在版编目（CIP）数据

企业顾客关系及其营销策略研究：基于交换的电商
时代 / 李双龙著 . -- 北京：光明日报出版社，2022.11
ISBN 978 - 7 - 5194 - 7014 - 2

Ⅰ.①企… Ⅱ.①李… Ⅲ.①企业管理—销售管理
Ⅳ.①F274

中国版本图书馆 CIP 数据核字（2022）第 244778 号

企业顾客关系及其营销策略研究：基于交换的电商时代
QIYE GUKE GUANXI JIQI YINGXIAO CELÜE YANJIU：JIYU JIAOHUAN DE
DIANSHANG SHIDAI

著　　者：李双龙

责任编辑：刘兴华　　　　　　　　　　责任校对：李佳莹
封面设计：中联华文　　　　　　　　　　责任印制：曹　净

出版发行：光明日报出版社
地　　址：北京市西城区永安路 106 号，100050
电　　话：010-63169890（咨询），010-63131930（邮购）
传　　真：010-63131930
网　　址：http：// book. gmw. cn
E － mail：gmrbcbs@ gmw. cn
法律顾问：北京市兰台律师事务所龚柳方律师

印　　刷：三河市华东印刷有限公司
装　　订：三河市华东印刷有限公司
本书如有破损、缺页、装订错误，请与本社联系调换，电话：010-63131930

开　　本：170mm×240mm
字　　数：252 千字　　　　　　　　　　印　　张：17
版　　次：2023 年 5 月第 1 版　　　　　　印　　次：2023 年 5 月第 1 次印刷
书　　号：ISBN 978 - 7 - 5194 - 7014 - 2
定　　价：95.00 元

内容摘要

　　顾客关系的处理对任何企业都非常重要。对顾客关系的充分认识是企业建立、维持、发展与顾客的良好关系的前提和基础。市场经济是交换经济。企业利润主要通过交换来实现。本书基于交换视角研究和解读顾客关系的内涵。从交换的形成、交换过程、交换主体和对象、交换原因、交换需求内容与交换目的解读顾客角度的顾客关系，分析顾客关系的形成、对象、内容、实质。首先解读顾客关系的内涵，从交换需求解读顾客关系的形成，从交换过程、交换主体和对象解读顾客关系对象，从交换内容解读顾客关系内容，从交换原因和目的解读顾客关系实质。其次，从交换过程和结果解读企业角度的顾客关系，分析其特征和价值。然后在此基础上以消费者顾客需求为基础，以消费者顾客关系为核心和目的，兼顾其他关系对象的关系，以顾客满意和忠诚为顾客关系营销目标，并围绕该目标建立顾客关系营销战略和策略。顾客满意是顾客关系营销的起点和归宿。顾客关系需求的特点和内容决定和影响着相应的营销手段和策略。基于交换原因与目的进行价值营销和信任营销。基于交换对象进行品牌关系和人员关系营销。市场的竞争是顾客的竞争，更是顾客关系的竞争。由于营销环境的变化让顾客关系创新营销必不可少，企业亟须构建具有可操作性的顾客关系营销的战略框架。

目　录
CONTENTS

绪　论

一、研究背景

1. 现实意义

中国人和中国企业非常重视关系。海尔集团张瑞敏说：在中国，一个企业要想成功，第一是要靠关系，第二是要靠关系，第三还是要靠关系。中国最了解关系、看重关系，然而把有关关系的东西形成科学、体系的还是西方人，如公共关系学、关系营销学。在中国，如何科学地对待和处理企业的各种关系，不至于把关系庸俗化，关系营销理论的完善和本土化研究以及可操作性的关系营销理论的研究就显得很有必要。不仅如此，顾客关系是企业所有关系的核心。企业所有关系的协调和维护都要以顾客关系为中心和目的。

随着消费观念和消费需求的不断升级，电商购物消费方式已经成为一种新的市场趋势。电商从 O2O（Online To Offline）的兴盛到 OMO（Online-Merge-Offline）的广泛发展，普遍出现的电商企业影响了人们的生活方式。国内外持续的疫情对消费者网上购物的影响，也促成了电商的进一步发展。与时俱进，2021 年国家修订完善了《反垄断法》，其中第二十一条增加了对于互联网领域经营者市场支配地位认定的额外考量因素。电商时代，顾客关系依然是交换关系。顾客、顾客关系依然是企业竞争的对象和要素。企业行为的变化、交互方式和服务方式的变化必然影响消费行为，反过来进一步影响顾客关系、影响企业营销策略。

2. 理论意义

关系营销把一切内部和外部利益相关者均纳入研究范围，用系统的方法考察企业所有活动及其相互关系。人们对关系营销的讨论和实践，已从单纯的顾客关系扩展到了企业与顾客、供应商、中间商、竞争者、政府、社区等的关系，其中顾客关系是所有关系中的核心。研究顾客关系营销理论应该更加贴近实践并指导实践，更具有可操作性。顾客关系营销理论不应当仅仅停留在理论层面，而更应走向操作层面，指导企业界运用该理论有效保持与顾客的关系。理论意义具体体现在以下几个方面。

（1）从顾客关系双方全面研究，区别于以往单纯从关系某一方面的研究。

（2）综合运用哲学、心理学、社会学、经济学、管理学等学科理论和方法研究关系对象，以顾客关系为核心和重点，兼顾其他关系对象的研究，以及顾客关系与其他关系对象关系的研究。

（3）从交换视角研究解读顾客关系内涵，很少有人回答和思考这个问题。在顾客关系内涵的基础上，从战略视角构建顾客关系营销框架，区别于单纯的 CRM 技术视角的研究。

（4）研究新时代电商环境下企业的顾客关系。研究成果既可以运用于企业实践，也可以运用于营销教学。

二、研究现状

（一）关系营销理论的研究

1. 国外关系营销理论的研究

关系营销理论源于时代的需求。关系营销经历了一个演化过程。国外具有代表性的一些关系营销理论分别对关系营销的基本内涵及重要意义作了不同角度的阐述。（1）伦纳德·L. 贝里发表于 1983 年的《关系营销》一文，最先在服务范畴引入关系营销的概念，认为"关系营销就是吸引、

保持以及在综合服务公司扩展客户关系"。① （2）巴巴拉·B. 杰克逊
（1985）、唐布尔和韦尔森（1989）等人指出"关系营销就是通过建立、加
强这两种纽带，尤其是结构纽带构筑有效的出走障碍，锁住顾客。"（3）
卡波尔特和沃尔夫指出"关系营销就是利用数据库去'瞄准'并保持消费
者，与消费者建立连续关系"。（4）摩根和汉特（Morgan & Hunt，1994）
把关系义务定义为："交易伙伴相信与对方的持续关系是重要的，因此需
要以最大的努力来维持这种关系；也就是说，承担义务的一方相信，为确
保关系无限期地持续下去，它是值得为之努力的。""关系营销指所有旨在
建立、发展、维护成功的关系交换的营销活动"。（5）克里斯丁·格朗鲁
斯 1990 年发表了《从服务的角度看待关系营销：市场营销与企业行为方
面》一文，指出了市场营销与企业行为之间的关键联系，分析了企业建立
服务文化和内部营销的必要性。格鲁罗斯（1994）将关系营销定义为：在
适当的情况下，识别、建立、维持和增进同消费者和其他利益相关者的关
系，同时在必要时终止这些关系，以利于实现相关各方的目标；这要通过
相互交换及各种承诺的兑现来实现。这是目前关于关系营销的最为权威的
定义。② （6）阿德里安·佩恩认为企业为了建立和保持真正的客户，必须
认识到与这些市场建立关系的重要性，提出了六市场模型。③ （7）1997 年
瑞典学者古姆松提出"关系营销就是从关系、网络和交互的角度看营
销"。④ （8）克里斯丁·格朗鲁斯 1998 年发表文章认为关系营销是一种价
值、交互和对话过程。他提出有三个方面对成功实施关系营销是至关重要
的：一是作为关系营销起点和结果的价值过程；二是作为关系营销核心的
交互过程；三是支持关系建立和发展的对话过程。主要从服务行业探讨关

---

① 阿德里安·佩恩. 关系营销——形成和保持竞争优势［M］. 北京：中信出版社，
2002：96.

② 马晓娟，《以顾客满意为核心的关系营销理论及应用——以西部旅游业为例》
［D］. 兰州大学硕士论文，2006.

③ Christopher M.，Payne A，Ballantyne D（1991）. Relationship Marketing，Butterworth-
Heinemann，Oxford.

④ Thorsten Hennig，Thurau Ursula Hansen. 关系营销——建立顾客满意和顾客忠诚的竞
争优势［M］. 广州：广东经济出版社，2003：5.

系的各方面。①

以上各种关系营销的理论对关系营销的发展意义重大，不同角度的探索有力推进了关系营销研究的深入，但关系营销理论在内涵上没有一个公认的概念，在战略指导上缺乏具有操作性和指导意义的成果。对于（1）、（2）两种理论仅仅是站在企业自身的角度强行留住顾客，一味地锁住顾客，不考虑顾客或关系另一方的意愿。不是从顾客角度思考，让顾客在满意基础上留下来，建立持续的长久关系。（3）数据库理论、（4）信任理论、（5）内部营销理论只是顾客关系营销的一部分，并不是顾客关系营销的全部。格鲁罗斯和佩恩从宏观视角提出了一个企业关系营销的宏观框架，但没有具体到如何对每一关系对象进行关系营销的措施和策略；平等均衡对待各市场，没有把顾客市场放在重点和核心地位，没有把顾客关系作为所有关系的核心。（7）古姆松的理论是从认识上告诉我们关系对营销的影响，没有可操作性。也只考虑了仅有的消费者顾客的关系。格朗鲁斯1998年的理论观点指出了关系的实质及其实施的努力，但没有从整个企业的经营活动中谈论顾客关系，比如竞争者、变化等。在以上顾客关系理论中对于顾客关系的持续和维持已经足够关注和重视，而对于顾客关系的终止和建立即关系创新只字未提。

2. 国内关系营销理论研究现状

（1）对关系营销意义和作用的研究，高隆昌、魏宇研究了关系营销的竞争优势，欧阳卓飞认为关系营销所倡导的"谋求共同发展"即"共赢"理念，是企业可持续发展的根本性理念；（2）对关系营销理论的介绍和评价，如常志有、甘碧群、唐玉生和庞进等，认为关系营销是营销革命；（3）对关系营销局限研究，如焦晓波、袁国华、甘碧群认为适用范围受限，关系营销战略和策略受限；（4）结合本土文化研究关系营销，如庄贵军、席酉民、汪涛与陈露蓉；（5）关系营销行业和企业的运用研究，如陈永的关系营销在中资银行的应用研究，又如在房产和旅游企业中的运用分

---

① Gronroos C（1990）. Marketing redefined, Management Decision［J］. 28, No. 8: 5-9.

析；（6）从经济学分析，如杨丹、郭晓凌和刘社建、寿志钢等从交易成本分析关系营销，朱文渊、高炳华、王仁志和段从清等用博弈理论分析，刘丹对竞争下的关系营销模型设计作出了尝试；（7）将关系营销和道德相结合进行研究，如庄贵军、张丽云，庄贵军认为在关系营销下要么降低道德标准，要么建立新的道德标准；（8）梁运文、龚健在《关系营销运作及构建机制》中提到为了维持关系必须创新，而没有对如何创新以满足关系以及对关系对象、关系层次进行深入探讨；（9）关系营销实施的研究，如庄贵军、周筱莲对关系营销组合模型的构建，董雅丽作了以顾客满意为核心的关系营销体系构建的尝试，但未深入；（10）对关系营销导向的研究，杨智与李素英以及李颖灏对关系营销导向的内涵、测量、原因变量以及关系营销导向与企业绩效的关系等做了归纳。

总之，国内对关系营销理论的研究均在国外理论基础上进行的，关系营销研究结果应用性和操作性有待深入；关系市场对象的研究要么全面而缺乏重点和主线，要么单一而不全面。

（二）顾客关系价值与关系质量的研究

1. 关系价值的研究现状

分别针对 B2B 和 B2C 两种市场环境中的关系价值，从定义、构成维度、研究模型等方面进行研究。

（1）B2B 环境中关系价值的定义。Wilson 和 Jantrania（1995）最先对关系价值进行了定性研究，并且指出任何关系都会为关系双方创造某种价值。他们基于战略视角把关系价值定义为提高关系双方竞争能力的合作关系的结果。① Ravald 和 Gronroos（1996）通过理论推导，得出了在交易关系中普遍适用的价值感知框架，他们认为，除了交易产品以外，交易双方的关系本身也会对顾客的总体感知价值产生影响。② Hogan（2001）把关系

---

① Wilson DT, JantraniaS. Understanding the value of a relationship ［J］. Asia－Australia Marketing Journal, 1995, 2（1）: 55-66.

② Ravald. A, Gronroos C. The value concept and relationship marketing ［J］. European Journal of Marketing, 1996, 30: 19-30.

价值定义为顾客感知的从整个关系生命周期中获得的切实利益的净价值。[①]
Walter 等（2002）认为关系价值是一个独立于产品价值的概念。他们把关系价值看作是顾客对关系的总体评价，并把关系价值定义为顾客感知到的多种利益和牺牲之间的权衡。

（2）B2B 环境中关系价值的构成维度。有仅从价值分类法研究的，如Wilson 和 Jantrania（1995）最先将关系价值的构成维度明确分为经济价值、行为价值和战略价值。[②] 后来，Biggemann 和 Buttle（2002）通过案例研究得出了个人价值、财务价值、知识价值和战略价值四个构成维度。有从利益—成本分类法研究的。Ravald 和 Gronroos（1996）指出，关系利益会增强顾客对供应商的信任进而增进顾客忠诚；关系成本则包括直接成本、间接成本和心理成本。[③] Lapierre（2000）利用信息技术产业的顾客数据确定了顾客感知价值的维度，并把它们归为三个利益维度（产品利益、服务利益和关系利益）和两个成本维度（价格成本和关系成本）。[④] Ulaga 和 Eggert（2003）通过实证研究确定了制造商与供应商关系价值的五个利益维度和两个成本维度，他们并没有严格区分关系价值与产品价值，而把关系双方在交易中涉及的各个方面都看作是关系的结果。中国学者陆和平只研究了关系利益，没有探讨关系成本，他把关系利益分为组织利益和个人利益。[⑤]

（3）B2B 环境中关系价值的研究模型。Hogan（2001）对高级采购经理样本进行了调研，并检验了关系价值的前因变量和结果变量。关系价值是承诺和关系投资意愿的驱动因素，关系价值对投资意愿的影响比对承诺

① Hogan JE. Expected relationship value：A construct, a methodology for measurement and a modeling technique［J］. Industrial Marketing Management, 2001, 30：339-351.

② Wilson DT, Jantrania S. Understanding the value of a relationship［J］. Asia-Australia Marketing Journal, 1995, 2（1）：55-66.

③ Ravald A, Gronroos C. The value concept and relationship marketing［J］. European Journal of Marketing, 1996, 30：19-30.

④ Lapierre J. Customer—perceived value in industrial contexts［J］. Journal of Business&Industrial Marketing, 2000, 15（2/3）：122-140.

⑤ 陆和平. 赢得客户的心——中国式关系营销［M］. 北京：企业管理出版社，2010：88, 91.

的影响要大。① Walter（2002）等通过对顾客—供应商关系的调研，考察了关系价值与产品价值、产品质量、信任、承诺等之间的关系。其研究结果表明，关系承诺是最终的因变量，信任和关系价值是关系承诺最直接的影响因素，同时信任和产品价值也会对关系价值产生显著的正向影响；产品质量则是最初的自变量，它对产品价值、信任和关系价值都有显著影响。Ulaga 和 Eggert（2006）以邮寄问卷的形式对企业采购经理进行了调研，并检验了关系价值、关系质量和行为结果之间的关系。其研究结果表明，关系价值是关系质量的前因，关系价值对满意的影响最强，对信任和承诺也有较为显著的影响；关系质量则是行为结果的前因，满意和承诺对拓展业务倾向都产生显著的正向影响，对解除关系倾向都有显著的负向影响，而信任不直接影响行为结果；关系价值除了通过关系质量间接影响行为结果以外，还会直接影响拓展业务倾向。②

对于 B2B 关系价值的研究中，认为就是供应商对关键人员的关系，如 Ulaga 和 Eggert（2003）认为关系价值是指买方企业的关键决策者在考虑备选供应商关系时感知到的产品、服务、知识产权、市场时机和社会利益与价格及过程成本的权衡结果。Hogan（2001）对高级采购经理样本进行了调研，并检验了关系价值的前因变量和结果变量。③ Ulaga 和 Eggert（2006）以邮寄问卷的形式对企业采购经理进行了调研，并检验了关系价值、关系质量和行为结果之间的关系。④

（4）B2C 环境中的关系价值研究

①B2C 环境中关系利益的定义与构成。Berry 在 1995 年率先指出，消

---

① Hogan JE. Expected relationship value：A construct，a methodology for measurement and a modeling technique［J］. Industrial Marketing Management，2001，30：339-351.

② Ulaga W，Eggert A. Relationship value and relationship quality［J］. European Journal of Marketing，2006，40（3/4）：311-327.

③ Hogan JE. Expected relationship value：Aconstruct，a methodology for measurement and a modeling technique［J］. Industrial Marketing Management，2001，30：339-351.

④ Ulaga W，Eggert A. Relationship value and relationship quality［J］. European Journal of Marketing，2006，40（3/4）：311-327.

费者保持与企业的关系可以获得风险降低利益和社会利益。① Bitner
（1995）的研究表明，消费者从服务关系中获得的关系利益包括：压力减
轻、节省转换成本、简化个人的生活、服务企业消费者可以发展与企业员
工的个人友谊。② Beatty 等（1996）则认为，与销售人员之间的关系可为
消费者提供功能利益和社会利益。③ Gwinner 等在 1998 年提出了四类关系
利益：社会利益；信心利益；经济利益；定制化利益。他们最后把经济利
益和定制化利益合并为一个维度的特殊待遇利益，包括价格折扣、更快的
服务和特殊的额外服务。④ Yen 和 Gwinner（2003）在互联网环境下认为基
于互联网技术的个人服务缺乏人际接触，网络商店销售员与消费者之间不
会产生友谊，因此在互联网环境下关系利益只包括信心利益和特殊待遇利
益，不存在社会利益。⑤

　　②B2C 环境中关系利益的研究模型。Vazquez－Carrasco 和 Foxall
（2006）把关系利益看作是单维度的概念。Reynolds 和 Beatty（1999）认
为，消费者与销售人员的关系能够提供功能利益和社会利益。⑥ Yen 和
Gwinner（2003）在互联网环境下对 Gwinner 等（1998）的研究结果进行了
修正，他们认为，网络消费者缺乏与企业员工的互动，因此只能获得信心

---

① McAlexander JH, Kim SK, Roberts SC. Loyalty: The influences of satisfaction and brand
　community integration ［J］. Journal of Marketing Theory&Practice, 2003, 11（4）: 1-
　11.

② Ajzen I. The theory of planned behavior ［J］. Organizational Behavior & Human Decisions
　Processes, 1991, 50（2）: 179-211.

③ Bagozzi RP, Dholakia UM. Antecedents and purchase consequences of customer participation
　in small group brand communities ［J］. International Journal of Research in Marketing,
　2006, 23（1）: 45-61.

④ Belk RW. Possessions and the extended self ［J］. Journal of Consumer Research, 1988,
　15（Sep.）: 139-168.

⑤ Algesheimer R, Dholakia UM, Hermann A. The social influence of brand community: Ev-
　idence from European car clubs ［J］. Journal of Marketing, 2005, 69（3）: 19-34.

⑥ McMillian DW, Chavis DM. Sense of community: A definition and theory ［J］. Journal of
　Consumer Psychology, 1986, 14（1）: 6-23.

利益和特殊待遇利益两类关系利益。① Hennig-Thurau 等（2002）完全基于
Gwinner 等人提出的关系利益分类方法，通过对服务行业消费者的调研，
检验了信心利益、社会利益和特殊待遇利益对关系质量和行为结果的
影响。②

③B2C 环境中关系成本的构成维度。学者对于 B2C 环境中关系成本的
研究只提出了与关系成本相似的概念——关系障碍。Hennig-Thurau 等
（2000）指出，关系障碍是指那些与关系决策负相关的变量，它们会阻止
顾客建立或保持与企业的关系。他们区分出以下四种关系障碍：顾客的独
立欲望；顾客的自由选择渴望；顾客的多样性搜寻需求；顾客的隐私保护
需求。③ Noble 和 Phillips（2004）的定性研究表明有四类关系障碍会阻止
关系的形成，包括精力损失、时间损失、空头利益和隐私损失。④

关系价值是以顾客与企业的关系为评价客体，研究关系价值的构成维
度，并考察多维度关系价值概念与顾客忠诚等行为结果的关系，对于关系
营销理论发展和企业顾客关系管理实践，都具有重要的意义。⑤ 但关系价
值的研究只研究了顾客的关系价值，而没有研究顾客关系对企业的价值。
同时顾客关系价值的研究没有从组织价值和人员价值两方面研究。

2. 关系质量的研究现状

（1）关系质量内涵与决定因素。当今学术界比较公认的关系质量的定
义是 1990 年由 Crosby，Evans 和 Cowles 提出的，即由于销售人员以往的行
为水准总是使顾客得到满意，因此，顾客能够信赖销售人员，并且可以相

① Algesheimer R，Dholakia UM，Hermann A. The social influence of brand community：Evidence from European car clubs ［J］. Journal of Marketing，2005，69（3）：19-34.
② Rosenbaum MS，Ostrom AL，Kuntze R. Loyalty programs and a sense of community ［J］. Journal of Services Marketing，2005，19（4）：222-233.
③ Schouten JW，McAlexander JH，Koenig HF. Transcendent customer experience and brand community ［J］. Journal of theAcademic Marketing Science，2007，35（3）：357-368.
④ Csikszentmihalyi M. Flow：The psychology of optimal experience ［M］. New York：Harper&Row，1990.
⑤ 宋晓兵，董大海. 国外关系价值研究综述 ［J］. 外国经济与管理，2008：4.

信销售人员未来的行为活动。① Gummesson 认为关系质量是顾客在购销活动中遇到的四种类型质量中的一个，而且认为关系质量等同于顾客交易的质量，并把其定义为关系质量能够对顾客预期的质量产生巨大作用，并会因此加强持久关系的可能性。后来，Ravald 和 Gronroos 对关系价值与关系质量进行了区分，并指出关系价值来自增加利益或者减少损失。② Storbacka 等人在 Crosby 提出的关系质量概念研究的基础上，创立了一种动态的关系质量的概念模型。这个概念模型的核心思想是建立在以下变量之间的相互关系的基础上的：服务质量——顾客满意——关系力度——关系长度——顾客关系收益性。在这个概念模型中，关系力度是衡量关系质量的主要指标。③ 同以上概念模型不同，Wilson 和 Jantrania 提出了适用于B2B 方式的关系质量的衡量标准。这些变量包括：目标的兼容性、信任、满意、投资、结构结合、社会结合以及转变关系的投入的相对水平。其更强调成功关系之间的社会与结构结合，这种结合具有高度价值，它们可以增强关系存在的可能性。④ Wilson 和 Mummaleneni 通过研究发现：对于供给者的承诺仅仅来源于对于关系进行投入并且交易得到满意的成果之后。⑤而 Pete Naude 和 Francis Buttle 通过研究认为：关系质量的好坏程度可以由以下变量加以衡量，包括信任、满意、合作性、销售人员的能力，以及购销双方各自得到的利益。⑥ Kim 等人通过建立关系质量的因果模型，并对

① Crosby LA, Evans KR, Cowles D. Relationshipqualityinservicesselling: aninterpersonalinfluenceperspective ［J］. JournalofMarketing, 1990, 54（3）: 68-81.

② Gummesson E. The New Marketing: Developing Long – Term Interactive Relationships ［J］. Long Range Planning, 1987, 20（4）: 10-20.

③ Storbacka K, Strandvik T, Gr？nroos C. Managing Customer Relationships for Profit: the Dynamicsof Relationship Quality ［J］. International Journal of Service Industry Management, 1994, 5（5）: 21-38.

④ Wilson D, Jantrania S. Understanding the Value of a Relationship ［J］. Asia – Australia MarketingJournal, 1996, 2（1）: 55-66.

⑤ Wilson DT, Mummalaneni V. Bonding and Commitment in Supplier Relationships: APreliminary Conceptualization ［J］. Industrial Marketing and Purchasing, 1986, 1（3）: 44-58.

⑥ Pete Naude. Assessing relation shipquality ［J］. Industrial Marketing Management, 2000, 29（4）: 351-359.

旅馆业进行实证研究发现，旅馆服务人员对顾客开展的三种关系营销活动：使顾客信任、与顾客接触以及服务人员和顾客相互沟通，对于关系质量有很大的影响；而顾客承诺对于关系质量以及旅馆收益的提高有着决定性的影响。① 其他学者，如 Mohr 和 Spekman 等人通过各自的研究，对于关系质量的衡量因素也提出了各自的看法。② 多数学者认为关系质量的内容主要包括顾客对于销售人员的信任、顾客的满意等心理认知因素；更有一些学者认为关系质量的内容应该包括能够使顾客达成这种心理认知的营销活动，例如，合作、沟通、共同解决问题、目标协同、个人能力、投资等等。③ 国内学者杜巍认为衡量关系质量的标准，即关系质量的决定因素，主要包括以下四个方面的内容：顾客对销售人员的信任；顾客对销售人员以及其他条件感到满意；顾客与销售双方相互之间做出承诺；顾客和销售双方得到的利益。④

（2）关系质量维度

①服务营销背景下的关系质量维度。Crosby 等人（1990）从提高销售效率、降低交易成本的角度出发，将关系质量放在两个层面来分析：顾客与推销员之间、顾客与商店之间，并承认两个层面的关系质量之间存在着正向的直接的关联（Crosby 和 Stephens，1987）。显然，Crosby 及其同事提出了一种后来被学者们纷纷仿效的研究关系质量的重要思路："顾客—员工—企业"。他们认为，关系质量的决定因素由信任与满意组成。值得关注的是 Crosby 等人（1990）事实上已经将顾客与企业之间的联系做了情节（一次交易）与关系（多个连续的情节）的区分。⑤ 据此，Liljander 和

---

① Kim WG，Han JS，Lee E. Effects of relationship marketing on repeat purchase and word of mouth ［J］. Journal of Hospitality&Tourism Research，2001，25（3）：272-288.

② Mohr J，Spekman R. Characteristicsof Partnership Suc-cess：Partnership Attributes，Com-munication Behaviorand Conflict Resolution Techniques ［J］. Strategic Management Journal，1994，15：135-152.

③ 杜巍. 关系质量评价研究 ［J］. 东岳论丛，2010（3）：147-149.

④ 杜巍. 关系质量评价研究 ［J］. 东岳论丛，2010（3）：147-149.

⑤ Crosby，Lawrence A，Evans，et al. Relationship Quality in Services Selling：An Interper-sonal Influence Perspective ［J］. Journal of Marketing. 1990，54（3）：68-81.

Strandvik（1995）从顾客感知的角度，独特地将感知服务质量分为感知关系质量与情节质量，将服务质量所涉及的层面从一般的服务交易上升到服务交易与长期关系并存。[①] 在以上研究的基础上，Storbacka 等人（1994）从动态的角度对关系质量与企业绩效之间的联系进行了探讨。他们认为动态的关系质量观点应该将服务质量、顾客满意、关系力量、关系长度与关系盈利能力等相关因素统统联系在一起，作为关系质量结构的基础。他们提出的关系质量维度包含：满意、承诺、沟通与联系等因素。[②] Palmer 和 Bejou（1994）提出的关系质量维度比较复杂。他们以投资服务为案例，重视关系满意、卖方信任、卖方的顾客导向、销售导向、销售技能与销售道德等关键性因素。[③] Roberts 等人（2003）通过对前人的研究成果详尽的分析，将（专业化服务背景下）关系质量维度精简为以下四个：信任（分为对伙伴诚实的信任与对伙伴仁慈的信任）、承诺（情感承诺）、满意、冲突（情感冲突）。[④] Smith（1998）更将其减少为信任、满意与承诺三个维度。[⑤] 在服务营销领域，学者们多是从人际关系接触出发，即运用"顾客—员工—企业"模型来研究关系质量的。

②B2B 背景下的关系质量维度。与服务营销背景下的重视人际关系的个性特征的研究角度不同，B2B 背景下的关系质量研究更多是从关系协作与关系管理的层面来分析的。从研究主线来看，B2B 环境中的关系质量维度研究，多以 Crosby 及其同事的成果为基础，主要沿着两个方向演变：其

① Liljander, Veronica, Strandvik, et al. The Nature of Customer Relationships in Services ［A］. Teresa A, Swartz, David E. Advances in Services Marketing and Management ［C］. Vol. 4. , London, JAI Press Inc. , 1995：141-167.

② Storbacka, Kaj, Strandvik, et al. Managing Customer Relationships for Profit：The Dynamics of Relationship Quality ［J］. International Journal of Service Industry Management. 1994, 5（5）：21-38.

③ Palmer, Adrian , Bejou, et al. Buyer-Seller Relationships：A Conceptual Model and Empirical Investigation ［J］. Journal of Marketing Management. 1994, 10（6）：495-512.

④ Roberts, Keith, Varki, et al. Measuring the Quality of Relationships in Consumer Services：An Empirical Study ［J］. European Journal of Marketing. 2003, 37（1/2）：169-196.

⑤ Smith J, Brock. Buyer-Seller Relationships：Similarity, Relationship Managements, and Quality ［J］. Psychology & Marketing. 1998, 15（1）：321.

一是考虑对双方（合作）关系加强管理，加大对承诺、沟通质量、冲突的解决以及双方关系资源投入等因素的重视，以减少机会主义行为等现象，延续双方的互信。如 Mohr 和 Spekman（1994）[①] 就非常重视对关系中的沟通与冲突问题的处理，在实证分析的基础上，提出任何成功的伙伴关系的基本特征是承诺、合作、信任、沟通、参与以及冲突的共同解决等。此模型是对 Dwyer 和 Oh（1987）[②] 的由满意、信任以及减少机会主义构成的三维度结构的扩展。Dorsch 等人（1998）[③] 通过对买方与卖方之间的差异化关系的探讨，提出关系质量需重视顾客导向与道德等因素。而 Kumar、Scheer 与 Steenkamp（1995）[④] 在研究公平对非对称 B2B 关系的影响时，根据发展长期关系的要求，提出了包含信任、承诺、对关系投资的意愿与对关系持续性的期望等在内的维度结构。其中后两者对于延长双方的关系来说是重要的标志性因素。另一个研究思路是将关系质量的研究层面从人际关系扩展到企业关系本身。如 Parsons（2002）[⑤] 认为，关系质量的高低依赖于参与关系的企业、具体运作的个人以及协作的情景等因素，而对关系质量的研究可以分两个层面：人际交往与企业关系，并提出关系质量维度包含三个：承诺、共同目标与关系利益。Ario，Torre 与 Ring（2001）[⑥] 从

① Mohr, Jakki, Spekman, et al. Characteristics of Partnership Success: Partnership Attributes, Communication Behavior, and Conflict Resolution Techniques［J］. Strategic Management Journal. 1994, 15（2）: 135-152.

② Dwyer F, Robert, Oh Sejo. Output Sector Munificence Effects on theInternal Political Economy of Marketing Channels［J］. Journal of Marketing Research. 1987, 24（4）: 347-358.

③ Dorsch, Michael J, Swanson, et al. The Roleof Relationship Quality in the Stratification of Vendors as Perceived by Customers［J］. Journal. Of the Academy of Marketing Science. 1998, 26（2）: 128-142.

④ Kumar, Nirmalya, Scheer, et al. The Effects of Supplier Fairness on Vulnerable Resellers［J］. Journal of Marketing Research. 1995, 32（1）: 54-65.

⑤ Parsons, Amy L. What Determines Buyer-Seller Relationship Quality? An Investigation from the Buyer's Perspective［J］. Journal of Supply Chain Management. 2002, 38（2）: 4-12.

⑥ Ario, Africa, Torre, et al. Relational Quality: Managing Trust in Corporate Alliances［J］. California ManagementReview. 2001, 44（1）: 109-131.

社会交往与关系生命周期的角度对战略联盟成员的关系进行了分析。从不少学者的研究思路中可看出，人际关系等传统分析模式依旧占据重要地位，B2B 关系中颇为突出的公平问题也被逐渐引入有关研究之中。而引起人们关注的是社会交换、关系契约等新范式的崛起，以及多理论、多范式的初步整合。

③关系营销领域中的关系质量维度。在关系营销领域中，Gummesson（1987）① 把关系质量视为顾客感知质量的一部分。HennigThurau 和 Klee（1997）通过对关系质量内涵的研究，提出用总质量来描述由产品质量与服务质量所组成的整体感知质量，并将其囊括在关系质量维度中。Holmlund（2001）的关系质量维度研究是与领域研究交织在一起的。他认为商业关系不仅涉及社会因素，而且还牵涉合作双方的技术与经济因素。② Holmlund 以早期的服务质量模型为基础，把服务质量的过程与结果维度扩展到关系质量的过程与结果领域。每一个领域又均包含：技术、社会与经济三个维度，实现对领域与维度的组合。③ Holmlund（2001）的维度结构过于复杂，很难用来进行实证分析。一般关系营销理论的研究者们由关系的本质特征出发，试图提出具普适性的关系质量维度模型。从简单的三维度模型（Hennig - Thurau 和 Klee，1997）④ 到复杂维度模型（Holmlund，2001），他们构建的关系质量维度各具特色，其中所使用的分析范式也从传统的交易成本或社会交换等单一方法转变到综合运用心理学、管理学、经济学与社会学等多个理论的整合框架。

有关关系质量的关键维度，学说众多，意见纷呈。一般关系营销理论

---

① Gummesson, Evert. The New Marketing - Developing Long - term Interactive Relationship [J]. Long Range Planning, 1987, 20（4）：10-20.

② Holmlund, Maria. The D & D model—dimensions and domains of relationship quality perceptions [J]. Service Industries Journal, 2001, 21（jul/3）：13-36.

③ Holmlund, Maria. The D & D model—dimensions and domains of relationship quality perceptions [J]. Service Industries Journal, 2001, 21（jul/3）：13-36.

④ Hennig- Thurau, Thorsten, Klee, et al. The Impact of Customer Satisfaction and Relationship Quality on Customer Retention：A Critical Reassessment and Model Development [J]. Psychology& Marketing. 1997, 14（8）：737-765.

中的关系质量维度大家比较公认的是信任、承诺与满意三个核心维度。B2B 关系质量维度因素多数围绕着关系管理研究，服务营销领域中的关键维度主要研究人际接触特征与感知质量等方面。①

　　以上研究，对于关系质量的构成与影响因素有些混淆不清。关系价值与产品价值是并列关系还是包含关系不一致。关系价值与顾客关系价值，只是买方关系价值，而且对于组织关系价值的研究对象是以个人为准在进行研究和思考。关系至少有两方，因此关系是双向的，关系价值和关系质量也是双向的。既有供应商一方的价值和质量，也有顾客一方的价值和质量。以上这些研究把关系价值和质量当作一个中间/公共的变量。关系质量的定义不明确。关系质量与关系价值的维度有些冲突和矛盾。关系质量与关系价值的关系也不一致。关系价值与关系质量的关系之间谁是因变量谁是自变量没有定论。如 Holmlund（2001）② 的关系质量研究，如经济维度中的关系利益与关系成本，在其他学者的研究中被作为关系质量的前置因素（Hennig Thurau、Gwinner 和 Gremler，2002）③ 或关系价值的构成部分（Ravald 和 Gronroos，1996）④。Ulaga 和 Eggert（2006）检验了关系价值、关系质量和行为结果之间的关系。其研究结果表明，关系价值是关系质量的前因。⑤

　　（三）顾客（客户）关系研究现状

　　CRM 以建立并维系与顾客间的长期稳定关系为主要目标，其理论基础是 20 世纪 80 年代兴起的关系营销理论。Berry（1983）首次提出了关系营

---

① 姚作为．关系质量的关键维度——研究述评与模型整合［J］．科技管理研究，2005（8）．

② Holmlund, Maria. The D&D Model: Dimensions and Domains of Relationship Quality Perceptions［J］. Service Industries Journal. 2001, 21（3）: 13-36.

③ Hennig-Thurau, Thorsten, Gwinner, et al. Understanding Relationship Marketing Outcomes: An Integration of Relational Benefits and Relationship Quality［J］. Journal of Service Research. 2002, 4（3）: 230-247.

④ Ravald, Annika, Gronroos, et al. The Value Concept and Relationship Marketing［J］. European Journal of Marketing. 1996, 30（2）: 19-30.

⑤ Ulaga W, Eggert A. Relationship value and relationship quality［J］. European Journal of Marketing, 2006, 40（3/4）: 311-327.

销概念，并将其定义为"吸引、保持和强化顾客关系的营销理念"。Stor-backa（1994）立足于顾客关系，指出"关系营销就是通过建立、维持和增强与顾客及其他伙伴的关系，并利用相互之间的承诺与践诺来获取利润，以满足各方利益要求的经营理念"。关系营销理论强调建立并维系与顾客的持续稳定关系是企业营销的核心理念（Morgan 和 Hunt，1994），该理论一经提出便得到快速推广。CRM 的兴起促使企业营销实践的战略重心实现了由产品生命周期到顾客关系生命周期的转变（Bendapudi 和 Leone，2003；Michael 等，2006）。由于 CRM 源于 20 世纪 90 年代中期信息技术环境下的营销策略创新，而这种创新主要指基于信息技术的顾客解决方案（比如销售自动化等），因此一部分学者侧重从技术视角来理解 CRM。比如，Kutner 和 Cripps（1997）认为，CRM 就是数据驱动的营销方式。Khanna（2002）认为，CRM 就是电子商务技术在营销领域的具体应用。同样，Ryals 和 Payne（2001）也强调 CRM 在信息技术情境下变得更普遍，因此，他们将 CRM 描述为"基于信息技术的关系营销策略"。随着 CRM 研究的不断深入，有学者开始对 CRM 的技术观内涵提出疑问，认为将 CRM 简单地视为一种技术解决方案存在很大缺陷，并倡导从战略视角来理解 CRM。Swift（2002）认为，CRM 就是通过发展与关键顾客的关系来增加股东价值的战略路径，它综合运用关系营销战略和 IT 技术来创造与顾客及其他关键利益主体的长期盈利关系。Parvitiyar 和 Sheth（2001）也认为，CRM 就是有针对性地赢得、留住顾客，并同时为企业与顾客创造价值以实现共赢的综合战略。Payne 和 Frow（2005）则明确指出，CRM 不仅仅是以获取和培育顾客基础为目的的简单 IT 技术应用，它还涉及更深层次的战略整合。[1]Kale（2004）甚至认为，实践中 CRM 广泛失败的一个关键原因就是企业狭隘地将 CRM 视为一种技术创新，他认为 CRM 包括企业和顾客之间发生的所有战略进程。[2] 可以看出，随着理论界对 CRM 研究的不断深

---

① Adrian Payne, Pennie Frow. A strategic framework for customer relationship management [J]. Journal of Marketing, 2005, 69 (Oct.)：167-176.

② Kale, Sudhir H. CRM failure and the seven deadly sins [J]. Marketing Management, 2004, 13 (Sep. -Oct.)：42-46.

入，学者们逐步突破了传统的狭隘技术观，转而从战略层面思考 CRM 问题。正是沿袭这一思路，Payne 和 Frow（2006）从战略视角分析了 CRM，强调 CRM 过程中跨部门整合的必要性，并以此为基础构建了 CRM 战略的整合模型。① 该模型认为，CRM 涉及企业与顾客之间发生的所有战略进程，其中关键进程包括顾客信息获取、顾客信息整合、顾客信息利用和顾客绩效评价等。②

尽管 CRM 在实践中得到了广泛运用，但迄今为止，理论界对于 CRM 的具体内涵是什么，以及如何有效实施 CRM 等并未取得广泛一致的意见。③ 在学者中很少专门单独深入地探讨研究顾客关系或客户关系内涵，只是间接地研究了与顾客关系或客户关系内涵相关的两个概念，一是关系质量，二是关系价值。关系质量主要研究了关系质量的决定因素和维度，但研究零散，受行业限制，而且这些研究更多是注重理论的分析和解释，可操作性不强。传统顾客关系主要是基于个人素质和情感基础的纯个人关系下的顾客关系。新环境下顾客关系主要是纯技术下的 E-CRM 系统（软件）顾客关系。根据 CRM 系统的一般模型，可以将 CRM 软件系统划分为接触活动、业务功能及数据库三个部分。不但如此，对一个企业或企业营销活动来说，顾客（包括客户）关系是全过程的。目前客户关系管理（CRM）研究与实践工作主要是顾客关系的后部分工作（客户关系），没有涉及顾客关系的全过程。由于顾客关系内涵缺乏研究，致使既有 CRM 局限于技术视角，战略视角的研究有待深入；顾客关系保持和维系的研究仅仅从企业角度研究，站在消费者角度以消费者对关系的需求和价值的满足进行研究显得缺乏，也没有考虑竞争者对关系方的影响，更少有人涉及关系的创新研究，本书在前人顾客关系营销理论的基础上尝试做一点完善和补，试图构建一个既不同于一般意义上的顾客关系营销，也不同于顾客关

---

① Adrian Payne, Pennie Frow. Customer relationship management: From strategy to implementation [J]. Journal of Marketing Management, 2006, 22: 135-168.

② 徐细雄. 顾客关系管理理论研究新进展及其对我国企业营销实践的启示 [J]. 外国经济与管理, 2009 (1).

③ Adrian Payne, Pennie Frow. A strategic framework for customer relationship management [J]. Journal of Marketing, 2005, 69 (Oct.): 167-176.

系管理的顾客关系营销战略框架。

三、研究方法和思路

1. 研究方法

（1）用文献分析法分析研究关系营销、关系质量、关系价值、CRM等理论。

（2）本书综合哲学、社会学、心理学、经济学、管理学、营销学等多学科理论方法多角度研究探讨关系、顾客关系。

（3）用哲学的全面论和重点论研究顾客市场和其他利益相关者市场；研究企业不同人员与顾客关系。用目的与手段思想研究顾客关系、关系价值、顾客关系实质，以及顾客关系创新。

（4）用分类研究方法研究顾客关系、顾客市场、人员关系，以及人际关系对不同产品销售中的作用等。用比较方法研究线上线下顾客关系。用例证方法研究对经销商的竞争。

2. 研究思路

从概念到理论，再到实际运用。依据"概念是反映客观现实本质属性的思维形式""概念的展开就表现为理论"的哲学认识，联系客观现实深入剖析顾客关系基本概念，界定企业顾客关系的内涵，分析企业顾客关系的机理、实现途径等，系统构造企业顾客关系营销的理论。本书以理论的逻辑性、系统性、普适性以及对实践的指导性和可操作性为原则，按照"是什么、为什么、怎么样"的哲学思维研究顾客关系。全书回答了什么是顾客关系，如何进行顾客关系的营销与管理。全书在评价关系营销理论之后，借助人性理论、需求理论、社会交换理论和品牌关系理论先研究交换以及顾客关系内涵，再研究顾客满意和忠诚，并提出顾客关系营销目标。然后紧紧围绕顾客关系内涵、交换、需求以及需求特征，以需求为起点和中心，以消费者购买行为过程以及影响因素为依据，构建以消费者顾客满意为核心的顾客关系营销体系，并提出具体的可操作的应用性强的实施策略。

四、主要创新点

1. 本书从顾客关系双方全面研究，区别于以往单纯从关系某一方面的关系研究。关系的性质告诉我们应从企业和关系市场的双方视角，特别是基于消费者顾客市场需求的角度关系研究。

2. 综合运用哲学、心理学、社会学、经济学、管理学、营销学各学科理论方法研究关系对象，以顾客关系为核心和重点，兼顾其他关系对象的研究，以及顾客关系与其他关系对象的关系研究。

3. 本书从交换视角研究解读顾客关系内涵，从战略视角构建顾客关系营销框架，区别于传统的基于个人素质和情感基础的纯个人关系下的顾客关系和纯技术的 CRM 顾客关系的研究。基于交换视角解读了顾客关系内涵，研究了顾客关系的实质和类型。以顾客满意为核心从顾客关系需求出发构建了一个具有逻辑体系的、可操作性较强的以顾客关系为核心的关系营销框架。

4. 研究了接触与顾客关系。研究了接触与交换、服务、品牌的关系，品牌接触、人员接触与顾客关系的关系。

5. 研究了民营企业与政府的关系和对策，销售人员人际关系在销售中的作用以及销售人员对人员顾客关系的营销。

6. 研究了顾客关系的竞争和创新。从竞争角度探讨了顾客关系的建立、维持和发展。由于环境和关系对象需求的变化，也探讨了顾客关系创新。

7. 本书的研究更关注理论的系统性和逻辑性，从交换视角，以市场为导向，以消费者需求和竞争对手为主线阐述和演绎关系营销策略。同时关注如何把关系营销变得更具操作性和应用性，以便把关系营销的理论用于企业的实践。

```
                    ┌─────────────────┐
                    │  研究背景和现状  │
                    └────────┬────────┘
                             │
                             ▼
                    ┌─────────────────┐
                    │  相关理论基础    │
                    └────────┬────────┘
                             │
           ┌─────────────────▼─────────────────────┐
           │          交换与交换关系                │
           └──┬──────────┬──────────────┬──────────┘
              │          │              │
```

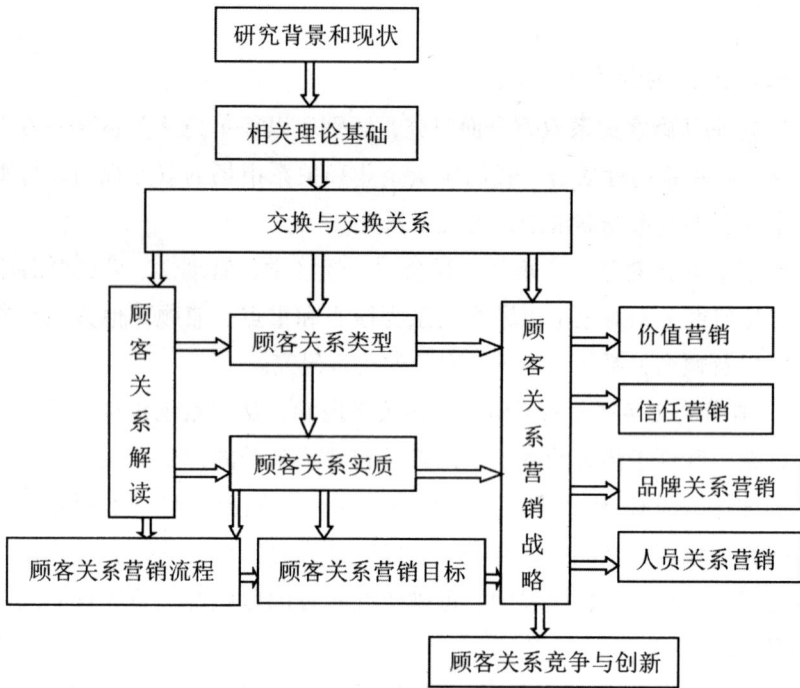

图 1　研究框架结构

第一章

相关理论基础

管理是使组织的活动效率化、效益化的行为。管理要素包括人员、资金、物资设备、时间和信息。资源、活动、组织是管理对象的不同形态。资源是由人控制和开发利用的，活动是由人来策划和开展的，组织也是由人来构建和构成的，所以管理中最根本的对象是人。而人性是在人的管理当中必须理解和把握的根本问题。[①] 对于人性理论和需求理论，经济学、管理学、营销学都作了研究，必须以此为研究基础。同样经济学、社会学、营销学也研究了交换理论。本章主要介绍和分析与研究相关的人性理论、需求理论与交换理论。因为人是经济活动的主体，研究交换要立足于"人"，要深刻理解和全面分析"人的需要"和"人的行为"。关系的核心是人，交换主要和最终是人与人之间的交换，人与人之间的交换又都是基于人性和需求的并受人性和需求影响。所以在研究中要以这些理论为基础和出发点。

第一节 人性假设理论

人性假设一般是从经济生活中一些最基本的无须证明的事实抽象概括出来，很类似于自然科学中的公理的性质和作用，从"理性经济人"到"有限理性经济人"到"社会人"再到"复杂人"和"制度人"，这些人性假设的理论演进就是对人本质认识的进步，使人们对人性的认识更加丰

---

① 陈春干．我国古代人性假设理论的演变和发展综述 [J]．经济师，2008 (10)：35-36.

富深刻。从中国历史上看，在人性假说上，主张性善论的一般是为道德寻找理论出发点；主张性恶论的，则是为法治寻找理论的出发点。① 性善论认为人的本性是善良的。依靠道德和修养可以让不善的人恢复善良的天性。社会科学的所有理论都是直接或间接地包含着对人们行为的假设。但是在社会科学中，经济学对人性的假设是最深刻的，因为经济学关于个人追求自身利益最大化的假设是人最本质的一面。② 人是经济活动的主体，研究交换要立足于"人"，要深刻理解和全面分析"人的需要"和"人的行为"。这里的"人"是作为社会关系的产物并生活于特定社会关系中的人。

一、马克思的人性理论

马克思把人性归结为三种属性：自然属性、社会属性、精神属性，并且这三种属性建立在实践性基础之上，随着社会实践的发展而发展。③

1. 人的自然属性。人来源于自然界，有其作为动物一面的自然属性。但同时人也是社会存在物。不过，人首先是作为自然物而存在的，人永远无法摆脱自然本性，这也必然成为研究人性的逻辑起点。正如恩格斯所说的，"人来源于动物界这一事实已经决定了人永远不能完全摆脱兽性，所以问题永远只能在于摆脱得多些或少些，在于兽性或人性的程度上的差异"。④ 自然属性仅仅是人性的起点，它不是人性的全部。马克思在《1844年经济学哲学手稿》中，这样论证了人性："吃、喝、性行为等等，固然也是真正的人的机能，但是，如果使这些机能摆脱了人的其他活动，并使它们成为最后的和唯一的终极目的，那么，在这种抽象中，它们就是动物的机能。"⑤ 在马克思看来，作为本能的食欲性欲只有与社会性联系起来考虑，才能纳入人性的范畴。离开了社会的因素，人的自然属性与动物的本

---

① 张福堸，杨静. 管理哲学［M］. 北京：经济管理出版社，2003：100.
② 卢现祥. 西方新制度经济学［M］. 北京：中国发展出版社，2003：15.
③ 孟祥科. 西方人性理论研究综述［J］. 延边党校学报，2011（1）：16-19.
④ 马克思恩格斯选集（第3卷）［M］. 北京：人民出版社，1995：93.
⑤ 马克思恩格斯选集（第3卷）［M］. 北京：人民出版社，1995：131.

能的区别是不能得到合理解释的。

2. 人的社会属性。在《关于费尔巴哈的提纲》中，马克思明确指出，"人的本质并不是单个人所具有的抽象物。在其现实性上，它是一切社会关系的总和。""人的本质是人的真正的社会联系"。① 马克思说："如果在考察家庭、市民社会、国家等等时把人的存在的这些社会形式看作人的本质的实现，看作人的本质的客观化，那么家庭等等就是主体内部固有的质。人永远是这一切社会组织的本质。"② 人与动物的根本不同，就在于它的社会属性。因为人是社会动物，离开了社会，单个人是无法生存的。在人与人之间的各种活动中，人们相互依存，相互交往，相互接触和联系。因此，人的社会属性才是人的本质。

3. 人的精神属性。人性除了自然属性和社会属性还有精神属性。这也是人和动物的区别之一。马克思认为，精神属性是人的基本属性之一。人的精神属性使得精神需要成为人的需要的基本方面。人的精神生活的全面发展与物质生活的全面发展互为条件，相互作用。人的物质生活的全面发展是人的全面发展的基础，人的精神生活的全面发展则是人的全面发展程度的标志。人的全面发展的过程，就是在物质生活全面发展的基础上，人的精神属性愈益彰显、精神生活愈益丰富的过程。

马克思在对人的属性关系认识的基础上，提出了关于人的本质的基本理论。③ 马克思认为，人的存在既是自然的存在，又是社会的存在。人性既由生物性决定，又由社会性决定，而社会性是人的最主要、最根本的属性，它是决定人之所以是人的最根本的东西。因此，"社会人"成了马克思经济学的出发点。马克思把个人动机和行为放在一定的社会关系和历史背景下来考察，从具体的、历史的、社会的关系总和中来分析人的问题。按马克思经济学的观点，"经济人"不是彼此孤立、毫无关联的，而是由一定的社会关系联结在一起的个人，经济人的任何动机和行为都离不开他们所处的社会条件，"经济人"是由"社会关系的总和"决定的。马克思

---

① 马克思恩格斯全集（第 42 卷）[M]．北京：人民出版社，1979：78.
② 马克思恩格斯全集（第 1 卷）[M]．北京：人民出版社，1995：85.
③ 孟祥科．西方人性理论研究综述 [J]．延边党校学报，2011（1）：16-19.

的"社会人"不是一个孤立的分子，是社会网络体系中的一分子。他有丰富的社会动机且具有理性，能够深思熟虑地考虑利害得失关系。因此，在马克思看来，人是一个实际存在的、处于社会链条中的社会人，而非一个虚构的、抽象的"经济人"。只有把"经济人"置于社会历史环境中考虑，才是合理的抽象。

二、经济人假设

"经济人"假设被视为传统经济学的最基本的假设，是传统经济学理论分析的基石。虽然斯密本人并没有直接提出"经济人"这一概念，但是经济学家都认为这一假定源自于亚当·斯密。亚当·斯密1776年的代表作《国富论》认为经济问题的出发点是人的本性。人的本性是利己主义。在斯密的"经济人"假设基础上，古典经济学家对其思想作了补充。古典政治经济学集大成者约翰·穆勒总结"经济人"有三大特征：①利己。即人们的行为动机是趋利避害。利他只是手段，利己是目的。②完全理性。体现在人控制着完全的信息并且有足够的能力来对各种可供选择的方案进行成本获益分析，能够洞察现在和预测未来，通过成本收益的比较分析为自己谋求最大的利益，做出以最小成本获得最大收益的最优化决策。③"经济人"的自利活动往往最终会增进社会的福利。这一点和斯密的"看不见的手"原理完全一致。

新古典经济学家杰文斯、门格尔、瓦尔拉斯、马歇尔、萨缪尔森和弗里德曼等不懈努力，在亚当·斯密的自利人基础上做了进一步的抽象与理想化，尤其是数理经济学的引入进一步完善了理性的"经济人"假设。新古典经济学中的"经济人"不仅指厂商，消费者也被纳入了"经济人"的范畴，从而使得最大化原理推广到一般消费者，使经济学的研究重点从关注财富的生产转移到关注商品的实现上来，对市场双方进行交换的经济行为做出了统一分析。"经济人"假设极大地推动了经济学理论的发展。如果没有经济主体以自身利益最大化为基本行为准则，就不可能产生和发展一套日益完善的经济理论体系。"经济人"假设把经济学带入了科学的轨道，使经济学从软弱无力的说教发展成为坚强有力的科学。

行为经济学派应用实验经济学方法和根据大量研究文献对人的行为进行实验研究，对于主流经济学关于人性的假设的三方面含义进行了修正。他们提出了：有限理性、有限意志力、有限自利。有限理性体现在：人们在认知过程中会存在大量的启发式偏差；人们的偏好在选择过程中并不总是稳定的、一致的；在不确定的情况下，人们常常不会按照期望效用理论进行行为决策。赫伯特·西蒙也认为"理性人"假设中的完全理性是不切合实际的，知识结构、经验积累、计算能力、信息不完全和环境不确定等方面共同决定了"经济人"的理性是有限的。有限的理性比完全理性更接近于现实，追求令人满意的利润也比追求最大利润更接近于现实。有限意志力修正的是"理性经济人"假设的每个人都有无限的意志力追求效用最大化。有限自利是对"理性经济人"假定的无限自利做出的修正。他们发现利己是有限的，不能极端化。人类心理还是具有利他、互惠、公平等方面的追求。

三、社会人假设

"社会人"假设是从心理学、社会学角度研究人的需要和行为的。它认为，在人类社会活动中的人不是各自孤立存在的，而是作为某一团体的一员有所归属的"社会人"。"社会人"不仅要求经济上的满足，更重要的是要得到社会需求的满足。管理的关键问题就是正确认识和了解人的需要和动机，根据人的需要和动机采取相应的激励方法和手段。"社会人"假设的管理理论的代表人物主要有乔治·埃尔顿·梅奥。1933 年梅奥在其著作《工业文明的人类问题》中首次提出了社会人假设理论。1927—1932 年在美国芝加哥郊外的西方电器公司进行了著名的"霍桑试验"。梅奥认为：人是社会人，影响人生产积极性的因素，除物质因素外，还有社会、心理因素；生产率的高低主要取决于员工的士气，而员工的士气受企业内部人际关系及员工的家庭和社会生活影响；非正式组织的社会影响比正式组织的经济诱因对员工有更大的影响力；员工最强烈的期望在于领导者能承认并满足他们的社会需要。所以，工厂中的工人不是单纯追求金钱收入的，还有社会和心理方面的需求，这就是追求人与人之间的友情、安全感、归属感和相互尊重等。因此，必须从社会和心理方面来鼓励工人提高生产效率，而不是单纯从技术条件着眼。

四、复杂人

"复杂人"假设的实质是，人的需要是多种多样的，是一个错综复杂的动机模式，所以对人的激励与管理方式也应是不同的；组织所处的内外环境不同，管理手段与方法也不同。[①]

经济学首先要进行人性假设，是因为它是经济分析、经济理论逻辑推演的起点和终点。由于经济学研究角度、研究目的的不同，对于人的抽象也各不相同，因此也就有了不同的人的假定。从经济学作用角度来看，把利己的理性人作为人的假定的基底是经济学分析的必要，前面已经阐述了"经济人"假定的合理性，尽管人的行为受各种动机诱导，但是影响人类行为的最有力的、最坚决的动机是追求自我利益的动机。如果没有了追求自我利益的"经济人"假定，经济学就无从研究了；没有一个追求自利利益的经济学研究范式，经济理论的发展就容易陷入虚无主义，更谈不上科学了。当然，仅仅是追求自我利益无法涵盖整个人的假设，因为人生活在社会中又必然受社会影响和制度的制约，与周围环境是互动的，尤其是社会文化、正式及非正式制度，无论是显性还是隐性都对人性产生极大的影响。[②]

在本书的研究中，要科学地研究顾客关系也是基于并综合以上人性理论为基础和依据。作为顾客关系主体的顾客和顾客关系过程中企业的任何人员也是人，那就有人性。本书中的人不管是作为个体的顾客，还是企业中相关的人员，其人性既是经济人，也是社会人。同时还是复杂人。其人性既有自然属性，也有社会属性；既有物质的一面也有精神的一面。

---

① 姜利军.管理理论中人性假设模式综述 [J].经济学动态，2000 (5)：68-71.

② 柴国君，李文豪，魏晶国.经济学中关于"人性假定"的理论综述——基于原子论和混沌论视角 [J].内蒙古财经学院学报，2012 (1)：1-6.

第二节　需要理论

对于不同学科不同学者有不同的需要理论。社会学研究社会群体需求。在市场经济条件下，经济学从宏观上研究一个国家、一个地区在一定时期的总体需求与总体供给。心理学从微观方面研究一个人的需要。心理学研究人的心理和行为。其中需要是其重要的心理特征。需要是人类行为的起点，也是影响行为的一个重要因素。心理学研究单个人的需求。管理学研究员工需求和组织需求，营销学研究消费者需求和市场需求。可见需求和需要研究的重要性和意义。需求和消费者价值是营销关注的中心和基础。需求和动机密切相关，在许多消费者行为学的研究中，动机和需要是两个可以互相替换的概念。但一般在心理学中更侧重用动机分析，在营销学中更侧重用需求分析。[①] M. 所罗门认为，需求是需要的表现形式，用来满足一种需要的特殊消费方式。[②] 营销学家将"顾客需求"作为营销的出发点，并从市场的角度将"顾客需求"细化为"需要"（need）、"需求"（demand）和"欲望"（desire）。需要（need）指人的基本要求；需求（demand）指有购买的愿望；欲望（desire 或 want）指追求和梦想。[③] 在营销学中 P. 科特勒从较宏观的视角将需求分为 8 种状态：负需求、无需求、潜在需求、下降需求、不规则需求、充分需求、超饱和需求和不健康需求。[④] 美国心理学家赫茨伯格（F. Herzberg）认为，总体上，人的需要基

---

① 卢泰宏等. 消费者行为学——中国消费者透视［M］. 北京：高等教育出版社，2005：45.

② 迈克尔. R. 所罗门. 消费者行为学（第五版）［M］. 张硕阳译. 北京：经济科学出版社，2003：104.

③ 卢泰宏等. 消费者行为学——中国消费者透视［M］. 北京：高等教育出版社，2005：32.

④ P. 科特勒. 营销管理（11 版）［M］. 梅清豪译. 上海：上海人民出版社，2003：7-8.

于两个相对立方面的认识，即"避免痛苦"和"追求心理上的成长"。①同"避免痛苦"相对应的一类管理因素被称为保健因素；同"追求心理上的成长"相对应的一类管理因素被称为激励因素。除此之外，还有以下需要理论。

一、需要的层次理论

需要的层次理论是指在对需要的研究和分类中考虑到需要的多样性，而且有先后顺序。

1. 马克思的需要理论。马克思将人类的需要分为生存需要、发展需要和享受需要三个层次，以及个人（家庭）需要和社会公共需要两种类型。②

2. 马斯洛的需要层次理论。1943 年美国心理学家马斯洛（A. H. Maslow）提出的需要层次理论认为，人的需要取决于他已经得到的东西，而且人的需要是分层次的。他把人类的基本需要分成 5 个层次：生理需要、安全需要、归属需要、尊重的需要、自我实现的需要。它们从较低水平的生理需要到较高水平的心理需要依次排序。该理论认为在较高水平的需要出现之前个体往往寻求满足较低水平的需要。这是认同最高和应用最为广泛的需求模型。③每种水平的需要都被描画为相互排斥的。然而依照该理论，在每种水平之间是有重叠的，因为不可能有哪种需要能够得到完全满足。马斯洛的需要层次论对于理解消费者来说是个有用的工具，并且对于市场营销战略具有很好的灵活性，这主要是因为消费者购买的物品经常只能满足一种水平的需要。

3. 戴维·麦克莱兰的需要理论。美国学者戴维·麦克莱兰（McClelland）将需要区分为原始需要和习得性需要。习得性需要不同于生理需要，不是天生的而是后天从环境中学习而得，他研究了四种基本的习得性需要，成就、合群、权力、独特性或新颖性的需要。他特别关注前面

---

① 张福墀，杨静. 管理哲学［M］. 北京：经济管理出版社，2003：96.
② 朱方明. 论马克思主义经济发展理论中国化的新发展［J］. 四川大学学报（哲学社会科学版），2018（5）.
③ 卢泰宏等. 消费者行为学——中国消费者透视［M］. 北京：高等教育出版社，2005：31.

三种需要。①

4. 奥尔德弗的生存、关系及发展理论。1973年奥尔德弗提出了一种需要和激励理论，是对马斯洛理论的一种修正。他在大量调查研究的基础上提出了人的三种需要。其中最基本的需要是生存，如衣食住等方面的需要，一般只有通过金钱才能得到满足。关系需要，是指与其他人（同级、上级、下级）和睦相处，建立友谊和有归属感的需要。发展需要，是指个人在事业、能力等方面的需要。认为这三种需要并不都是与生俱来的，有的需要是通过后天学习才形成的，而且人的需要不一定严格按照由低到高的顺序进行。②

5. KANO模型。受行为科学家赫兹伯格的双因素理论的启发，东京理工大学教授 Noriaki Kano 和 Fumio Takahashi 于1979年10月发表了《质量的保健因素和激励因素》一文，第一次将满意与不满意标准引入质量管理领域。于1984年1月发表了《魅力质量与必备质量》的论文于日本杂志《质量》总第14期上，标志着 Kano mode 的确立和魅力质量理论的成熟。

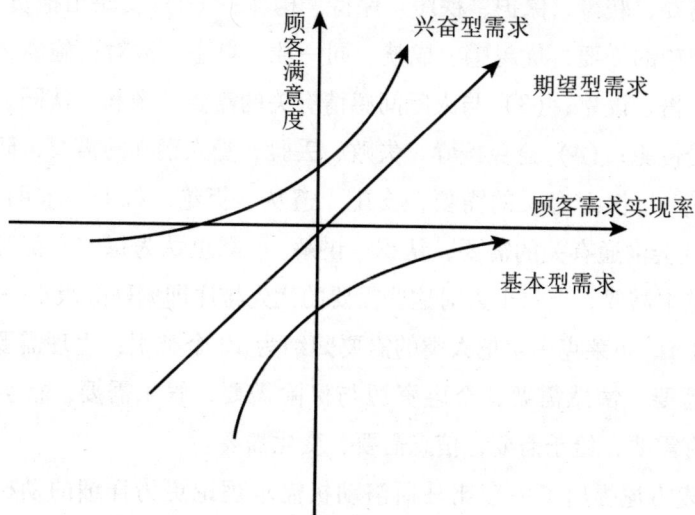

图 1-1

---

① John C. Mowen, Michael Minor. 消费者行为学［M］. 黄格非，束珏婷译. 北京：清华大学出版社，2003：71.

② 郭咸纲. 西方管理思想史（第二版）［M］. 北京：经济管理出版社，2002：225.

KANO 模型定义了三个层次的顾客需求：基本型需求、期望型需求和兴奋型需求。这三种需求根据绩效指标分类就是基本因素、绩效因素和激励因素。基本型需求是顾客对企业提供的产品/服务因素的基本要求。期望型需求是指顾客的满意状况与需求的满足程度成比例关系的需求。兴奋型需求是指不会被顾客过分期望的需求。但兴奋型需求一旦得到满足，顾客表现出的满意状况则是非常高的。

二、需要的列举分类理论

除此之外还有其他一些学者对需要进行了列举和分类。需要的列举分类理论是指只是单纯研究和提出需要的不同类别。研究需要有可能存在的需要类别，而不去思考和研究他们之间的关系。

1. 1938 年心理学家 H. 默里分大类列举了人的心理需要。（1）对无生命物的需要，获得、保护、秩序、保持、构造；（2）反映出抱负、权力、成就与声望的需要，优越感、成就、同一性、自主、敌对；施虐、受虐的需要，攻击、谦卑；（3）与人际间感情有关的需要，亲和、认同、自我表现、不受侵犯；（4）避免羞辱、失败、丢脸、受人嘲弄的需要，防卫、对抗；（5）与权力有关的需要，支配、遵从、拒绝、抚养、求助、玩耍；（6）与社会沟通有关的需要，认识、讲解。① 默里认为每个人都有一系列相同的基本需要，但每个人对这些需要的优先排序即偏好等级不一样。②

2. R. D. 布莱克韦尔把人类的需要归纳为 10 个类别：生理需要，安全与健康需要，情感需要，金融资源与保险需要，娱乐需要，社会形象需要，拥有需要，给予需要，信息需要，变化需要。③

3. 麦古尼提出了一套比马斯洛动机需求理论更为详细的动机分类系

---

① Paul Costa Robert McCrac. From Catalog to Classifcatonrays Needs and The Five-Factor Model. Joumal of Personality55 (2)，1988：258-265.

② 卢泰宏等. 消费者行为学——中国消费者透视 ［M］. 北京：高等教育出版社，2005：31.

③ 罗格·D. 布莱克韦尔等. 消费者行为学（原第 9 版）［M］. 北京：机械工业出版社，2003：185-192.

统。共计 12 类，如追求一致性的需要，归因的需要，归类的需要，对线索的需要，追求独立的需要，求新和猎奇的需要，自我表现的需要，自我防御的需要，出风头的需要，强化的需要，对亲密和谐的人际关系的需要，模仿的需要。①

作为人的顾客和企业相关人员其人性的一个重要内容就是需求。需求的复杂性、多样性和需求理论在分析交换原因和顾客关系的形成中离不开需要理论。顾客关系形成原因与顾客角度的顾客关系内容也与需求和需求理论关系密切。

第三节　交换理论

交换理论产生于自由竞争的市场经济条件下，市场经济的一大特征就是人们最大限度地追逐自己的经济利益。因此交换理论必然首先和不可避免地考量人的经济活动中的各种关系。交换理论的学术渊源可以追溯到功利主义思想。功利主义认为，在一个自由的和充满竞争的市场上，人们都会基于对市场情况的认识，在根据成本和收益而计算出的有利方案中作出合理的选择，以期望从与他人的交易中获取最大的物质利益。虽然当代交换理论者已经认识到，人们在交换中的理性是有限的，但是，各种交换理论的基本设想仍旧是：人们在与他人的交易中总是很大程度上取决于对成本和利益（物质的或非物质的）的考虑。

古典经济学理论中的交换理论完全是基于理性人和经济人的假设。这种早期功利主义的看法是狭隘的，忽视了对道德的关注，但是他们思想中的交换理念延续到现在，并推动了社会学、经济学甚至政治科学的理论发展。人类学中，最早对交换理论作明确阐述的是弗雷泽。他在研究原始社会中各种亲属关系和婚姻习俗时引用了"经济动机"法则：一位澳大利亚土著人如果没有相应的财产去讨取老婆，一般地，他就会被迫用自己的女

---

① 霍金斯，贝斯特，科尼. 消费者行为学 [M]. 北京：机械工业出版社，2000：222.

性亲属（通常是自己的姐妹或女儿）进行交换以得到她。这样，社会中个人的物质或经济动机就能解释各种社会模式。一旦由经济动机产生的某种特定模式在一个文化中建立起来，就会限制其他潜在的社会模式的出现。不过他的解释明显透露出他接受了功利主义经济学。马林诺夫斯基把交换理论从功利主义的局限中解脱出来。在其著作《特罗布里安德岛民》中论述了"库拉圈"的交换制度。这种为加强人际关系而进行的手镯和项链的隆重的交换具有象征意义，是为了满足个人与社会的各种社会心理需要和功能需要的非物质交换。莫斯比马林诺夫斯基更进一步，试图用社会结构来解释交换的发生，认为既不能像功利主义那样过分强调个人利益，也不能像马林诺夫斯基那样过分强调个人的心理需要，而应当认为是群体而不是个人在交换，交换关系产生于群体道德，并巩固和服务于群体道德这一自成一格的实体。当然，列维·施特劳斯是结构主义的集大成者，他认为交换的主要功能是实现更大的社会结构上的整合。虽然有了人类学的这些修正，但是，我们看到其后的社会学家的交换理论，并没有摆脱理性人和经济人这两种人性假设的基调。① 下面主要介绍马克思、霍曼斯、布劳和菲利普·科特勒的交换理论。

一、马克思的交换理论

交换是《资本论》研究的逻辑起点和重要内容。从《资本论》的体系和内容上可以看出在马克思经济学中，交换是贯穿始终的线索。② 交换是马克思研究经济问题的逻辑起点。在论及政治经济学的方法时，马克思说"从实在和具体开始，从现实的前提开始……而这些因素是以交换、分工、价格等等为前提的。比如资本，如果没有雇佣劳动、价值、货币、价格等等，它就什么也不是。……"③ 马克思把交换关系和生产关系狭义并列作为经济学的研究对象。《资本论》德文第一版序言中说"我要在本书研究

---

① 班红娟. 交换理论中人性假设分析与批判［J］. 福建论坛（社科教育），2009（2）.
② 周红梅. 马克思交换理论的经济学研究［J］. 南京师范大学硕士论文，2005：2-3.
③ 马克思恩格斯全集（第2卷上）《政治经济学批判》导言. ［M］人民出版社 1972：
　37.

的，是资本主义生产方式以及和它相适应的生产关系和交换关系"。① 为了科学阐述交换的产生过程，马克思对三种不同类型的分工作了区分：一种是自然形成的分工，"这种分工在某种程度上不仅以人本身的自然差别为基础，而且以各个公社所拥有的生产的自然因素为基础"②；另外两种分工是社会分工，但这是两种不同意义上的分工，"第一类分工是社会劳动分成不同的劳动部门；第二类分工是在生产某个商品时发生的分工，因而不是社会内部的分工，而是同一个工厂内部的社会分工。与后一种意义上的分工相应的是使用特殊生产方式的工厂手工业。"③④

基于人的需要和行为的交换其最终目的是满足人的需要，实现"人的全面发展"。其交换过程表现为人与人之间，人与组织之间，以及组织与组织之间的交换。其交换结果表现为社会的物质交换和精神交换。⑤ 马克思将人类的需要分为生存需要、发展需要和享受需要三个层次，以及个人（家庭）需要和社会公共需要两种类型，因而交换的内容在社会发展的不同阶段也会不尽相同。⑥ 马克思提出"交换涵义并不限于经济，而涵盖了社会；交换不仅是生命基质的必要要素，也是社会构成的基本要素"。⑦

二、霍曼斯和布劳的社会交换理论

社会交换理论是 20 世纪 60 年代兴起于美国进而在全球范围内广泛传播的一种社会学理论。由于它对人类行为中的心理因素的强调，也被称为一种行为主义社会心理学理论。这一理论主张人类的一切行为都受到某种

---

① 马克思．资本论［M］．北京：人民出版社，1975：8.
② 马克思恩格斯全集（32 卷）．［M］北京：人民出版社，1998：87.
③ 马克思恩格斯全集（32 卷）．［M］北京：人民出版社，1998：87.
④ 洪小兵．略论马克思的交换理论及其现实意义［J］．湘潭大学学报（哲学社会科学版），2009（2）.
⑤ 朱方明．论马克思主义经济发展理论中国化的新发展［J］．四川大学学报（哲学社会科学版），2018（5）：15-25.
⑥ 朱方明．论马克思主义经济发展理论中国化的新发展［J］．四川大学学报（哲学社会科学版），2018（5）：15-25.
⑦ 马克思．政治经济学批判（导言）．马克思恩格斯选集第 2 卷［M］．北京：人民出版社，1972：101.

能够带来奖励和报酬的交换活动的支配，因此，人类一切社会活动都可以归结为一种交换，人们在社会交换中所结成的社会关系也是一种交换关系。

1. 霍曼斯行为主义交换理论

乔治·霍曼斯是社会交换理论的创始人。霍曼斯借用行为心理学和经济学概念构建交换理论。由于其理论基石是斯金纳的行为心理学，所以称其为行为主义交换论。霍曼斯认为社会交换行为与经济学中的交换原理是一致的普遍存在的，是维持人际互动和社会稳定的基础，使个体能够理性地追求最大利益。霍曼斯理论主要内容是关于人类社会行为的六个命题：成功命题指出个体行为受到利益支配。刺激命题涉及行为主体心理学中的刺激泛化。价值命题表明价值是个体保持和重现某一行为的重要条件。剥夺—满足命题陈述的是经济学中的边际效用规律。攻击—赞同命题指出了前四个命题成立的两种条件，即引起攻击行为和赞同行为的条件，揭示了人类行动的感情色彩。前五个命题都是在总结他人命题，而理性命题则是真正的霍曼斯命题。

霍曼斯交换理论重新恢复了人的主体性，将心理因素纳入到社会交换中，改变了纯经济利益的经济人假说。但是霍曼斯的理论将一切行为看作交换行为。过度依赖斯金纳的行为主义理论，忽视人类行为与动物行为的本质区别。用平等性原则来解释社会交换现象而没有注意不公平现象的存在。主张心理还原论而使社会学理论丧失了自身的独立性地位。主张采用个人主义方法论。他的研究基于个体层面，不能从社会结构、社会机制等宏观上进行解释。①

2. 彼得 M. 布劳的社会交换理论

美国社会学家彼得·M. 布劳的社会交换理论被称为结构交换理论，以区别于霍曼斯的行为主义交换理论。他的最主要的著作是《社会生活中的交换与权力》。布劳从权力的角度考察交换理论，建构了基本的交换系统。布劳认为人与人之间的社会交换开始于社会吸引。他用对等性解释部

---

① 周志娟，金国婷. 社会交换理论综述 [J]. 探索，2009（1）：281.

分社会交换，用不对等性解释另外一些社会交换。不对等性交换产生社会的权力差异和社会分层现象。因而，他用交换理论解决了社会学中微观研究与宏观研究之间的鸿沟。①② 布劳把社会结构区分为微观和宏观结构。他首先研究了微观社会结构中的社会交换。他反对心理还原论，认为社会交换不能够完全还原为强化的心理过程，反对把人类一切活动都看成是交换，因此他提出了社会互动是否属于交换的两个标准：行为的最终目标只有通过与他人互动才能达到；互动双方必须面临为达到目标而选择途径的共同问题。他认为社会交换产生于吸引，而经济动机则是产生社会吸引的条件。社会交换与经济交换相似，但彼特·布劳区分了经济交换和社会交换：第一，经济交换涉及两人之间明确的义务，当某人签订一项商业合同时，双方承担的义务以及履行义务的时间必须规定得一清二楚；而社会交换一般不明确规定交换的形式和涉及的义务。第二，经济交换的对象是容许讨价还价的，所谓的协商谈判，即是双方为达成最终协议条款有进有退的过程；而社会交换的对象通常不作讨价还价，一般遵循"周瑜打黄盖"的原则。第三，经济交换通常受法律的制约，依赖法制来维护和迫使交换双方执行承诺的交换条件、时间、地点等；而社会交换则基于彼此的信任，相信对方有作出交换的善意。第四，在经济交换中交换的比值是固定的，我们可以用货币来衡量商品的价值，交换后的双方一般会满足于获得适当的利益；而社会交换中，这一比值并不固定，社会交换的对象常常很难用相对价值来描述，如果借用经济标准来决定社会交换是否公平往往有失偏颇。③ 布劳也提出了社会交换的五个基本原理：理性原理、互惠原理、公正原理、边际效用原理和不平等原理，这些原理与霍曼斯交换命题在本质性内容上是大致相同的。布劳对宏观社会结构中的社会交换进行了大量研究，发现群体间的交往和个体间的交往有很多相似之处，追求报酬的欲望同样支配群体间的交往。它的交往模式大致也经历了"吸引—竞争—分

① 彼得·布劳. 社会生活中的交换与权力 [M]. 北京：华夏出版社，1988：241.
② 贾利利. 社会生活中的社会交换理论 [C]. 东方企业文化·天下智慧，2010 (6)：131.
③ 彼特·布劳. 社会生活中的交换与权力 [M]. 北京：华夏出版社，1988：36.

化—整合"这样一个过程，权力产生于交换过程的不平衡状态，同时对立与冲突也应运而生。

布劳的理论以霍曼斯交换理论为基础，但他的理论更符合实际。布劳对社会结构整体的看法避免了心理学的还原论，也看到了社会交换中的公平性和不平等性。然而他的理论是以人类行为以交换为指导作为前提的，而且布劳过分强调社会交换的经济基础，忽视了霍曼斯所强调的行为心理。①

三、菲利普·科特勒的交换理论

科特勒认为人们可以通过 4 种方式获得产品。第一种是自行生产，第二种是强行取得，第三种是乞讨，第四种是交换。他认为应把交换看作是一个过程而不是一个事件。双方正在进行谈判，并趋于达成协议，这就意味着他们正在进行交换。一旦达成协议，我们就说发生了交易行为。交易是交换活动的基本单元。交易是由双方之间的价值交换所构成的。交易分为货币交易和实物交易。一次交易包括几个可以量度的实质内容：至少有两个有价值的事物，买卖双方所同意的条件，协议时间和协议地点。通常应建立一套法律制度来支持和强制交易双方执行。如果没有合同法，人们可能在交易中互不信任，从而大家吃亏。科特勒认为交易与转让不同。在转让过程中，A 把 X 物给 B，但并不接受任何实物作为回报。一件礼物，一份补助金，或者一项慷慨的捐助，我们称它为转让，而不是交易。营销学看起来似乎只限于研究交易，而不研究转让。但是，转让行为也可以用交换的概念来解释。典型的表现是，转让者给予某人一件礼物，必定是出于某种期待，譬如，想得到某人的感谢。② 交换必须满足 5 个充分而必要的条件才能发生：①至少要有两方存在。自己和自己不能构成交换（即要有参加交易的人）。②每一方都要有被对方认为是有价值的东西（有交易物）。③每一方都能够沟通信息和传送货物（信息流与物流通道）。④每一

---

① 周志娟，金国婷. 社会交换理论综述［J］. 探索，2009（1）：281.
② 科特勒. 营销管理分析、计划、执行和控制第 9 版［M］. 上海：上海人民出版社，1999：11.

方都可以自由地接受或拒绝对方的东西（权利平等）。⑤每一方都要认为与另一方进行交易是适当的和称心如意的（即各方通过交换，其境况都比没有交换之前得到改善）。①②

　　顾客关系首先是一种交换关系。本书的研究借用和依赖于并综合了以上这些交换理论，基于交换来研究顾客关系，从交换主体、交换过程、交换内容、交换状态和交换结果等方面分别研究顾客关系。

---

①　菲利普·科特勒．营销管理新千年版第十版［M］．北京：中国人民大学出版社，PrenticeHl 出版公司，2001：15.

②　王谊，于建原，张剑渝等．现代市场营销学［M］．成都：西南财经大学出版社，2004：10.

第二章

交换与顾客关系

市场经济条件下，企业是最重要的市场主体。企业与顾客之间是天然的交换关系。企业的所有行为和活动是为了利润，利润主要通过交换来实现。而交换对象与企业的关系，即顾客关系的处理对任何企业都非常重要。市场的竞争是顾客的竞争，更是顾客关系的竞争。对顾客关系的充分认识是企业建立、维持、发展与顾客的良好关系的前提和基础。

第一节　市场经济是交换经济

为了得到自己想要的东西，有生产、抢劫、偷盗、乞讨、交换等方式。自己生产自己想要的东西，但自己需要的方面多了，自己不能生产或生产不出来，或者自己生产多了用不完就要浪费。抢劫需要自己有力量，有暴力的付出和损失，同时自己也有牺牲和死亡的风险，如通过战争抢劫。偷盗被道德和法律不允许。乞讨被人瞧不起和得不到尊重。自从有了人类文明社会以来，人们为了需要的满足，目标的实现，除了暴力的战争、抢劫、偷盗和以欺骗与软弱博得同情的乞讨方式以外，可以说有人类社会活动的地方有需要满足的地方就有交换。特别是有了社会活动的分工后，人类所有的社会活动和行为都与交换有关。人们的生活、工作离不开交换。人们相互之间的社会活动和行为都是通过由于不同原因，为了不同目的，与不同对象，在不同时间（现在、将来），不同地点的交换不同客体，来完成和实现的。如为了收入、理想、兴趣、爱好、情感，以及人类一切需要的实现都是通过交换完成。交换无处不在，而且为了人类的生存和发展，持续不断地交换着。由人构成的各种组织包括企业的活动和行为也不例外。

一、市场经济的本质

交换指个人或组织相互交换活动或交换劳动产品的过程。通过交换双方各自的拥有物来满足需要或欲望，与其他满足需要与欲望的方式相比，其最大的不同在于：参与交换的每一方，通过交换以后，都得到了自己所需要的东西；任何一方的需要与欲望得到满足不是以另一方利益受损或受到伤害为代价的。参与交换的任何一方，比交换之前的利益都能有所增加，至少不会降低。因此，交换成为人类社会满足需要与欲望最普遍的方式。[①]

市场经济是交换经济。市场经济是以市场运行为整个经济运行主体方式的经济模式，就是在交换行为基础上形成的一系列制度总和。随着产品（商品）、劳动、产权的社会化，集中、统一、开放的国内和国际市场及其运行机制逐渐形成，一切经济活动都直接或间接地处于市场关系之中。市场经济通过市场配置社会资源。市场经济从本质上讲就是交换经济。市场机制就是通过交换活动来推动生产要素流动、促进资源优化配置、保证经济运行的效率。[②] 我国在 1984 年中共十二届三中全会提出发展有计划的商品经济，1992 年在中共十四大提出发展社会主义市场经济。到了今天，我国已经基本上建立了市场经济体系，虽然总体市场化程度有待提高，但已经步入了市场经济国家行列。

生产的社会分工是商品交换产生和发展的必要条件。由于社会分工，每个生产者生产的单一性和需要的多样性之间形成了矛盾，由此才出现了各个生产者之间相互交换产品的必要性。生产有分工，而需求和消费是综合的多方面。并且，分工愈细，交换越频繁，交换的数量也越大，交换因此更加重要。如果没有分工，也就没有交换，不论这种分工是自然发生的或者是本身已经是历史的成果。而社会分工的产生和发展，正是由于生产

---

① 王谊，于建原，张剑渝等. 现代市场营销学［M］. 成都：西南财经大学出版社，2004：10.

② 周红梅. 论马克思交换理论的地位和价值［J］. 当代经济，2007（7）（上）：139.

的发展。生产的发展产生了分工，分工的结果又产生了交换，从而生产为交换提供了必要的条件。一定的社会生产力发展水平决定着一定的交换的方式、方法。在人类历史上，由产品交换发展到商品交换，商品交换又由简单商品交换发展到简单商品流通，进而发展到发达的商品流通，都是随着生产力水平的发展而发展的。生产越发展，社会分工越复杂，越细密，从而需要交换的商品品种、数量就越多，交换的范围就越广阔，社会经济生活就越离不开交换。

二、交换的资源

交换主要包括人们在生产中发生的各种活动和能力的交换，以及一般产品和商品的交换。两个人或两个组织之间交换的资源有商品、服务、金钱、地位、信息和情感。交换双方各自拥有某些资源，一方投入的资源代表了他的成本，并成为被另一方接受的结果。结果不仅来自被交换的资源，还可来自从事交换活动所获得的经验。因此，除了交换的商品、服务和金钱外，各方从交换过程本身就能获得回报或付出成本。① 在自由平等的正常主体之间，交换遵循的原则是等价和同步。

三、交换的类型

人的需要与生俱来，满足需要的方式很多，但只有交换这种特定方式才是常见和永恒的。消费者与企业交换的类型：

①简单交换和复杂交换。简单交换具有互惠关系的只有两方。例如，消费者与其股票经纪人或病人与其医生。复杂交换涉及三方或更多方卷入一系列的互惠关系中，例如，汽车通过一条销售渠道从生产厂商（如福特）转移到销售商然后卖给消费者。每一方都依赖另一方提供资源。虽然购买者与制造者之间由销售商分隔开来，但消费者仍依赖制造商的产品质量。同样，制造商也需要消费者的购买。

②直接交换和间接交换。直接交换是指企业通过直接渠道与终端顾客

---

① 莫温，迈纳. 消费者行为学 [M]. 北京：清华大学出版社，2003：10.

交换。顾客到企业柜台购买；企业推销人员到顾客区的人员推销方式；以及通过电话、网络、电视借助物流实现交换或者借助展销会、博览会等都是直接交换。间接交换是指企业通过中间商渠道（实体店铺或电商）并借助第三方物流来完成交换。

③内部交换和外部交换。内部交换，发生在组织内部。在内部交换的情形下，某组织的成员可以不去市场就能获得他所需的商品或服务。特殊需求在组织内部就能够得到满足。外部交换，发生在相互独立的各组织之间。公司和零售商之间的交易则是外部交换。

④正式交换和非正式交换。正式交换，有明确的清晰的书面或口头合同，并经常发生在外部交换中。在非正式交换中双方达成非书面的、未明确宣布的社会性的合同，较多发生在内部交换中，在此社会规范取代了正式合同。经常发生非正式交换的场景是在约会中。从交换的角度人们可看成拥有一系列可以交换的资源，如人们有这些特征：漂亮，聪明，富有，社会地位高的职业和好的人品。这些特征在恋爱时就作为可交换的资源了。因此，恋爱被认为是男女交换各种资源的过程。

⑤离散型交换和关联型交换。离散型交换是短期的一次性行为，未形成各种关系。易于衡量的商品属于离散型交换不会产生关联。关联型交换涉及一种长期的承诺，信任和社会关系的建立将发挥重要作用。关联型交换产生长期的关系，购买者和销售者之间是一种婚姻关系。关联型交换应当按历史的和可预见的进行分析。不仅要关注所获产品或服务的特征带来的利益，还要关注在此过程中发生的社会关系。消费者/购买者将会与销售者形成一种长期承诺来降低全部交易成本，降低风险，并与他们喜爱的人交往而获得积极的情感。关联型交换的一些特征：从时间上反映为一个持续的长期交换过程。责任具有用户化的特征并很详细。做出承诺后，可能会运用法律和规章。关系的期望。矛盾是早有预料的，但信任和为达成一致付出的努力能克服这些矛盾。对交换过程极为关注。未来的交换需要详细的计划。相互依赖的加强使交换过程中权力的慎用变得更为重要。通过正式和非正式的方法进行广泛的沟通。维持交换需要大量的合作。回报

将以经济和非经济的方式得到。① 关联型交换的情况有：当服务和产品很复杂、为用户定做的或需要在一段时间后交付时；当购买者相对缺乏经验时；当购买环境是动态时；消费者购买产品部分是为了产品或服务，部分是为了从交换中获得情感；对过去发生的交换的信任和满意程度，影响对关系质量的理解。②

⑥经济交换与社会交换。经济交换是指直接用货币标准衡量下的交换。社会交换是指人际关系中的情感、心理需求得到满足而发生的双方之间的一种互动行为。营销学中所讨论的交换通常是指经济交换。从经济学的角度，交换实际是否会发生，取决于双方是否都有被对方认为有价值的东西，并通过交换使价值增值；或者说，交换通常应使交换双方变得比交换前更好。但是，由于现代经济的复杂性，交换所显现出的社会特征越来越明显和受到重视。人际关系的契约作为保证或恢复买卖关系的力量日益强大。在现实中没有绝对的纯粹的经济交换或社会交换。因此，营销中我们不能再继续片面地研究经济交换，必须对社会交换所产生的影响进行考虑。

⑦权力交易和市场交易。交易是交换的基本组成单位，因为它是经济活动中人与人之的关系最为基本和一般的形式。科特勒将交换界定为一个过程，而交易则被认为是一个事件。换言之，如果双方正在进行谈判并逐步达成协议，这就意味着他们正在进行交换；一旦达成了一项协议，即代表了交易行为的发生。早期制度经济学家康芒斯（Jone R. Commons）把交易作为基本分析单位。他认为，交易不是简单的物品交换，而是人与人之间对物品的所有权的让渡和取得。③ 交易是由双方之间的价值交换所构成。不同国家、不同历史时期、不同经济制度的交易有其特殊性。按交换的内容来分，交易既包括货币交易，又包括实物交易；按交换的机制区分，交易则可分为市场交易和权力交易。④ 买卖的交易或称为市场交易，表现为

---

① 莫温·迈纳. 消费者行为学 ［M］. 北京：清华大学出版社，2003：11.

② 莫温·迈纳. 消费者行为学 ［M］. 北京：清华大学出版社，2003：11.

③ 康芒斯. 制度经济学 ［M］. 北京：商务印书馆，1983：74-93.

④ 康芒斯. 制度经济学 ［M］. 北京：商务印书馆，1983：74-93.

平等双方之间的自愿交换关系。权力的交易是通过制度来保障交易的形式，包括管理的交易和配额的交易。① 管理的交易，表现为长期契约规定的上下级之间的命令和服从关系。配额的交易，表现为法律意义的上下级关系，主要是政府与公众之间的关系。在高度集权的命令经济体制下，买卖交易是服从或从属于管理交易或配额交易的；而在高度分权的市场经济体制下，买卖交易则居于基础和前提地位，管理交易和配额交易是为实现买卖交易服务的。

第二节 企业与交换

在市场上从事各种交易活动的当事人，称为市场主体。如果不考虑政府的作用，市场经济体系中有两个重要的市场主体，一个是消费者，一个是企业，其中更重要的是企业。企业的目标与行为同交换有直接而密切的关系。企业是关于交换的一种制度。从本质上说，企业就是某种交换活动的组合。很多交换主体，考虑到交易费用的节约以及分工所带来的劳动生产率的提高，通过交换将各自的资源组合在一起，构成了一个新的具有更大更高的生产和交换能力的交换主体。企业与市场互相促进，共同发展。从企业的形成与发展来说，只有当交换达到一定数量时，才可能出现交易费用过高进而抑制交换的问题。这时，由于企业的规模经营具有较低的交易费用，某些交换就采用企业的制度体系完成。科斯认为交换可以在市场和企业两种制度安排下完成，但是企业必须以市场提供的大量交换以及它们所形成的均衡为保证，企业之间的竞争也促使自身不断提高运行效率。市场是企业保持效率、得以存在的条件和保证。另一方面，企业促进了市场交换的深化。企业的出现尽管将原来属于市场的一部分交换纳入企业内部进行，但是，它没有削弱交换。相反，这种变化促进了新的市场需要的产生，以及交换方式的丰富和各要素市场的形成与发展。如连锁经营超

---

① 王方华. 关系营销 [M]. 太原：山西经济出版社，1998：35-39.

市、物流业及相关产业的发展，电子商务、网络营销方式的产生及相关信息电子产业的发展，各要素市场特别是劳动力市场的兴旺发达等。总之，企业和市场都是围绕着交换所形成的制度体系。市场的建立既强化了各经济环节的联系又节约了交易费用。此外，资源稀缺性要求合理配置社会资源和发挥最佳经济效益，市场正是优化资源配置的有效方式，而它的实现有赖于交换流通。①

一、企业目标与交换

人类的社会性，以及发展过程中的不断分工，人们相互之间必然要交换。经济学理论告诉我们，企业目标是追求利润最大化，而且是长期利润最大化。利润是收益与成本之差的结果，即利润＝收益-成本，利润最大化＝收益最大化-成本最小化。企业要增加利润，只有增加收益降低成本。这只有规模化生产和销售才能实现。因此，企业要实现长期利润最大化的愿望，只有用自己的产品或者服务与顾客持续交换。企业与顾客的持续交换分为两种情况，一是纵向持续交换，即企业与同一顾客之间的持续交换。这又包括同一产品的重复购买消费的持续交换和同一顾客对同一企业不同产品的持续交换。公司战略都是为了持续交换和有利于持续交换。如专业化战略，利用学习曲线原理，提升效率，尽可能降低单位成本，增加收益，同一企业为了和同一顾客或不同顾客持续规模化交换，达到规模经济。多元化战略是企业不同产品与不同顾客持续交换达到范围经济，降低总成本。一体化战略是企业由外部交换到内部更方便的充分交换，达到交换的极致或者说不交换，降低交易成本。国际化战略也是为了和国外更多不同的顾客持续交换，达到规模经济，降低成本，增加收益。竞争战略：低成本的竞争战略是为了比竞争者交换更多；差异化竞争战略是为了新的交换、更高价格的交换获得垄断利润。集中化价值战略降低单位成本。总之，为了更有利于和顾客交换，更多的与顾客交换，企业要实现利润最大化，只有降低成本，增加收益。这只有通过持续的不断的交换才能实现。

---

① 周红梅. 马克思交换理论的经济学研究［J］. 2005年硕士论文：30.

二是横向持续交换，即同一企业与不同顾客的不间断的交换，如与不断增加的新顾客的持续交换。当然企业同这种情况下的顾客的交换单独上看都是一次交换。一次交换都是偶然的交换，或是尝试体验交换。横向持续交换的条件是顾客数量足够多、竞争不激烈、信息不对称封闭或者信息公开交流方便做到顾客满意。

二、生产与交换

一般情况下，我们通常所说的交换是指产品的交换。从总体上看，交换可分作4类：①生产过程中产生的各种活动和各种能力的交换。如劳动者之间在分工和协作过程中所进行的活动和能力的交换。②生产过程中的产品交换。例如，在同一生产单位内，生产过程中各道工序之间的原材料或半成品的交换。③产品在最后进入消费领域之前，各个不同生产单位之间在产品生产、运输、包装、保管等过程中的交换。④直接为消费而进行的交换，即产品进入最后消费领域的交换。第一类交换属于直接生产过程；后三类交换则是联结生产、分配和消费的中间环节。

在不同时期与社会发展阶段，生产与交换的关系和地位是不同的。对于商品交换来说，在自然经济条件下，生产是目的，是主要的，商品交换是次要的，甚至没有商品交换。在计划经济条件下，只有生产，没有交换。在市场经济条件下，从生产过程来看，由供应商到制造商，再到终端顾客，既有生产也有交换。生产过程先由原材料、设备、劳动力的供应商与制造商之间交换，再由制造商与终端顾客之间直接进行商品交换；或是制造商借助与中间商交换后中间商与终端顾客交换。在这个生产过程中，制造商经历了至少两次交换。为了进行生产，生产企业必须购入相应的生产资料和雇佣一定的劳动力，这种表现为购入的交换行为，使得货币转化为商品，实际上成了生产的前提条件。因此第一次交换是生产制造的条件，在第一阶段，供应商与制造商之间的交换是为了生产，交换是生产的条件，生产是交换的目的。如果没有生产资料的购入和劳动力的雇佣，生产则无法开始。在第二阶段，制造商与终端顾客的交换或借助中间商与终端顾客的交换，交换与生产之间的关系是，生产是为了交换，生产是交换的条件，交换是生产的目的。生产制造是第二次交换的条件。第二次商品交换是生产制造的目的。如果没有售卖实现商品价值，再生产过程也会就此中止，所以商品交换又制约着生产。商品交换的规模和速度，直接影响社会生产的发展。生产是商品交换的物质基础，商品交换的发展又是进一步扩大生产的重要条件。当交换的范围扩大，市场容量增大，特别是当新市场开拓时，生产就会受流通的刺激迅速扩张。流通时间是社会再生产总时间的组成部分，它的多少决定着流通速度，又直接影响着生产时间的多少和社会再生产速度的快慢。交换有三种方式：生产之前与供应商之间的交换，生产之后与经销商之间的交换，产品与终端顾客的交换。从整个生产过程来看，交换既是手段也是目的，相对于生产来讲企业与终端顾客的交换是目的，生产是手段。因此，市场经济环境下，交换是目的，生产是手段。生产是为了交换，为交换而生产，有交换才生产。

三、营销与交换

1985 年美国市场营销协会把营销定义为"计划和执行创意、商品和服务的概念制定、定价、促销和分销，从而产生满足个体和最终目标的交换的过程。交换概念是营销定义的核心内容。营销的基本使命是在组织及其所接触的公众（个人和组织）间建立长期互利的交换关系。营销经理日益发现自己需要参与确定组织方向和那些可以创造和维持竞争优势并影响组织长期绩效的决策。[①] 被称为世界快速消费品营销人才培养三大摇篮之一的保洁公司，对雇佣员工灌输的营销概念就是：让没有使用我们产品的顾客用我们的产品，让使用我们产品的顾客以后用得更多，让使用我们产品的顾客永远用我们的产品。市场经济环境下，有市场有交换才有营销。营销是解决企业交换的思想、方法、系统、工具以及具体的策略。营销是交换实现的具体方式与过程。在营销环境分析基础上的目标市场战略，就是基于市场需求进行细分然后选择确定交换对象。营销组合的 4P 策略也是围绕交换的具体措施。产品策略是交换的客体，交换内容和交换原因、目

---

① 凯琳等. 战略营销：教程与案例［M］. 大连：东北财经大学出版社，2000：1.

的。价格策略是交换条件，等价交换，自愿交换。渠道策略是交换地点和具体交换方式。促销策略是为了促进交换，通过沟通提供交换信息。

四、销售与交换

营销是销售的前提和基础，销售是营销的目的和结果。销售是企业与顾客完成交换的最后一个环节和步骤，也是企业实现利润目标的最直接的最关键的一步。无论线上还是实体店以及人员销售，都是企业的重中之重。如果没有销售和销售的完成，企业的所有努力都是没有意义的。

第三节 交换与顾客关系

要全面研究顾客（或客户）关系，先要弄清楚顾客（或客户）关系的内涵。顾客关系内涵的理解是顾客关系营销与管理的基础。顾客关系是顾客与企业的关系，是交换关系。既然是交换关系，我们从交换视角解读和分析顾客关系。交换的研究或理论有两个层面，一个是宏观层面的交换，如早期的重商主义理论、国际贸易理论以及一个地区与另一个地区的贸易交换。二是微观层面的交换，如组织与组织之间、组织与个人或家庭之间以及个人与个人之间的交换。从内容方面有商品经济交换理论和社会交换理论。不管哪种交换理论以及哪种交换，都是基于人性和人性中最基本的特征需要来研究和实践的。人性中最基本的是人的需要，需要是一个人行为的起点，一个人的目的都与需要有关。本书借助经济交换理论和社会交换理论，以及人性中的需求理论从微观层面研究企业与顾客的关系。

一、交换、交换关系与顾客关系

一个市场是由那些具有特定的需要或欲望，而且愿意并能够通过交换来满足这种需要或欲望的全部潜在顾客所构成。因此，一个市场的大小就取决于那些表示有某种需要，并拥有使别人感兴趣的资源，而愿意以这种资源来换取其需要的东西的人数。企业为了长期利润最大化，就要纵向的和横向的持续交换，达到市场规模的最大化。无论线上线下（O2O），无论 B2C、B2B、C2C，企业与顾客交换方式类型无非两种：一是企业与目标客户之间面对面地直接交换：顾客上门来的企业柜台销售和企业到顾客那里去的人员推销方式，以及通过电话、网络、电视借助物流实现交换或者借助展销会、博览会交换等；二是借助中间商渠道（实体店铺或电商）来完成交换。

1. 交换过程与交换关系

无论哪种交换形式，从前面分析看出，企业的行为和活动的目标、战略、生产、营销、销售自始至终是为了交换，以及围绕交换，与顾客进行互动。对于有形产品的交换过程，企业和顾客的交换依次经历四个阶段：①需求认知与设计/生产过程关系；②信息搜集评价与沟通过程关系；③决策购买与销售过程关系；④使用、购后评价与售后服务关系。这四个阶段的顾客关系也可以简化为三个阶段的顾客关系：购买前（①+②）、购买、购买后顾客关系。如图2-1。

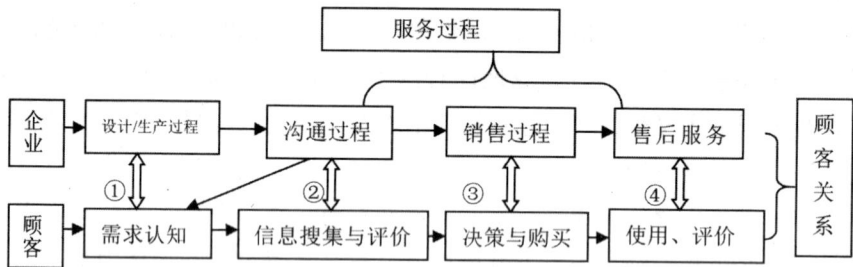

图2-1　有形产品交换过程图

对于服务的交换过程，生产过程与销售过程是同时的。不仅如此，而且沟通过程既先于生产过程，也与生产、消费购买和售后服务过程是同时的。产品和服务的交换尽管有差异，但顾客关系也同样依次经历了四个阶段：①需求认知与生产过程关系；②信息搜集评价与沟通过程关系；③决策购买与销售过程关系；④使用、购后评价与售后服务关系。同样，这四个阶段的顾客关系也可简化为购买前（①+②）、购买和购买后三个阶段的顾客关系。如图2-2。

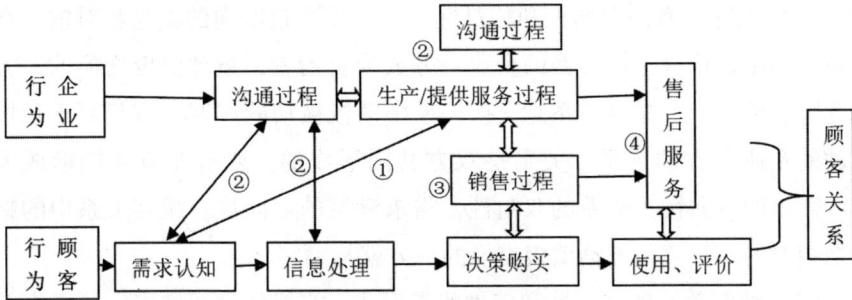

图 2-2 服务的交换过程图

零售环节是企业与顾客交换的实质和核心阶段。在零售卖场顾客关系过程具体表现为顾客行为和销售人员/服务人员之间的顺序互动。顾客行为依次为进入营业环境、注意商品、感知商品、产生兴趣、引发联想与明确动机、购买决策、购买进行到离开；服务/销售人员行为依次为接待、展示、介绍、推荐、促进、成交、送客。

总之，交换是一个过程，是企业行为与顾客行为的互动过程。交换双方要参与到交换的整个过程。不论是企业一方，还是顾客一方都要经历一个交换的过程。交换过程包括企业与顾客的交换过程和顾客与企业的交换过程。从交换过程来看，顾客需求认知是交换的起点。企业行为和顾客行为一起出现并互动。从交换开始到交换结束一直互相影响和互相联系。顾客需求认知是顾客关系的源动力和起点。企业与顾客之间的交换关系，是交换行为之间的互动关系。企业行为与消费者行为之间是一个互动、互相影响的交互关系。因此交换本身就是一对关系。在交换中，交换主体相互成为各自的关系对象。在平等的、自愿的条件下，交换双方为了各自需求的目的和价值，形成了交换关系。企业与顾客之间的关系是天然的交换关系。

2. 交换关系与顾客关系及其特征

交换关系中，消极被动的顾客一方与相对积极主动一方的企业的关系就是顾客关系。顾客关系是企业和目标顾客两个交换主体之间的行为的相互联系。顾客关系具有以下特征。

（1）顾客关系的双向性和相对性。顾客关系是双向的也是相对的。在交换过程中，积极主动交换的企业一方成为营销者，被动消极交换的一方成为顾客或市场。顾客关系是交换关系中消极被动的顾客一方相对于积极主动的企业一方的关系。关系是双方共同形成的。要有双方才能形成关系。需求的双向性，关系的双向性，需求满足的双向性。顾客关系中的顾客是相对的。只要是被动消极交换的一方就是顾客。

（2）顾客关系的过程性和三种状态形式。交换的过程性决定了顾客关系的过程性。一次交换过程形成了一次顾客关系。整个顾客关系过程以顾客需求认知开始。顾客需求认知是交换的起点，也是顾客关系的起点。顾客需求认知是顾客关系的源动力和起点。从企业与顾客的交换过程可以看出，有三种交换形式状态的顾客关系：单次／一次性交换下的顾客关系、持续交换下的顾客关系和顾客满意基础上的持续交换下的顾客关系。

（3）顾客关系的主客观性。顾客关系既有客观性也有主观性。顾客关系既是客观的，也是主观的。只要有交换愿望和发生了交换，顾客关系就存在了，这是客观的。从客观上讲，顾客关系只要有交换活动出现和产生，就有顾客关系。主观上讲，顾客关系源于各自的需求及其期望满足各自的需求。顾客关系的主观性是指顾客关系受到企业和顾客双方主观认知和行为的影响。顾客关系中，虽然其行为是互动和交互的，但双方有主动被动，以及先后之别。交换前的是否交换，与谁交换，对交换的期望，以及交换后的是否满意，这些都是主观的。交换主体通过接触产生感性认，再通过理性认知认识到交换能带来价值和信任而主动自愿交换。顾客关系是交换双方关系主体在认知基础上的价值交换的结果。顾客通过接触认知到价值和信任，购买前和购买时的认知促成一次交换，形成购买前和购买时的顾客关系；购买后的认知，是否持续购买，形成购买后的顾客关系。交换过程中的满意、不满意，以及对不同交换形式的交换的期望下出现的顾客关系也是主观的。顾客关系是否符合交换主体的自身愿望是主观的。顾客关系的好和不好是主观的。对双方来讲，顾客满意基础上的持续交换下的顾客关系，是主观的，是企业和顾客都期望的。主观的顾客关系中又有主动、被动的顾客关系。顾客关系的形成既要有意愿也要有能力。顾客关系的意愿就是顾客的主观需求。顾客关系的能力是要有满足对象或顾客需要的资源,这是客观的。本书分别从顾客角度和企业角度解读顾客关系。我们先从顾客角度解读顾客关系。分别从交换主体、对象,交换原因、目的,解读顾客关系主体、对象,顾客关系内容及其实质。

(4) 顾客关系的价值性。因需求而交换。需求的满足是双方交换的目的,是交换关系的目的,是顾客关系的目的。顾客关系因需求交换形成。交换由需求交换、资源交换、顾客关系交换,最终到价值(各自需求满足)的交换,因此顾客关系是一种需求形式,是企业和顾客价值的表现手段和形式。

二、交换主体、对象与顾客关系对象

在交换过程中,企业和目标顾客是当然的交换主体。无论 O2O 的 B2C,B2B,C2C 的交换,企业和顾客作为交换主体和相互的交换对象是明确的。但企业是一个抽象的组织,他如何能与顾客交换呢?从法律上讲,企业的代表是法人。但顾客不是与法人在交换。从自然上,企业有办公地、厂房、机器设备、人员,顾客也不是和它们交换,也不能和它们交换。那么顾客到底在与谁交换呢?顾客与企业的关系到底是顾客与谁的关系呢?我们从市场角度看,企业是市场主体,企业品牌或产品品牌才是顾客与之交换的主体和对象。从交换主体、对象看,顾客关系是品牌关系、人员关系。

1. 交换过程与接触

有形产品不再是关键,关键是服务。企业要为顾客提高价值,有形产品只不过是价值的一种载体而已。制造业、服务业和其他行业中有越来越多的企业面临的竞争是服务竞争。为了有效地应对竞争,这些企业必须明确,服务管理是应对新的竞争形式的最有效的管理模式。它们应当向顾客提供包括各种服务在内的产品组合,而不仅仅是有形产品。服务竞争是每个人、每个产品取得竞争胜利的关键所在。从这个意义上说,所有的行业都是服务行业。① 不仅如此，从企业与顾客交换过程分析发现不管是有形产品还是服务的交换，交换过程中的销售过程都是一种服务过程，如图2-2。因此我们可以将所有企业界定为服务企业。对于绝大多数服务来说，其最重要的特性主要有3个：服务是由活动或一系列活动（而不是有形物）所构成的过程；服务至少在一定程度上具有生产与消费的同步性；顾客或多或少地参与服务的生产过程。服务最重要的特性就是其过程性。②服务有两个显著的特征：第一，服务是一个过程或一次表演，而不仅仅是一样"东西"；第二，顾客会程度不等地参与服务的生产过程。③ 肖斯塔克把服务接触定义为"顾客同一项服务直接相互作用的一段时间"。④ 无论是制造商与终端顾客的直接或间接交换，中间商与终端顾客的直接交换，还是制造商与中间商的直接交换；无论是产品还是服务交换，线上还是线下交换，大客户还是小客户交换，直接的商品货币交换还是间接的货币交换，都是一个过程，都离不开接触。交换的完成要经过一系列的服务，包括售前、售中、售后服务。企业提供服务给消费者，消费者接受服务，是通过对人事物的接触来进行的。从信息搜集处理到决策支付，再到完成交换。而互联网催生了电商以及新媒体。交换过程中服务的提供和接受可以不经过人员、产品、地点的直接接触，而是线上的、远程的或机器的间接接触方式完成交换。我们认为顾客接触是指顾客能感知和被感知到的企业行为和活动或与之相关的一切。顾客的五大感觉器官功能决定和影响接触效果。顾客的接触是双向的和相对的。顾客接触双向性是指顾客主动接触企业和顾客被动接触企业。顾客被动接触企业是指企业主动靠近和影响顾客。顾客接触的相对性是指接触是相对于企业的展示/展露。顾客与企业的每一次交换要经历不同顺序不同方式不同程度的多方面的各种接触才能

---

① 格罗鲁斯. 服务管理与营销 ［M］. 北京：电子工业出版社，2002：20.

② 格罗鲁斯. 服务管理与营销 ［M］. 北京：电子工业出版社，2002：34.

③ 克里斯托弗·H. 洛夫洛克. 服务营销（第三版）［M］. 北京：中国人民大学出版社，2001：43.

④ G. Lynn Shostack, "Planning the Service Encounter," in J. A. Czepiel, M. R. Solomon, and C. F. Surprenant（eds.）, The Service Encounter（Lexington, MA：Lexington Books, 1985）pp. 243-254.

完成。从广告信息的接触，到店铺接触，产品接触，相关人员接触，使用（产品效用）接触、服务接触等。顾客与企业、企业员工、企业的产品、服务或其他任何相关事物接触，都是一次特殊的经历，所有这些接触环节就是接触点。[①] 这些接触点包括从产品形成到产品到达顾客的这个过程中顾客所有感觉器官能感知到的与企业相关的所有地点、时间的各种活动、各个环节，以及各种人事物。

从交换过程可以看出，为了交换和完成交换，在交换整个过程中的每个阶段，顾客要与企业直接或间接的接触。企业的销售过程与顾客的购买过程是真正的实质上的双方交换的核心过程阶段，也是最直接的接触。通常企业设置交换场景/销售渠道与顾客完成销售购买。交换场景分为自助交换（只有顾客自己）、远程交换服务（只有雇员自己）、交往性交换服务（有顾客和雇员）。传统上实体店只有近距离地与具体人员行为肢体接触才会得到交换所需产品。目前和将来的常见的交换场景是线下线上的结合。顾客经过渠道接触，包括货架接触、产品接触、人员/机器接触来完成实质的交换。交换是企业行为与顾客行为之间的互动。互动必然有相互的接触。从企业行为与消费行为交换互动的过程发现，无论是有形产品还是服务的交换都离不开企业和消费者之间的有形无形的接触服务。如从购买前的接触、购买时的接触到购买后的接触，从主动接触到被动接触，从计划性安排接触到非计划性安排接触，从物的接触到人的接触，从产品接触到渠道接触，从信息接触到交换接触，以及机器接触、活动接触、技术接触、网络接触、线上接触、线下接触，不同感觉器官的接触，不同距离的接触。其中有两种重要的接触就是品牌接触和人员接触。

2. 接触对象与交换对象、主体

在交换过程中，顾客必然经历各种人、事、物的接触。这些接触包括直接信息的接触、物的接触和人的接触。所有这些顾客接触点可以概括归纳为物（包括直接的信息）的接触和人（行为）的接触。从顾客认知上看，所有接触点对顾客而言最终都是信息的接触与获取。消费者信息接触

有两种不同类型的接触，有意识、有目的地接触和随机地、偶然地接触。①
这些接触或许是企业有意展露或无意传递出顾客的信息。接触的来源有计
划性接触、非计划性接触。② 计划性接触是企业主动有意识去影响顾客而
向顾客传递展示的行为、活动或信息。计划性接触是企业意愿之外的顾客
接触到的企业行为、活动或信息。这些接触对顾客既有正面的影响，也有
负面的影响。顾客接触到的信息是顾客对企业或产品认知的基础，顾客认
知也受到其影响。顾客在不同时间地点通过对企业或产品一系列接触点和
不同频率接触后获得的各种信息，认识和感知企业和企业产品，在顾客头
脑中经过综合加工形成品牌形象，经过长时间后在顾客头脑中综合形成品
牌。人的接触也会最终影响到品牌形象。从接触对象看，顾客与企业的接
触一是品牌一是人员。为了交换品牌，顾客与企业相关人员有直接的、间
接的，面对面的、远距离的交往和交换。因此，从交换主体看，一是与品
牌进行交换，一是与人员之间的接触交往而产生了交换。

　3. 交换对象、主体与顾客关系对象

　　顾客关系是顾客与企业之间的联系。顾客与企业之间的联系有物的
联系和人的联系。这些联系都是通过直接和间接的接触联系起来的。顾
客对企业的接触点是影响顾客关系的直接的具体因素。它们对顾客关系
的作用影响不同，影响周期也不同。顾客和企业的所有联系总的可以概
括和抽象为品牌之间的联系。顾客所有接触点最终都可归结为品牌接触
与人员接触两大方面。企业顾客关系既有顾客与人的关系，也有顾客与
物的关系。对人的接触影响人员关系。顾客与人的关系就是顾客与企业
人员的关系。对物和人的接触影响品牌。顾客与物、人的关系就是顾客与
企业或产品的品牌之间的关系。从交换主体看，顾客关系包括品牌关系和
人员关系。

　（1）品牌接触与品牌关系

　　企业和顾客作为交换主体和相互的交换对象，是明确的。而企业是一

---

①　彼得·奥尔森. 消费者行为与营销战略［M］. 大连：东北财经大学出版社，2000：
　　110.

②　格罗鲁斯. 服务管理与营销［M］. 北京：电子工业出版社，2002：218.

个抽象的组织是不能或没法与顾客交换的，企业品牌或产品品牌才是顾客与之交换的主体和对象。品牌有效衔接起了作为生产者的企业与作为消费者的顾客。企业作为生产者输入产品、地点、价格、促销、人员、流程、物理迹象等元素到品牌；作为消费者的顾客从品牌中输出自我形象、质量、成本、预期性能、竞争区别。品牌是企业在产品质量和服务方面对消费者的承诺和保证，是消费者对企业在产品质量和服务方面的信任和认可。品牌是消费者对企业或其产品形象在心理认知的结果。品牌反映和体现企业或产品价值以及顾客对其的认可。顾客只有通过品牌体现才能辨识产品和企业价值。品牌体现和反映了企业和顾客之间内在的综合的物质、精神的、情感的相互联系。品牌是一个市场概念。品牌能够代表企业作为交换主体。品牌具有拟人的特点，如品牌个性。品牌的属性既有功能属性也有情感属性。品牌体现和凝聚了顾客的情感，如喜欢不喜欢、满意不满意、忠诚不忠诚，所以品牌能代表企业组织作为主体。顾客交换决策或选择的依据是品牌。顾客是由于品牌而与企业自愿进行交换。顾客选择不同企业作为交换对象，实际上是在不同品牌企业或不同品牌产品之间进行选择，所以是与不同品牌之间的交换。从交换条件上看交换主体平等有意愿，作为交换主体，必须是有意愿且对等的。在交换过程中，对所有物的接触受到的影响都会归因和指向于人，但又不能完全由人的因素来解决。这就只能通过品牌来解决或指向品牌。顾客通过接触，影响品牌认知以及对品牌的选择，最后影响是否交换该品牌。因此根据交换对象，企业与顾客的关系，实为企业或企业产品品牌和顾客的关系。品牌的形成是企业行为和顾客行为相互影响和作用的过程，本来就是以一对关系形式出现的。品牌关系最早由 Research International 市场研究公司的 Blackston 提出，品牌关系是一个双向互动的概念，包括消费者对品牌的态度和行为以及品牌对消费者的态度和行为两个方面。它将品牌关系类比成人际关系，认为品牌也像人一样会对消费者产生态度和行为。[1] 品牌关系分为顾客与企业品牌关系和顾客与产品品牌关系。企业品牌关系又分为顾客与制造商品牌、

---

① 丁望. 国外客户关系管理理论研究综述 [J]. 经济纵横，2005（8）.

中间商品牌、电商品牌的关系。电商品牌关系分为 CPU 电商品牌关系、移动电商品牌关系。

　　（2）人员接触与人员关系

　　顾客或采购商企业相关人员与供应商企业相关人员在交换过程中的交往接触，形成了顾客与人员的关系。所有关系，是以人为中心的关系，是人与人之间的关系。顾客关系也是如此。虽然顾客与企业的交换是与品牌交换，是因为品牌而交换，为了品牌而与品牌交换，最终也是与品牌交换。但在交换过程中，顾客会直接、间接的，或多或少地与企业相关的各种人员相接触才能完成交换。实际上顾客与这些人员之间也间接产生了交换，也就有了交换关系。所以从交换主体看，顾客关系就有了人员关系。人员关系不仅直接影响顾客关系，而且人员关系还影响到品牌形象和品牌关系，进而间接影响顾客关系。

　　制造商与顾客的交换是直接交换或通过中间商间接交换。中间商/服务商与顾客的交换是直接交换。无论哪种交换都要经过一定的渠道，一是沟通信息渠道，一是销售购买渠道。顾客与企业交换产品品牌，都要在品牌或购买渠道方面做出选择，无论是选择与什么品牌企业或产品交换，还是选择交换渠道，顾客交换的完成都要有沟通信息渠道和销售购买支付渠道的接触。这些渠道的接触，无论线上线下，顾客与企业交换过程的最终的完成顾客一般都要与这个企业的相关具体人员或者是相关渠道企业的具体人员直接或间接地接触后，才能完成交换。在交换过程中不同环节不同人员如形象代言人、管理者、业务人员、促销员、服务员、收银员、维修员，或是与电商有关联的快递员，或是该企业的曾经的顾客，抑或是了解该企业的人员（当然无人超市和柜员机确实不会与人员有接触，这是一种特殊情况，除了银行柜员机涉及隐私满足了人们的隐私安全需要，发展很好，其他线下的无人超市则因为没有直接或间接人员接触服务发展缓慢），特别是在零售卖场顾客行为和销售人员/服务人员之间进行顺序互动。顾客行为依次为进入营业环境、注意商品、感知商品、产生兴趣、引发联想与明确动机、购买决策、购买进行到离开；服务/销售人员行为依次为接待、展示、介绍、推荐、促进、成交、送客。更是直接的人员之间的接触交往。与这些人接触产生了对人的需求，人与人的交往，就有了人员关系，并且直接影响顾客交换的完成。顾客在这些接触点中，所有物的接触受到的影响，交换过程中的满意与不满最直接也最容易归因和集中到具体的直接接触的人员身上，而不是事和物上面。而这些接触点中谈得上与顾客有直接关系的对象或主体也是人员。这就有了直接的人员关系，并且直接影响顾客交换的完成。人员关系也影响最终的顾客关系。网上购物或通过柜员机等机器设备进行的交换活动虽然没有人与人员直接接触。但有间接的人员关系，因其操作流程的设计安排也是由具体人员在其背后预先设计安排的。人员关系既有线下人员关系也有线上人员关系。社交电商和直播带货销售也是专门运用人员关系来影响顾客关系的经营理念。顾客人员关系就是顾客与企业所有相关人员的关系。

（3）品牌关系与人员关系

品牌关系和人员关系都影响顾客关系，并最终影响顾客关系。在同一时间地点同一产品顾客关系可能是人员关系和品牌关系同时存在，也有可能不同时存在，也有可能以其中一种为主另一种为辅的现象存在。品牌关系和人员关系既是包含关系，又是并列关系。人员关系影响品牌关系，人员关系也影响最终的顾客关系，而且品牌关系与人员关系相互影响。品牌关系影响和促进人员关系，如因为购买某品牌商品而与其中人员接触交往建立关系。人员关系也影响和促进品牌关系，如因为个人关系而促进商品交换。社交电商、直播带货利用人员关系带动品牌关系，进而影响顾客关系。因此在交换过程中，为了交换的完成，可以先推销自我，再推销企业/产品；也可以先推销企业/产品，然后接受业务员。

（4）企业顾客关系类别

企业与顾客关系分为，制造商与中间商顾客关系，中间商与终端顾客关系，制造商与终端顾客关系。这些顾客关系又分为个人顾客与企业关系和组织顾客与企业关系。个人顾客关系一是顾客与企业人员的关系，一是顾客与企业或产品品牌的关系，如表2-1。

表 2-1　不同类型企业与个人顾客关系

不同企业类型顾客关系		品牌关系	人员关系
制造商	与渠道商关系	企业	销售人员
	终端顾客关系	企业、产品	促销员
零售商顾客关系		企业、产品	
服务业顾客关系		企业品牌	服务人员
电商顾客关系	快递员接触顾客	CPU、移动 APP	送货员
	快递员不接触顾客	CPU、移动 APP	
无人超市		产品品牌	

　　组织顾客的顾客关系包括两个组织品牌之间的关系，两个组织人员之间的关系，以及人员与品牌之间的关系。如 B2B 背景下的顾客关系包括工业营销中的买卖关系、渠道成员关系与战略联盟成员关系等就是如此。组织顾客与企业的顾客关系首先是两个品牌之间的关系，然后是个人人员之间的关系。组织与组织之间的关系，从交换来讲，是两个品牌之间的关系。首先是表现为一个组织中个人与另一个组织品牌之间的品牌关系，然后是另一个组织中的个人对前面这个组织品牌之间的品牌关系，这时形式上是两个品牌之间的关系，而实质上两个组织之间的关系还是归结到两个组织之间的个人关系，即组织甲—组织甲人员—组织乙人员—组织乙关系。所以，无论是个人顾客还是组织顾客，企业与顾客的关系实际上可概括、表现和提升为品牌关系和人员关系，各类企业与顾客关系最终也是品牌关系和人员关系。因此，顾客关系从交换主体看包括品牌关系和人员关系，而且顾客关系有宏观、微观关系，从对象上有战略关系对象、战术关系对象，以及同一顾客群体、不同顾客群体顾客关系。在今天，顾客关系还可以分为线上顾客关系和线下顾客关系两种。

三、交换原因、目的与顾客关系内容、实质

　　交换是企业与顾客双方出于各自的需求产生的，这是交换的动力，也

是交换的首要原因。其次，信任也是交换产生的原因。通过交换需求的满足及其满足程度的大小即价值实现其交换的目的。顾客关系的实质是价值和信任。

（一）交换原因

生产的社会分工是商品交换产生和发展的必要条件。生产有细致的各种各样的分工，而需求和消费是综合的多方面。市场主体企业和顾客为了各自的需求就必然交换。不管是早期的交换理论还是现代交换理论，不管是宏观交换理论还是微观交换理论，不管是单纯的经济交换理论还是社会交换理论，其交换的原因一是需求，一是信任。

1. 需求

交换双方需求是顾客关系产生与形成的原因。人的所有交换都是为了满足人的需要，实现人的全面发展。无论是人与人之间，人与组织之间，还是组织与组织之间的交换，都是为了满足其物质需要和精神需要。需求是交换的动力和顾客关系的起点。交换需求内容决定顾客关系内容。

（1）企业需求。通常来讲，企业的需求就是利润。不过，不同企业在不同阶段其具体需求有可能是不同的。在特殊情况下，管理者和业务员的个人需求也会成为企业的需求。

（2）顾客需求。顾客的需求就是产品或服务。顾客为了产品的需求进行经济/物质交换，对交换过程需要而有可能进行除了经济/物质之外的社会/精神的交换。受交换需求的影响，交换内容变得复杂多样。

结果需求。结果需求是指顾客对产品、服务的需求。相对于过程需求，结果需求是顾客的原生需求和直接需求。顾客对产品、服务的需求表现为衣食住行用等生活各方面的需求。有物质产品的需求，也有精神文化方面产品服务的需求。同时顾客的需求有不同需求层次。对同一产品服务的需求，具体表现为不同产品形式的需求。有的需求是核心产品，有的需求是形式产品或延伸产品。不同的人需求的产品层次和形式是不同的。顾客对产品属性的需求既有自然属性的也有社会属性的。

过程需求。过程需求是指顾客为了结果需求的交换和完成，在交换过程中引发的新的对人事物的需求。相对于结果需求，过程需求是顾客的引发需求和间接需求。同样在这些需求中，顾客需求的形式和种类很多。由于在交换过程中，为了交换和完成交换，企业的行为和活动影响顾客行为，顾客不可避免地要和企业相关人员直接或间接地接触和交往而发生新的交换关系，对与之接触的企业相关人员也会有要求、期望或需求，顾客与人员的接触交往就会有更加复杂多样的人际需求关系。如物质的精神的、生理的心理的、经济的社会的、情感的友谊的。

对顾客而言，结果需求和过程需求到底哪个重要？这因产品/服务的特点和顾客的不同而不同。有些产品/服务对顾客而言结果需求重要，有些过程需求重要。有些顾客看重结果需求，有些看重过程需求。

（3）交换需求与交换内容

交换需求决定交换内容。对产品、服务的结果需求和过程需求形成综合的最终的品牌需求。对交换过程的需求中的人员也有需求。顾客的交换有直接产品需求的交换，也有对交换过程产生的需求的交换；有对核心产品需求的交换，也有对形式产品和衍生产品需求的交换；有单一层次需求，也有多层次需求下的交换。所有这些需求下的交换总体上表现为经济交换与社会交换，物质交换与精神交换。

（4）交换内容与顾客关系内容

交换内容影响和决定顾客关系内容。企业与顾客之间的关系不仅仅是商品与货币的经济交换关系，以及除商品与货币交换之外的其他经济交换关系，还包括广泛的信息交流关系、感情沟通的社会关系。因此，从交换内容上，顾客关系可分为经济关系与社会关系，物质关系与精神关系，而且它们各自在一次交换中主次先后因果关系是不一样的，并且相互融合、相互影响。结合前面的顾客关系主体既有品牌关系也有人员关系，既有物质关系也有精神关系，既有经济关系也有社会关系，所以顾客关系是一个关系系统，如图2-3。

从顾客角度，顾客关系从交换主体对象分为品牌关系、人员关系；从交换需求内容分为经济关系、社会关系，物质关系、情感精神关系。

交换是因为交换双方各自的需求才产生的。企业和顾客交换各自的需求是交换的动力和顾客关系的起点。顾客关系需求是顾客和企业双方的需

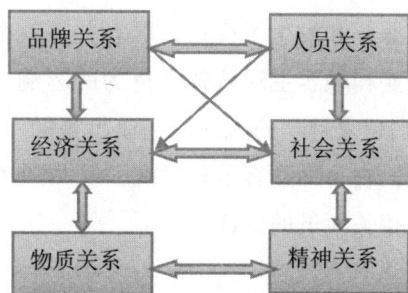

图 2-3　顾客关系类型及其关系

求。顾客关系是企业和顾客双方各自需求中的一种，既是一种直接需求（狭义上的顾客关系①），也是一种间接需求（广义的顾客关系）。

2. 信任

顾客交换关系产生的第二个原因是信任。市场经济是交换经济，也是信用经济。市场是开放的、自由的，也是竞争的。作为市场主体的企业和顾客，在选择和谁交换方面是自由的，交换双方的信息也是不对称的。交换的正式产生必须是双方相互信任之后才会有的。信任的目的是减少风险，保证利益不损失。信任与风险、利益、价值密不可分。对交换的双方而言，信任也是一种需求。现实诚信的缺乏导致顾客信任需求的产生。建立关系、维持关系，除了有价值作为交换的基础和前提，还需要信任。相信交换的客体是有价值的，相信交换的对象是值得信任的。交换主体通过接触产生感性认识，再通过理性认知认识到交换能带来价值和信任而主动自愿交换。顾客关系是交换双方关系主体在认知基础上的价值交换的结果。顾客通过接触认知到价值和信任，购买前和购买时的认知促成一次交换，形成购买前和购买时的顾客关系；购买后的认知，形成是否持续购买，形成购买后的顾客关系。顾客关系既是客观的，也是主观的。只要企

---

① 狭义上的顾客关系是指顾客对折扣、熟人、朋友情感、面子等方面人际关系的需求等。顾客关系的范围很广泛，既有狭义上的顾客关系，也有广义上的顾客关系。广义上的顾客关系是一种交换关系，包含了三种交换状态。狭义上的顾客关系是主观的，狭义的顾客关系是指企业与顾客之间由于熟人等基于个人素质和情感基础的纯个人关系下的顾客关系以及从持续交换中能得到好处的顾客关系。

业与顾客之间有交换愿望和发生了交换，顾客关系就存在了。但顾客关系也有好坏之分，受企业和顾客主观认知和行为的影响。莱恩哈德·斯普伦格指出："在商品差别越来越小的时代，企业出售的不是产品，而是信任。品牌是具体化的信任，它帮助顾客节省时间。"① 顾客对企业的信任，包括顾客对企业组织以及相关人员的信任。

（二）交换目的

交换目的是价值。交换的发生和产生是因为交换双方各自的需求。顾客关系既是顾客的需求，也是企业的需求。需求的满足就是价值。价值的大小由需求满足的程度决定。交换目的是获得各自需要的价值。满意的持续的交换才能让交换双方得到各自最大化的价值。首先是需求基础上的价值。没有价值是不会发生交换的。顾客关系也是交换双方的一种需求，也会给交换双方带来价值。满意的持续交换，能为交换双方带来长时间的价值，直接的或间接的利益。这是企业和顾客双方期望的顾客关系。关系价值是交换双方的价值。关系价值体现在各自需求是否满足及其满足程度。因此顾客关系是双向的，顾客关系的价值也是双向的，即所谓的双赢。在交换行为中要换位思考，做到己所不欲勿施于人。所以顾客关系价值一是顾客关系对顾客的价值，一是顾客关系对企业的价值。

1. 顾客需求的满足与顾客关系价值

对顾客而言，交换过程中所有需求的满足都是顾客的关系价值。无论是直接的产品服务的结果需求，还是交换过程中的人、事、物的过程需求，无论是经济需求、社会需求，还是物质需求、精神需求，交换需求的满足就是价值，结果需求的满足就是结果价值，过程需求的满足就是过程价值，品牌需求的满足就是品牌价值，人员需求的满足就是人员价值，经济需求的满足就是经济价值，社会需求的满足就是社会价值。

2. 企业需求的满足与企业的顾客关系价值

企业为了利润、利润最大化、长期利润最大化的目标需求，其交换和交换下形成的顾客关系要满足此需求，实现企业的价值。

---

① 莱恩哈德·斯普伦格. 信任［M］. 北京：当代中国出版社，2004：17.

交换双方因需求而交换。因需求而交换，交换资源，资源交换是否满足需求，交换关系（顾客关系）是否满足需求，最终是交换价值。因此，企业和顾客的交换由需求交换，到资源交换，到顾客关系（交换关系）交换，到最终的价值交换。交换的目的是交换需求的满足，是为了各自的价值。企业交换是为了自己的价值——利润，顾客交换是为了顾客价值和顾客关系价值。

（三）顾客关系的实质

顾客关系是顾客行为与企业行为之间的交换、交互关系。综述前面的分析，从顾客角度看，顾客关系是一个综合性的概念，既是一个过程也是一个系统。顾客无论是个人顾客还是组织顾客，从交换主体和对象看，顾客关系有品牌关系、人员关系；从交换内容看，顾客关系既有经济/物质关系也有社会/精神/情感关系；从交换原因看，顾客和企业交换都是出于各自的需求以及需求满足的信任；从交换目的看，就是各自需求的满足。各种需求的满足及其满足的程度就是价值。价值的实现和得到是顾客关系的目的。顾客关系无论品牌关系还是人员关系，经济关系还是社会关系，都与利益、风险、信任密切相关。顾客关系本身不是目的，而是获取利益的手段。交换因需求起，关系也因需求而起。所有关系下顾客对品牌、对人员的需求，对经济、社会的需求，对物质、精神情感的需求，以及这些需求是否得到满足以及满足的程度，对顾客而言就是价值。企业与顾客交换是为了利润，利润的实现就是企业的价值。

表 2-2　顾客关系与价值、信任矩阵

顾客关系		价值	
		有	无
信任	是	关系建立成功	欺骗，关系不成功
	否	关系不成功	对的

为了需求交换而产生的顾客关系，无论是品牌关系还是人员关系，经

济关系还是社会关系，物质关系还是精神关系，从交换原因和目的看，顾客关系的实质是价值与信任，如表2-2。顾客关系的前提是价值，包括品牌价值、人员价值，经济价值、社会价值。顾客关系的基础是信任，品牌信任、人员信任。有价值不一定交换，要相信有价值才会或可能发生交换，并产生顾客关系。交换是相互的。在时间上是同时参与到交换中来，不过需要彼此的信任才能参与交换。但交换过程的完成不一定是参与了就立刻同时完成。比如成交了，付款了，但商品不一定马上得到。或者是得到商品了但款项费用要等一段时间才能付清。像这种情况下的交换在前期成交时彼此的信任更重要，一定的信任机制和担保、承诺是必需的。价值的交换在时间上的不同步，信心和信任就成了关键。在顾客关系中，是先提供价值给对方还是后提供价值给对方；是先得到对方提供的价值还是后得到对方的价值，谁先付出，在什么时候付出。得到与付出，舍与得，这是交换、交换关系、顾客关系、关系的艺术和最高境界，这其中信任与风险相伴。克里斯丁·格朗鲁斯1998年发表文章认为关系营销是一种价值、交互和对话过程。他提出有三个方面对成功实施关系营销是至关重要的：一是作为关系营销起点和结果的价值过程；二是作为关系营销核心的交互过程；三是支持关系建立和发展的对话过程，主要从服务行业探讨关系的各方面。[①] 克里斯丁·格朗鲁斯的观点也体现了关系的实质是价值，而且是交互双方的价值。对话过程是沟通，是为了保证信任。顾客关系是双向的，顾客关系主体、需求、价值、信任也是双向的。顾客关系的实质是价值和信任，这对企业和顾客都是如此。企业和顾客双方都有各自的需求，各自的价值。顾客关系是因为各自的价值，也是因为彼此的信任才出现和产生的。企业为了保证其价值的实现也要信任其交换对象。有企业对顾客的信任，也有顾客对企业的信任。顾客对企业的信任包括品牌信任和人员信任。彼此满足对方的需求，彼此又相信对方能满足自身的需求，顾客关系才得以形成。

本书所研究的顾客关系内涵尽可能去体现逻辑性、层次性、普适性和

---

① Gronroos C. (1990). Marketing redefined, Management Decision, 28, No. 8, 5-9.

操作性。其逻辑性体现在顾客关系以交换为主线贯穿其中来思考研究顾客关系的营销。其层次性体现在顾客关系的类别研究，包括品牌关系、人员关系，经济关系、社会关系，物质关系、心理关系。其普适性体现在本书的研究综合考虑服务、B2C、B2B等顾客关系特点。因此基于前面三个特点研究的结果的操作性更强。

四、交换过程和结果与企业角度的顾客关系

交换的结果具体是指交换完成后顾客是否满意、企业是否满意，有三种交换状态下的顾客关系交换结果，我们分别予以探讨。只有顾客满意基础上的行为忠诚下的顾客关系是企业和顾客双方都满意。企业要实现自己的长期利润最大化的价值目标，只有顾客满意基础上的顾客行为忠诚，是情感忠诚和行为忠诚的统一。从企业角度的顾客关系即顾客满意以及顾客满意基础上的持续交换下的顾客关系，而要顾客满意和忠诚只有为顾客提供价值和信任。

1. 研究顾客关系和企业重视顾客关系的前提

顾客关系在理论上的提出和现实的重视既有理论的原因，也有现实的原因。重视和关注顾客关系的前提和意义在于以下几方面。（1）关系本质是以人为中心的。关系双方一定有行为的互动和利害的相互影响。能够相互的利害影响，关系的前提首先是关系双方要固定/稳定，至少是一方要稳定、固定。一是位置固定、一是目标稳定，如行业稳定、利润目标稳定。关系双方至少有一方有稳定的利益目标。有人感叹人情如流水，这就是由于工作关系等原因经常变动住地的原因所以关系不好。（2）站在关系主体一方，从涉及关系对象数量来看，顾客关系是网络。企业与其利益相关者都有关系。同一顾客（其他对象也一样）关系对象数量有限。（3）对同一顾客有竞争者。顾客关系营销的现实是源于各行业市场上顾客数量是有限的，而且对同一顾客竞争愈来愈激烈。在适当情况下，识别和建立、维持和增进同消费者和其他利益相关者的关系，同时在必要时终止这些关系，以利于实现相关各方的目标；这要通过相互交换及各种承诺的兑现来实施。至今没有什么定义比这个更好的了，但如果他能够及时地吸收其他

思想和观念，那就更好了。① 这是伊根对关系营销的解释和理解。（4）开发新的顾客成本高于维持原顾客的成本。顾客关系营销的产生是建立在两个经济学论据基础上的：第一个论据是，保持一个顾客的费用远远低于争取一个顾客的费用；第二个论据是，企业与顾客的关系越持久，这种关系越有利可图。许多学者认为保留一个老顾客远较获取一个新顾客的成本更低，公司吸引一个新顾客的成本往往比留住一个老顾客的成本高出 4~6 倍。② 这是最常见的维护保持顾客关系的理论依据。（5）顾客关系一定是长期的预期行为和目标。站在当前预期很长一段时间，才会注重关系。如果用短期思维考虑问题就不会考虑关系。以前农村邻里关系为什么相处很好？因为抬头不见低头见，一辈子的关系。相处不好的邻里关系是因为有直接的利益冲突和争夺。

2. 顾客满意与顾客忠诚

一般情况下顾客满意是顾客忠诚的基础。但现实是顾客满意和顾客忠诚并非一一对应的关系。

（1）顾客满意。顾客满意的界定，是针对特定的某次消费经历还是针对多次消费经历去进行评价。一次性消费评价在操作上更为可行，顾客对特定消费的期望和感知的认识比较清晰，通过期望与感知的差距比较，顾客很容易对自己的需求得到满足的程度做出评判。从管理价值上看，累积顾客满意度更有意义。累积的顾客满意可以表现企业的过去、现在和将来的业绩。③从实证结果看，这两个标准之间并不存在严格的差异。其次，顾客对产品和服务的消费评价既包括认知上的评价，也包括情感上的评价，其中情感在顾客的满意中占有更重要的地位（Oliver，1981）。顾客满意的形成机制。①期望—不一致模型简称为期望模型。在购买前，顾客会对产品的绩效形成"期望"，顾客购买后则会将消费产品所获得的真实绩效水平与购买前的期望进

---

① 伊根. 关系营销：剖析营销中的关系策略 ［M］. 北京：经济管理出版社，2005：28~30.

② Peppers D. Rogers M. One－to－One Future ［M］. NewYork：Doubleday Publications，1993.

③ 罗晓光. 基于顾客购后行为的顾客满意度评价研究 ［D］. 哈尔滨工程大学，2006：57.

行比较，由此形成二者之间的差距或称为"不一致"，当实际绩效与期望相同即"不一致"为零时，顾客产生"适度的满意"；当实际绩效超过期望即"不一致"为正时，则为"满意"；而当实际绩效达不到期望即"不一致"为负时，则为"不满意"。因此，期望模型中包括期望、不一致和满意三个基本的变量，期望是顾客对产品绩效的预期，不一致是绩效与期望之差，其中绩效是顾客所获得的利益，满意则是顾客的最终态度和评价。②绩效模型，又称感知质量模型。绩效通常指顾客所获得的产品效用的总和。绩效模型认为，产品的属性为顾客带来的利益，即满足顾客需要的程度，直接决定了顾客的满意水平。因此，产品绩效越高，顾客就越满意，反之顾客则越不满意。在期望模型中，绩效是满意的主要前因，此时的期望对满意仍有影响，但这种影响相对要小得多。① 针对不同行业和产品，期望模型和绩效模型表现出不同的适合情况：对于耐用消费品，绩效的信息比其他产品更为强烈，因此绩效的作用也更强，此时采用绩效模型较合适。此外，绩效模型经常被用于整体满意水平测量体系的研究，因此是各行业满意度指标体系建立的理论基础。③公平模型。根据该模型，顾客对产品是否满意，不仅取决于期望与绩效之间的比较，还取决于顾客对交易公平合理性的判断。当顾客感到自己获得的效用与投入之比与产品提供商的这一比例相同时，就会感到公平和满意。公平程度越高，顾客就越满意；公平程度越低，顾客就越不满意。顾客满意满足了营销的本质追求。研究企业的发展历史可以发现其关注的中心经历过五个阶段的变化。第一阶段是产量和质量为中心。这根源于市场环境的总体表现为卖方市场，产品供不应求。第二阶段是销量为中心。这源于1929—1933年的世界经济危机以及机械化大生产阶段，产品供过于求。企业对内实行质量控制，对外注意销售额的增长。第三阶段是利润为中心。促销成本与销售额的双高，导致企业的实际利润不断下降，管理的目标移向了以利润为中心的成本管理。第四阶段是顾客中心。这源于企业以自我为中心而导致顾客的不满和销售上的滑坡，另一方面，各个公司提供的产品几乎已没有差别，必须站在顾客的角度来考虑管理的问题。由此，顾客的满意就

---

① 严浩仁等. 试论顾客满意的形成机理模型及其发展［J］. 经济经纬, 2004（1）.

是企业效益的源泉。企业管理理念由此进入第五阶段顾客满意为中心。营销作为一种企业的市场行为，它以市场为起点和终点，以消费者需要为行为核心，旨在满足消费者需要的前提下，实现企业的各种生产经营的目标。在满足消费需要的过程中，其最根本的则是顾客的满意，因为只有顾客满意，才能完成营销的使命。企业是为满足消费需要而存在的。

（2）顾客忠诚。顾客品牌忠诚的判断标准：一是以行为上的重复购买作为忠诚的标准；二是以态度上的偏好作为忠诚的标准；三是以行为和偏好相结合（甚至更多的因素）作为忠诚与否的判断标准。高度满意是实现顾客忠诚的重要条件。不过，在不同行业和不同的竞争环境下，顾客满意和顾客忠诚之间的关系会有差异。所有市场的共同点是，随着顾客满意度的提高，忠诚度也在提高。但是，在高度竞争市场（如汽车和个人电脑市场），满意的顾客和完全满意的顾客之间的忠诚度有巨大差异；而在非竞争市场（如管制下的垄断市场——本地电话市场），无论顾客满意与否都保持高度忠诚。尽管在某些场合，顾客不满意并不妨碍顾客忠诚，但企业最终仍会为顾客的不满付出高昂代价。这意味着，企业如果没有赢得高水平的顾客满意度，是难以留住顾客和得到顾客忠诚的。除了简单地吸引和留住顾客，许多公司还希望不断提高其顾客份额。他们的目标不再是赢得大量顾客的部分业务，而是争取现有顾客的全部业务。例如，通过成为顾客购买产品的独家供应商，或说服顾客购买更多的本公司产品，或向现有产品和服务的顾客交叉销售别的产品和服务，以获得所属产品类别中更大的顾客购买量。任何企业的生存和发展都离不开顾客，现代市场竞争实质上是一场争夺顾客的竞争，谁能为顾客提供高品质的产品和服务，谁能让顾客满意，谁就能持续经营，不断发展。关系营销把一切外部利益相关者纳入研究范围，用系统论的方法考察企业的所有活动及相关关系。然而，在众多市场关系因素中，顾客满意是其核心和基石，也是企业生产经营活动的基本准则。

3. 企业角度的顾客关系与顾客满意和顾客忠诚

由于交换是一个过程，由顾客需求认知开始。需求是顾客关系的起点和动力。企业的需求源于对利润的追求。顾客对产品和服务的需求和需求认知是顾客交换的动力。企业和顾客双方各自的需求促成了交换的产生和形成。企业为了实现利润目标，不但要与顾客交换，而且要与顾客持续的交换。交换是一个过程，交换关系与顾客关系也是一个过程。企业与顾客的交换有三种交换状态下的交换结果，相应的有三种交换状态下的顾客关系情况：单次交换下的顾客关系交换结果、持续交换下的顾客关系交换结果、顾客满意基础上的持续交换或顾客忠诚下顾客关系交换结果。如图2-4。

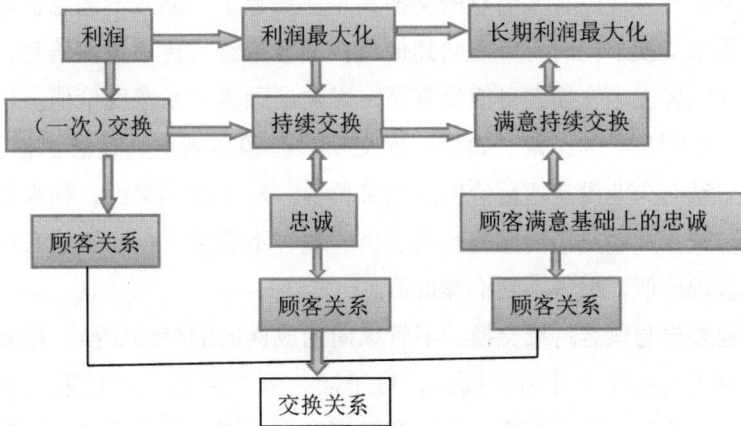

图2-4　利润、交换与顾客关系

（1）三种交换状态下的不同顾客关系的交换结果

顾客关系是一个不连续的线性关系，从图2-4中可以看出有三种顾客关系状态：一次交换下的顾客关系、持续交换下的顾客关系、顾客满意持续交换下的顾客关系。第一种状态情况下的顾客关系，顾客可能满意，也可能不满意；传统情况下企业满意，现在的企业不满意或者说短期满意、长期不满意。第二种状态情况下的顾客关系，顾客可能满意，因为第一次交换关系或前次交换关系满意；也可能不满意，因为前次/前面的交换就不满意，如果不满意下顾客忠诚只是行为忠诚；但企业满意。第三种状态情况下的顾客关系，顾客满意，企业也满意。顾客忠诚是情感忠诚和行为忠诚的统一。市场如果只有一个企业和一个顾客这三种状态下的顾客关系对企业都是满意的，但市场上还有其他企业和顾客。如果有其他企业竞争者，第一种状态下和第二种状态下顾客关系中不满意的顾客就会转向竞争者企业处购物。如果有其他可能的潜在顾客，第一种状态下和第二种状态下不满意的顾客就可能把自己的不满意的行为、情绪传递给他们，进而影响潜在顾客的购买。因此，第一、二种状态下的顾客关系中不满意的顾客对企业的损失，一是转向的损失，二是对可能的潜在顾客负面影响的损失。

如果仅有一次顾客不满意的交换，企业满意了，顾客不满意，顾客下次不会再来交换，同时有可能向其他潜在顾客抱怨或传递负面信息，致使其他潜在顾客发生交换的可能没有了，影响到顾客关系宽度价值。最后企业还是影响到自己的经营。如果一次交换只有顾客满意（情感忠诚），没有行为忠诚对企业没有增量价值或交叉价值。对于持续交换，如果顾客只有行为忠诚，顾客是不情愿的被动忠诚。顾客不满意，企业虽然有增量价值或者基础价值，但得不到推荐价值。

企业要想与顾客持续交换，不管纵向的或横向的持续交换，都要在一次交换满意的基础上才行。因为，对于同一顾客来说，只有第一次满意了，才有可能第二次去交换；头次交换满意了，即使自己不再去交换，他也有可能把自己满意的消费感受说出来，或表现出来，影响其他没有交换过的人。但同时，由于有竞争对手，单次交换下满意的顾客，也有可能转向竞争对手，这是不利于企业的。如果只有顾客满意（情感忠诚），没有行为忠诚对企业没有增量价值。如果只有行为忠诚，顾客是不情愿的被动忠诚。顾客不满意，企业虽然有增量价值，但得不到推荐价值。因此，无论是一次交换还是持续交换都要交换双方共同满意。因此顾客关系的目标是关系满意，即交换双方共同满意。从对象上，关系双方都同时满意，不仅仅是顾客一方的满意，也不是企业一方的满意；从时间上，不是一次的满意，而是持续多次的满意。要想顾客和企业交换双方都满意，那就只有顾客满意基础上的顾客忠诚。该顾客忠诚是情感忠诚和行为忠诚的统一。一般认为顾客忠诚表现为情感忠诚和行为忠诚。前者包括对该产品或服务本身的信任、对企业品牌的认同；后者包括重复购买该产品或向其他人推荐本企业的产品。顾客满意和顾客忠诚不是充分必要的一一对应的关系。

顾客满意不一定带来顾客忠诚。顾客忠诚也不一定是因为顾客满意,有可能只是行为忠诚,是一种被动忠诚。顾客满意既是过程满意,也是结果满意。顾客满意需要一定的条件才能转变为顾客忠诚。顾客关系的实质是价值和信任,这对企业和顾客都是如此。企业的目的是追求利润最大化,可持续的利润最大化,可持续的竞争优势。利润是企业永恒的、主要的追求目标,它主宰着企业的行为,企业的其他经营目标只是影响企业行为的参数,它们能在短时期内影响企业行为,但不能长期主宰企业行为。企业的顾客关系目标最终要有利于利润的增加。

(2)企业角度的顾客关系及其特征

综上所述,从交换结果看,有三种交换状态下的顾客关系结果,只有第三种交换状态下的顾客关系是交换双方共同的满意或关系满意。第三种状态下的顾客关系是企业主观上最期望的也是努力实现和追求的。不管哪种状态下的顾客关系,对企业而言,最好都要让顾客满意才能有利于企业的利润最大化目标。为此,从企业角度的顾客关系具体就是顾客满意以及顾客满意基础上的持续交换下的顾客忠诚。由于交换的状态形式的特点,顾客关系是一个不连续的线性关系。三种不同交换状态形式下的顾客关系体现了企业角度的顾客关系特征。

①单次交换的是否满意与顾客关系的力度。在单次交换中顾客关系质量的好坏我们称之为力度。关系质量的好坏或关系深浅的程度,即关系力度。对于个人而言,关系力度是指关系双方对彼此情感的亲密和熟悉的程度,如爱、恨、喜欢、讨厌的程度。顾客关系的力度是指在一次交换过程中交换双方是否满意以及满意的程度。这与单次交换的数量和总金额有关。顾客关系力度是指单次交易的价值。它与单次交易的商品的单价的高低以及数量的多少有关。企业与顾客单次交换的数量和金额称之为顾客关系的力度。顾客关系的力度主要是体现在与大客户、重点客户的关系,以及在工业品、大工程/大项目、大国重器等产品服务的交换关系中。

②同一顾客纵向持续交换与顾客关系的长度。关系长度,是指一种关系存续的时间长短或交往频率高低、次数的多少。如古人的"君子之交淡如水",相互之间的价值是大的。为什么呢?表面看关系不是很好,即关

系力度不大，但这样的关系才能长久，所以关系总价值大。一般普通人的关系，一次或偶尔的关系很深，很投入，交往过深，发现彼此不好的方面，无法接受和包容，结果关系就容易出现问题，致使原有关系不复存在，关系的长度很短，这样关系的总价值不大。企业与同一顾客持续交换的交换过程形成了持续性顾客关系，决定了企业的顾客关系周期。我们称之为顾客关系的长度。顾客关系长度是指在一定时间内交易的次数的多少或频率的高低。企业与顾客之间的关系价值也是由关系力度和长度决定的。① 顾客关系的长度的延伸一是企业延长自己的寿命。二是专业化，坚持长时间做一个行业，一个产品。三是坚持做品牌。四是在一个时间段内提升顾客的品牌使用和购买频率。

　　③不同顾客横向持续交换与顾客关系宽度。持续交换下的顾客关系分为纵向持续交换下的顾客关系和横向持续交换下的顾客关系。企业与同一顾客单次交换下的顾客关系的不断重复形成了纵向持续性的顾客关系过程，决定了顾客关系的长度。同一企业与不同顾客之间的间断下的连续交换的过程形成了另外一种持续性的顾客关系过程。这种持续性交换的顾客数量影响顾客关系的宽度。当然企业同这种情况下的顾客的交换单独上看都是一次交换。一次交换都是偶然的交换，或是尝试体验交换。顾客关系的宽度是指企业与不同顾客之间持续交换下的顾客数量。关系本身就是网络的。企业和内外利益相关者都有关系，是网络状的关系网络。1997 年瑞典学者古姆松提出"关系营销就是从关系、网络和交互的角度看营销"。② 企业同顾客的关系，既有纵向的同一顾客的关系，也有横向不同顾客之间的关系。主观上，市场主体既要追求顾客关系的长度也要追求宽度。以前企业只追求顾客的宽度。今天，企业不仅要追求顾客关系的长度还同样追求宽度。顾客关系宽度的增加主要就是不断开发新顾客开拓新市场。追求

① Storbacka K, Strandvik T, Gronroos C. Managing Customer Relation shipsfor Profit：the Dynamics of Relationship Quality ［J］. International Journal of Service Industry Management，1994，5（5）：21-38.

② Thorsten Hennig, Thurau Ursula Hansen. 关系营销——建立顾客满意和顾客忠诚的竞争优势 ［M］. 广州：广东经济出版社，2003：5.

顾客的数量。一是增加更多的连锁店铺。比如各种服务业企业就是横向持续交换的典范。通过连锁和复制商业模式在全国甚至全球范围内的每个城市每个商业中心建立连锁店铺不断拓展顾客关系的宽度。如零售行业的各品牌大小连锁超市，欧尚、沃尔玛、家乐福、伊藤、永辉；迪卡侬、宜家、富森美、苏宁、红旗连锁、喔喔等。中餐行业的海底捞火锅、大米先生、顺旺基、乡村基、玉林串串等。食品零售专卖店的好利来蛋糕、元祖饼等。品牌专卖店如耐克、阿迪达斯、安踏、优衣库、H&M等。饮品行业的星巴克咖啡、瑞欣咖啡、良木缘、芋烧仙草、奈雪的茶等。书店如西西弗、言几又、方所、文轩等。西餐如肯德基、麦当劳等。二是国际化战略。由国内市场进入国际市场。同一企业同一产品与同一顾客的持续交换是顾客关系的长度；同一企业同一产品与不同顾客的持续交换是顾客关系的宽度。同一企业同一顾客与不同产品的持续交换既有长度又有宽度。因此，多元化战略既能拓展顾客关系宽度，也能延长顾客关系长度。不过，顾客关系的宽度的拓展受到市场规模大小、顾客口碑信息是否公开自由传播的影响。横向持续交换的条件是顾客数量足够多、竞争不激烈、信息不对称封闭或者信息公开交流方便。

企业的顾客关系有力度、长度、宽度三个特征。这就要求企业在一个时期内，既要关注当前顾客单次的交换数量与金额，也要关注其将来长期的持续的交换频率以维护老顾客关系，还要不断开发新顾客。企业利润的获得从过去通过追求市场份额到现在强调顾客份额（顾客终生价值）。我们认为企业既要追求市场份额也要追求顾客份额。因此顾客关系不仅是单纯的技术的或人际的关系，更是战略的。顾客关系不只是事后（交换成交后）的客户关系（CRM），更是包括事前（交换前和交换中）的顾客关系。

（3）企业的顾客关系价值

企业的顾客关系价值是指顾客关系对企业的价值。企业交换的目的是利润。满足此需求的顾客关系对企业的具体价值受顾客关系的力度、长度、宽度的综合影响。企业的顾客关系价值有如下几方面。

一是受顾客关系力度影响的存量价值。存量价值是指企业与顾客单次交易下形成的顾客关系的价值。它与单次交易的单价的高低以及数量的多少有关。

　　二是受顾客关系长度和宽度影响的增量价值。长度增量价值即同一顾客同一企业同一产品（主要是易耗品、非耐用品等购买频率高的产品）纵向持续交换产生的价值，与顾客关系长度有关，它受在一定时间内交易的次数的多少或频率的高低的影响。提高顾客的忠诚度，增加顾客的终生价值。顾客的终生价值包括历史价值、当前价值、潜在价值三部分。历史价值是到目前为止已经实现了的顾客价值。当前价值是如果顾客当前行为模式不发生改变的话，将来会给公司带来的顾客价值。潜在价值是如果公司通过有效的交叉销售可以调动顾客购买积极性，或促使顾客向别人推荐产品和服务等，从而可能增加的顾客价值。企业实施关系营销能带来较高比例的满意顾客和较高的顾客忠诚度，使消费者认同厂商提供的产品有较佳的品质，并增加产品的利润。其实证研究的结果，亦证实关系营销与顾客的满意度、忠诚度以及顾客对产品品质的知觉呈显著的正关系。增量价值还包括企业与不同新的顾客的持续交换下的顾客关系下的增量价值。即不同顾客同一企业同一产品持续交换产生的价值。

　　三是交叉价值，即同一企业不同产品与同一顾客持续交换产生的价值，可以增加交叉销售的机会。由于企业与顾客建立了良好的关系，顾客基于对企业的信任，除了购买以前熟悉的产品外，对企业新开发的产品也会购买，从而实现交叉销售价值。

　　四是推荐或介绍价值。在交换过程中，不论单次交换还是持续交换，满意的顾客通过口头或网络向其他人推荐或介绍产品而购买后对企业产生的价值。顾客满意下的良好顾客关系，可以形成良好的，无论是口头的还是网络的，都可以为企业介绍新的顾客，起到广告作用，而不满意的顾客也会通过口头或网络向其他潜在顾客做负面宣传影响。

　　顾客关系对企业的这些关系价值受到企业、消费者以及竞争对手等多方面因素影响。企业的行业特点，是否多元化、专业化，多品牌还是单一品牌；产品性质方面，是否耐用，单位价值大小，必需品还是任意品；消费者方面，单次购买数量、购买频率；竞争对手的强弱。这些因素都会影响企业的顾客关系价值，因此对企业顾客关系价值的评价也要从这些因素去考虑。如表2-3。

表2-3 企业顾客关系价值评价表

评价指标＼影响因素			企业关系价值				
			增量价值（RFM 模型）			交叉价值	推荐价值
			最近购买时间 R	购买频率 F	花费金额 M		
企业方面	产品品牌数量	专业化					
		多元化					
	产品性质	耐用否					
		单位价值大小					
		必需品否					
		信息公开交流否					
消费者		个人					
		组织					
竞争者	竞争性	强					
		弱					

对企业而言顾客关系的重要性受市场规模的影响。交换对象一方的市场规模和大小由人口、欲望、购买力三要素构成。人口是市场规模和大小的基础，其欲望与购买力相互影响。购买力分析包括大小、有无、现实的与潜在的。对企业而言，顾客关系重要性受市场人口规模和数量的影响。市场人口有限，企业需要顾客的重复持续购买包括交叉购买，因此，顾客关系重要性强；市场人口多，企业可以通过和不同顾客的一次交换达到其获利目标，不一定强烈需要和同一顾客持续交换，因此顾客关系的重要性弱。当然，无论市场大小顾客关系的顾客推荐作用企业都是需要的。但是这个受信息是否开放流通的影响。今天互联网时代和自媒体等便于信息公

开和流通，顾客推荐的口碑作用很大。顾客关系的重要性还受竞争企业数量的影响。竞争者数量多，顾客关系更加重要。总之，企业实施关系营销将提高顾客对公司的忠诚度，从而有更多的销售机会，增加公司的长期利润。企业顾客关系价值由顾客关系收益与顾客关系成本之差决定。不同行业消费者购买频率不同，对企业的顾客关系价值不同。专业化企业与多元化企业的这三种价值也不同。

第四节　关系需求、营销主线与顾客关系营销

顾客和企业的需求都相继经历了一个演化过程，顾客关系是企业和顾客双方共同需求的结果。企业为了实现自己的目标，只有进行顾客关系的管理和营销。

一、关系需求与营销观念

营销都要以消费者为中心，满足营销对象的需求。企业的目标都是追求利润最大化，为此，就要满足消费者需求，让其满意。顾客需求的种类很多，按照自己研究的需要可以从不同角度和不同标准进行分类。根据主体分为个人、家庭、组织、社会、国家需要。比如从宏观角度可以分为时代需求、社会需求、国家需求。个人需求在很大程度上要受时代需求、社会需求和国家需求影响并倾向和服从它。个体顾客需要又可以分为不同生命阶段需要；生活范畴不同需要，如个人生活、学习、工作、休闲、兴趣娱乐方面的需要。个体需求有不同角色需求；不同角色不同时间需要也不一样。家庭需要分为不同功能需要（如居住、餐饮、文化娱乐等需要）、不同社会阶层、不同阶段的需要。同样组织需要也可以分为很多种类。根据需求目的分为直接需求和间接需求。按用途分为生产需求、消费需求。按需求知觉程度分为理性需求、感性需求；按需求程度分为任意需求、必需需求；按需求频率分为偶然需求、间断需求、连续需求；按需求地位分为功能性需求（核心需求）、延伸性需求。按照需要实现的程度，可以把

个人的需要分为现实需要和潜在需要。按起源分为生理性需要（先天的）、社会性需要（后天的）；按对象差别分为物质需要、精神需要；按获得满足的强烈程度分为主导需要、次要需要；按发展层次分为生存需要、享受需要、发展需要。人们的经济需求也经历了物物交换的需求、直接对商品的需求、对货币的需求，对投资和利润的需求。总之，人的需要是复杂多样的。总体上顾客需求趋势呈现出不断差异化、多样化、个性化、复杂化的特征。顾客需求内容呈现梯级增加，包括产品实体、质量、包装、服务、品牌、情感体验、与产品相关的所有活动是否承担社会责任（如是否环保）、诚信（信任）以及关系等。顾客需求内容的不断增加既是人类社会发展的结果，也是企业之间竞争的结果。各行各业企业为了发展和竞争，满足顾客需求，营销观念不断创新。需求的演变对营销观念也造成了影响。如图2-5。

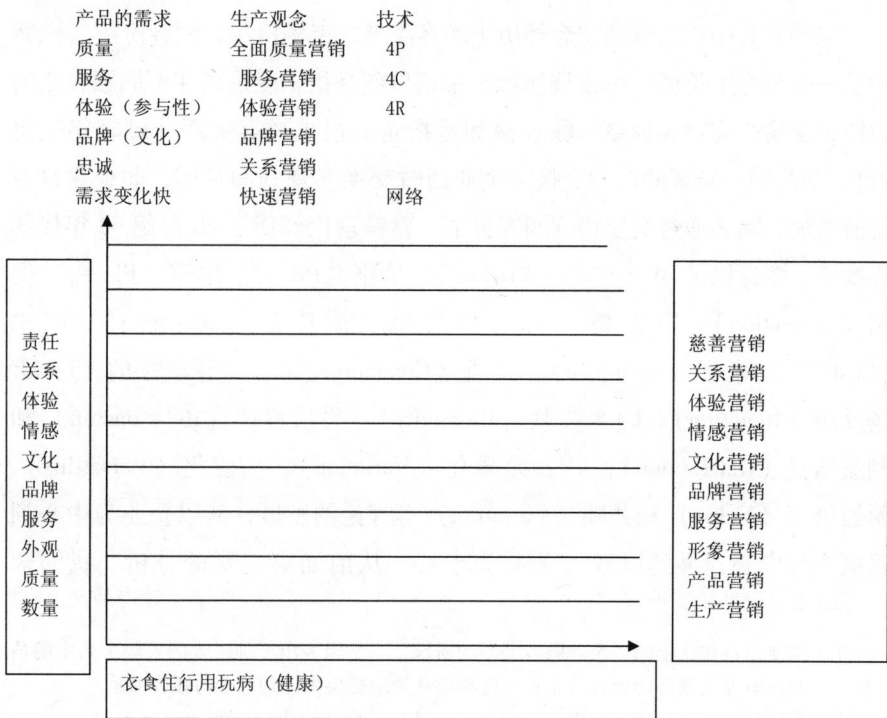

产品的需求	生产观念	技术
质量	全面质量营销	4P
服务	服务营销	4C
体验（参与性）	体验营销	4R
品牌（文化）	品牌营销	
忠诚	关系营销	
需求变化快	快速营销	网络

责任
关系
体验
情感
文化
品牌
服务
外观
质量
数量

慈善营销
关系营销
体验营销
情感营销
文化营销
品牌营销
服务营销
形象营销
产品营销
生产营销

衣食住行用玩病（健康）

图2-5 需求、行业与营销观念演化关系图

有什么样的需求，就有什么样的营销观念，如图2-5。顾客关系营销就是在关系需求下的营销观念。交换是为了满足人的需要，实现人的全面发展。顾客的需求是复杂和多样化的，是一种综合性需求。顾客关系是顾客众多需求种类中的一种。顾客关系需求①既是一种直接需求，也是一种间接需求。顾客为了产品/服务需要交换，交换就有了顾客关系，为了保证产品/服务交换的顺利完成，对顾客关系也有了需求。这是一种对顾客关系的间接需求，由产品/服务的交换需求引发的。企业间的竞争本质上表现为顾客资源（尤其是优质顾客资源）争夺。随着企业间竞争的加剧，特别是顾客需求多样化、个性化特征的日益凸显，如何有效管理顾客，建立持续稳定的顾客关系，已成为影响现代企业竞争能力的关键。②

二、营销主线与顾客关系营销

以顾客为中心的营销观念经历了顾客需求、市场份额、顾客份额（顾客关系—顾客终生价值）的发展历程。市场份额是指企业追求在不同顾客之间的持续交换，或顾客数量。顾客份额是指企业追求顾客关系（顾客终生价值），即与同一顾客的持续交换。企业通过交换实现利润目标，即企业自身价值追求。顾客通过交换得到顾客价值。营销理论经历了20世纪60年代的杰罗姆·麦肯锡的4P：产品（Product）、价格（Price）、渠道（Place）、促销（Promotion）；罗伯特·劳朋特的4C：消费者（Consumer）、成本（Cost）、便利（Convenience）、沟通（Communication）；舒尔兹的4R：市场反应（Reaction）、顾客关联（Relativity）、关系营销（Relationship）和利益回报（Retribution）；4V：差异化（Variation）、功能化（Versatility）、附加价值（Value）和共鸣（Vibration）等理论的发展，从以企业为中心到以顾客为中心，再到以双方关系为中心。从前面第二章的分析，我们知

① 主要是指狭义上的主观的顾客关系的需求，一是因为出于纯个人的人际关系中的情感友谊而交换下的顾客关系；一是期望从持续交换中得到好处的顾客关系。

② Zablah, Alex R, Danny N Beuenger, et al. Customer relationship management：An explication of its domain and avenues forfurther inquiry［M］. Berlin：Freie Universität Berlin, 2003：115-124.

道，企业与顾客之间是一种交换关系。顾客与企业之间的关系即顾客关系，其包括品牌关系和人员关系。顾客关系的实质是价值和信任。顾客价值在于顾客需求的满足，顾客信任在于沟通。因此从4P、4C、4R 到4V 的营销理论的发展始终围绕交换的完成，没有离开在企业和顾客两者之间进行价值创造和沟通。为了实现和完成交换活动，企业的经营活动及营销活动先后主要围绕顾客需求、价值、品牌、关系四条主线进行。以需求为主线的营销活动，从发现需求到满足需求，从没有需求到创造需求。以价值为主线的营销活动，从分析价值、创造价值（2P 产品、价格）、沟通价值（1P 促销）到传递交换价值（1P 渠道）。以品牌为主线的营销活动，从品牌分析、品牌定位（Position）、品牌设计与组合、品牌支撑（3P，产品、价格、渠道）到品牌传播（促销、包装）。以关系为主线的营销活动，从关系建立、关系维护到关系终止。这四条主线之间相互联系，关系密切。顾客价值是顾客需求的满足。顾客价值凝聚在品牌中，以品牌为载体。品牌是顾客价值的体现。顾客关系包括品牌关系和人员关系。

　　企业既是一个经济实体，更是一个社会实体，它必须兼顾自身利益和相关利益方的利益。各自利益的实现和满足，是关系得以维持的前提和条件，了解双方的需求，寻求共同的利益点，才能使目标得以实现，关系得以长久。对顾客关系充分认识、合理把握和正确运用，以建立、维持、发展顾客关系，并与其他利益关系者市场的良好关系作为生产经营的基本立足点，必将为企业带来无限广阔的发展前景。最具代表性的关系模型是阿德里安·佩恩提出的"六市场模型"。在该模型中，企业位于核心，站在企业的立场上考虑企业必须面对的各相关利益市场。六大市场处于同等重要的位置。本书将顾客与企业并列，以企业与顾客市场关系为中心兼顾其他利益相关者市场，即供应商市场、内部市场、中间商市场、政府市场与竞争者市场。以顾客满意基础上的顾客关系为核心的关系营销是指企业的一切生产经营活动以顾客满意为宗旨，兼顾企业利益与顾客利益最大化，并建立、保持同其他利益相关方的良好关系。顾客满意基础上的顾客忠诚下的顾客关系是企业一切工作的出发点和衡量标准。关系营销并非是一种完全独立的体系，而是源自传统营销理论的。这种观点意味着仍将把消费者需求作为基本的着眼点。① 顾客关系营销就是按照类似营销的方式协调处理企业与顾客的关系以及围绕顾客关系对其他利益相关者关系协调处理的过程。具体的营销方式，包括细分策略、目标市场策略、产品与价格策略、渠道策略、沟通策略等。按照类似营销方式就是在市场调查分析基础上，对顾客和其他企业利益相关者市场，细分市场，选择目标市场。面对目标市场，再次不断细分顾客并根据不同顾客具体对象的具体的需求、目标，围绕其特点制定满足其需求、要求、目标的能为其带来利益、价值、好处的策略，并通过一定方式深入沟通，以建立信任。

三、顾客关系营销目标

世界知名的美国营销大师科特勒认为：企业营销应成为买卖双方之间创造更亲密工作关系和相互依赖关系的艺术。德国鲁莱堡大学营销系主任何尔曼·迪勒教授指出顾客忠诚是关系营销的现实目标，顾客忠诚能给生意带来更大的确定性、能促进公司的成长、能节约成本和增加收益。后来学者的研究进一步表明：满意的顾客并不一定会成为忠诚的顾客，关系营销中仅仅满足于追求顾客满意是远远不够的，提升顾客的忠诚度才是关系营销的根本任务。关系营销的目的，就在于同顾客结成长期的、相互依存的关系，发展顾客与企业及其产品之间的连续性的交往，以提高品牌忠诚度和巩固市场，增进产品持续销售。关系营销以顾客忠诚度为依据对顾客有如下的划分：拥护者、支持者、客户、顾客、潜在者，形成一个阶梯。②③ 许多企业将经营的重点置于阶梯的下两级，即识别潜在顾客，进而试图将他们提升到目标顾客，并不断地重复这一过程；却忽视了上面三级阶梯，即将企业现有的顾客深化为经常性的客户，乃至更紧密的支持者和

---

① 伊根．关系营销：剖析营销中的关系策略［M］．北京：经济管理出版社，2005：25.

② Murray Raphel TheArt of Direct Marketing：Upgrading Prospects to Advocates, Direct Marketing, 1995. 6. 6.

③ Adrian Payne The Essence of Services Marketing, Prentice Hall Europe, 1993.

拥护者。① 不过顾客忠诚不能只是行为忠诚，必须同时要情感忠诚。顾客关系对企业有存量价值、推荐价值、增量价值和交叉价值。只有满意的顾客才会有推荐价值。被动忠诚的顾客关系尽管有增量价值和交叉价值，但没有推荐价值，甚至产生负推荐价值。关系短的顾客，如果消费满意形成正面积极的推荐作用，不满意的顾客则会起负面消极宣传作用。关系持续时间长的顾客，满意增加顾客终生价值，同时起正面积极推荐作用；不满意顾客负面推荐影响大。顾客终生价值小的客户，只要满意，就具有推荐价值和交叉价值。顾客满意是关系营销的起点，但不是归宿。因此顾客关系营销的目的是顾客满意基础上的顾客忠诚，是情感忠诚和行为忠诚的统一。由于企业是关系营销的主体，企业关系价值的实现必须通过顾客关系价值的实现。因此企业要站在顾客角度上，围绕如何提高和实现顾客关系价值。只有这样才能真正实现自己的关系价值。企业关系价值不仅仅是存量价值、增量价值，还有交叉价值和介绍价值。因此企业不能只单纯从单方面强行锁住顾客或者留住顾客。一定要在顾客满意基础上的情感忠诚和行为忠诚下建立顾客关系。具体来说，无论是顾客关系中的品牌关系还是人员关系，经济关系还是社会关系，关系价值提升与信任塑造是顾客关系营销的直接目标。顾客关系营销的任务就是从吸引顾客建立顾客关系、维护顾客关系、终止顾客关系、修复顾客关系到挽回流失顾客。

四、电商时代的顾客关系特点

接触影响顾客关系。电商时代顾客购物方式改变了，顾客接触方式和接触程度也改变了，但顾客关系的形式和实质依然没有改变。

1. 接触与顾客关系

企业和顾客交换是互动、相互影响的过程。企业和顾客的相互影响通过顾客主动、被动的接触，企业行为与顾客行为互动完成的。顾客对企业的接触点、接触对象影响顾客的认知。顾客所有接触都是认知信息获取的基础，所有接触最终都是信息的接触与获取。信息是顾客认知的基础并受到其影响。接触影响人员关系和品牌关系，最终影响顾客关系。顾客接触广告信息、店铺和具体品牌的商品，受到刺激，引起注意，加以理解，在自己头脑中形成对该商品的认识。品牌是顾客在不同时间地点通过对企业或产品一系列接触点和不同频率接触后认知形成和产生的。顾客对企业的接触影响品牌接触、人员接触。品牌接触、人员接触直接影响品牌关系、人员关系，人员关系也影响品牌关系，品牌关系和人员关系最终影响顾客关系。

2. 电商时代顾客购物接触的变化与顾客关系

接触的变化。互联网时代，改变了以前单一的到实体店才能购物交换的方式，特别是电商让传统购物方式发生了改变。顾客不需要接触实体店铺、产品和人员就能购物，并对顾客关系产生了一定的影响。目前企业与顾客之间购买时不直接与店面、人员和产品接触而完成交换也有可能。售卖场景发生了变化。售卖场景由传统的中间商，特别是零售商（实体店、门店），增加了机器/机器人处售卖，或是远程的网络售卖，电话售卖。售卖时无直接人员接触和产品接触。直接产品接触减少、接触方式改变。产品接触变为产品图片、视频信息的接触。店铺由实体店铺变为电商的接触。在购买阶段没有直接的人员接触和产品接触。接触方式发生了改变。由实体店铺接触到电商接触，由线下沟通接触到线上沟通接触，由直接的面对面的视听触嗅味觉的人员接触、产品接触、店铺接触到网络上的间接的只有视听的间接接触。顾客接触更多的是网络上的文字信息和网络视频信息接触。只有间接的视听接触，没有触觉嗅觉味觉的接触。顾客对商品品牌的认知是通过平面图片、视频和文字描述形成的。对产品材质、色彩、外观尺寸的大小、重量等产品属性顾客只有理性认识，也要求顾客有理性认识方面的知识和能力。顾客对产品缺乏感性认识，对顾客对产品的认知能力要求提高了。

接触的变化对顾客关系的影响。电商时代顾客关系只是顾客与企业或企业产品接触的方式发生了一些改变。不过，顾客、顾客关系的竞争依然存在，顾客关系的主客观性依然存在，企业角度的顾客关系特征力度、长度和宽度同样存在，从顾客角度的顾客关系主体对象、内容、实质没有改变，顾客关系实质还是价值和信任，顾客关系对象依然是品牌关系和人员关系，顾客关系依然受到品牌交换、人员交换的影响。顾客有品牌需求、人员需求。品牌的影响范围增加了网络信息的影响。人员关系除了线下人员关系外，还有远距离的线上人员关系，如直播带货的主体与顾客之间也是存在人员关系的。直播带货与线下人员销售不同之处在于，直播带货主体是名人、农民、网红、模特，销售对象是年轻人、有时间的人、喜欢娱乐的人，销售客体是日常生活用品；线下人员销售主体是企业专业销售人员，销售对象是企业的大客户，销售客体是单价高的产品、单次购买量大的产品。顾客关系内容，交换需求依然是结果需求与过程需求。品牌关系中的经济关系和社会关系依然存在和重要。人员关系中的经济关系和社会关系依然存在。

从交换过程看，接触对顾客关系的影响。单次网络购物交换下的顾客关系，购买时顾客关系相对于线下购物减弱，购买前顾客关系和购买后顾客关系的重要性与线下购物一样。顾客关系的主体同样有品牌和人员。品牌关系依然，人员关系相较线下购物减弱。只是人员关系不是线下的，而是线上的人员关系。品牌关系中的经济价值和社会价值依然存在，而且更加重要了。顾客关系中的人员关系相对于线下人员关系减弱或没有了，但人员关系中的经济价值和社会价值还是存在。对品牌的信任更加重要，对线上人员的信任依然存在。

3. 增加接触和提升顾客价值是顾客关系的关键

电商时代顾客直接接触交换场地、人员、产品的减少和接触方式的改变。但接触依然影响顾客关系，所以全渠道策略增加接触，以正面影响顾客关系。由于顾客更多是间接地对产品品牌的视听接触，顾客对商品品牌的认知是通过平面图片、视频和文字描述形成的。因此产品视频和图片的拍摄、文字的描述要科学、细致、严谨、全面反映商品品牌的情况。

提升顾客价值是顾客关系的关键。顾客价值最直接的就是产品价值。产品价值与产品质量、服务质量、价格、品牌有直接关系。顾客价值的影响因素很多。总的说来，顾客价值主要受顾客需求、产品质量、服务、价格、品牌、成本等因素影响。需求的满足对顾客而言就是价值。需求性质与程度，在很大程度上决定和影响着顾客的价值。这里的成本是指顾客除货币之外的其他成本，如时间、精力、体力、精神心理等方面的成本付出。除了单纯提升顾客的价值外还要降低顾客成本。而价值通过品牌体现，以品牌为载体。电商时代由于人员关系变成了线上人员关系，品牌关系依然主要和重要，品牌的信任变得更加重要和关键。因此塑造品牌和提升价值成了顾客关系的重点。

五、顾客关系营销战略

传统营销理论主张企业追求市场份额；满足顾客产品效用需求。关系营销理论主张企业追求顾客份额，即顾客终生价值或顾客关系；满足顾客价值和信任需求。我们认为企业全面追求顾客关系的力度、长度和宽度，不仅是长度。顾客关系的形成和产生是企业与顾客交换双方对关系需求的共同作用结果。顾客关系需求与企业和顾客双方的利益和价值有直接和密切的关系。顾客关系价值是顾客关系营销的基础，顾客关系价值的提升是顾客关系营销的直接目的。顾客满意基础上的顾客忠诚是顾客关系营销的最终目的。只有真正认识和理解了顾客关系的内涵，才能从根本上解决和处理好顾客关系。通过前面基于交换视角的顾客关系的分析，从企业角度，顾客关系特征体现在力度、长度和宽度。从顾客角度，从主体对象顾客关系分为品牌关系和人员关系。不管是品牌关系还是人员关系都包含经济关系和社会关系。顾客关系的形成是企业和顾客双方相互需求的产物，包含企业或产品品牌与顾客关系，以及为了完成交换直接或间接与顾客接触的企业相关人员与顾客的关系。无论哪种关系其实质是价值和信任。我们知道，顾客关系具有主客观性。主观上，企业和顾客交换都是为了满足自己的需求。顾客关系的目标是关系满意，企业和顾客关系双方的满意。企业价值的实现要通过实现顾客的价值。为此，顾客关系营销战略可从以下四维度进行。如表2-4。

表 2-4 顾客关系营销静态战略维度

顾客关系营销静态战略维度	顾客关系内容营销维度		
		价值	信任
顾客关系营销对象维度	品牌	品牌价值	经济/物质价值	品牌信任
			社会/精神价值	
	人员	人员价值	经济/物质价值	人员信任
			社会/精神价值	

1. 顾客对象战略

从交换形成和交换过程知道，顾客关系具有主客观性。从企业角度的顾客关系特征有力度、长度和宽度。主观上，企业要有长期经营发展的意识，就要有顾客关系意识，识别顾客和建立关系。

（1）企业角度的顾客关系特征与目标顾客的确定

企业的发展就是要从顾客关系的力度、长度、宽度出发，加深力度、延长长度、拓展宽度，这实际上是顾客对象的选择问题。企业的顾客关系的价值就是由三维的立体的力度、长度、宽度共同影响决定。这就要求企业在一个时期内，既要关注当前顾客单次的交换数量与金额，也要关注其将来长期的持续的交换频率以维护老顾客关系，还要不断开发新顾客。顾客关系对象的选择和确定一是一般目标顾客市场，二是重点顾客市场，三是新老顾客市场。

①一般目标顾客市场选择。不管哪条营销主线，都要先确定交换对象即顾客。顾客的识别和选择实质是一个企业的战略问题，与企业的投资和产品/项目的选择是相关的。产品选择依赖于市场选择。产品是市场的产品，市场是产品的市场。因此，产品与市场（顾客）相融。不仅如此，一个企业的战略与其产品顾客要相融。产品市场的选择在于有创意的商业模式的构建，一个企业的战略在于有创意的商业模式的提出，有创意的商业模式构建在于明确的有前景的差异化的产品和顾客的识别和选择。一般目标顾客市场的选择来源于战略、商业模式、产品、顾客的统一。识别顾客

是顾客关系营销的第一步。在现代市场经济中，人们通常认为三类市场对经济运行起着主导作用，即要素市场、产品市场和金融市场。不同市场都有其相应的顾客对象。产品市场顾客识别是按照一定顺序细分选择顾客的过程。顾客识别的顺序依次是：行业顾客、垂直顾客、地理顾客、目标顾客。A. 行业顾客是在行业市场细分基础上专业化、多元化、一体化战略性选择具体行业层面上的顾客。B. 垂直顾客是在一个产业行业内垂直市场细分基础上专业化、多元化、一体化战略性选择产业链流程分工环节层面上的顾客，包括研发、生产、加工、组装、销售、服务等环节。一般只选择产业链流程分工环节中核心的、关键的部分或者自己有能力做的或擅长的作为自己的主要业务。非核心的、不关键的产业链流程分工环节与其他企业联盟的方式外包出去。如销售环节又分为代理、经销；国内、国外；实体、电商等不同性质的顾客。C. 地理顾客是基于地理市场范围内细分基础上选择的顾客。比如国内市场顾客、一国市场顾客、多国市场顾客和全球市场顾客的识别和选择。D. 营销层面目标市场顾客识别。在前面战略层面顾客基础上基于人口、心理、行为个体需求差异细分后选择最终目标市场顾客。中国涪陵的榨菜举世闻名。当地的榨菜厂都是用半人高一抱粗的大坛子成块地装运出售。商家购买后，再成块地售给消费者，消费者买回家后自己切成丝吃。榨菜块露天销售，极不卫生。广东商人从中发现了商机，把榨菜成坛买回后，用塑料袋成块封装出售，结果利益成倍增加。福建商人的眼光更独到，他们把榨菜切丝后装成够一家人吃一顿 50 克的小袋，结果大受欢迎。成坛的榨菜块市场价每斤 1 元，50 克的小袋榨菜丝 5 角一袋，相差整整 5 倍。北京华都鸡则是把普通的鸡细分成 200 种规格，各卖各的价，而且产品走出国门，攻下不同细分市场。日本人爱吃鸡腿，他们就专往日本出口鸡腿；欧洲人对鸡胸肉情有独钟，愿出大价钱，他们就往欧洲出口鸡胸肉。鸡骨架卖给各家餐馆熬汤，鸡翅卖给烤鸡店，鸡腿、鸡脖各有各的市场等等。这样一分割，获利可观。在经营过程中，对产品质地、生产流程进行全方位的精细化。把生产功能分解成若干个环节，把各个部分的潜在价值充分挖掘，然后专攻不同的细分市场。① 通常一把伞是用来遮雨，后来爱美女性用来遮阳光。法国伞业市场95%的低价伞从世界各地包括中国进口，高档伞才在当地生产。这些高档伞一般不用于遮雨挡阳，主要用于装饰、广告和满足时尚化需求。有一种售价近百美元的伞竟然被设计成手枪模样，可以佩挂在腰间的皮带上，使传统的伞具增加了服饰功能；还有一种伞张开后可以当成凳子坐。令人吃惊的是，法国5%的高档伞的销售收入竟然超过了95%的低价进口伞的销售收入。又如普通的鸡蛋如何卖？常见的是按斤按个数，或是做成皮蛋、加工成直接食用的卤蛋、蒸蛋、炒蛋，其实卖法是很多的，如活珠子是南京著名的特产，是经传统孵化发育而成的鸡胚胎，蛋里面已经有了头、翅膀、脚的痕迹，因其发育中囊胚在透视状态下形如活动的珍珠，故称"活珠子"，营养价值高价格也高。还可以卖孵化出的小鸡、鸡、鸡肉等。② 这里榨菜、鸡肉、伞、鸡蛋的不同卖法，其实质就是不同识别顾客方式的结果。除此之外还有就是政府、供应商、渠道商等衍生市场细分基础上的衍生顾客的识别选择。

②除了一般目标市场之外还有重点顾客市场。顾客关系的力度要求企业关注关心重点顾客、关键顾客。面对企业的目标顾客要分清关系对象的主次。前面的行业顾客、垂直顾客、地理顾客属于战略层面的顾客，也是顾客关系对象，而且是直接战略关系对象；其联盟对象、并购对象是间接战略关系对象，如阿里巴巴与苏宁、腾讯的合作。战略关系对象还包括内部关系对象内部顾客如员工、合作伙伴；上下游进出渠道顾客关系对象供应商和经销商；顾客关系中企业品牌与客户关系，产品品牌与客户关系，人员与客户关系；与价值客户关系、主要客户关系、关键顾客关系、大客户关系。除此之外还有政府和竞争者关系。

③安索夫战略矩阵与顾客关系的长度、宽度。除了一般目标顾客市场与重点顾客市场之外，还要在顾客对象市场上明白和处理好旧顾客市场与

---

① 梓霖. 经营与精营［J］. 现代营销，2003（12）.
② 廖仲毛."手枪伞"与"快餐泡菜"［J］. 致富时代，2011（5）.

新顾客市场、现实顾客市场与潜在顾客市场、老产品与新产品顾客市场的关系，这都是顾客关系市场的选择。安索夫战略矩阵是企业的成长战略的几种组合形式。这实际上是顾客关系的长度、宽度的发展方式。

（2）交换渠道与顾客关系建立

确定顾客后就是如何寻找和得到顾客。制造商与顾客的交换是直接交换或通过中间商间接交换。中间商/服务商与顾客的交换是直接交换。无论哪种交换企业和顾客都要经过一定的渠道才能完成交换。交换的渠道有信息沟通渠道和销售购买渠道。信息沟通渠道主要是指企业传播信息借用的媒介方式。企业运用信息沟通渠道向顾客传递信息，塑造品牌；运用销售渠道让顾客购买到产品。销售渠道一是让顾客接触到产品，一是顾客购买的支付渠道。顾客在交换过程中接触到交换渠道完成交换。顾客先是接触信息渠道认知产品，形成品牌。或是知道在什么地方可以买到产品。然后接触销售渠道支付购买产品。消费者信息接触有两种不同类型的接触，有意识、有目的地接触和随机地、偶然地接触。[①] 不过服务接触的性质和范围随顾客同组织及其服务人员之间接触的程度而有很大的不同，营销策略必须以对这些差异的清晰认识为基础。从战略观点看，市场营销的一个主要目标是增加消费者和产品接触的可能性和频率，增加购买、使用产品和重复购买产品的可能性和频率。[②] 因此企业必须在适当的时间、恰当的地点，以合适的方式在各个顾客可能接触到企业或产品的方面向顾客展露，通过各种接触点影响顾客以促进顾客关系的形成。今天电商改变了顾客与企业在交换过程中的接触方式，把广告接触、渠道接触、产品接触合三为一。让顾客的接触更快捷、方便。但企业与顾客的交换，在今天不仅是线上的接触，还有线下的接触。全渠道策略是借助互联网线下线上相结合的信息沟通全渠道和销售购买全渠道。总的来讲，增加线上线下沟通信息接触和销售购买渠道接触点，延长接触线，扩大接触面。

---

① 彼得·奥尔森. 消费者行为与营销战略 [M]. 大连：东北财经大学出版社，2000：110.

② 彼得·奥尔森. 消费者行为与营销战略 [M]. 大连：东北财经大学出版社，2000：448.

①全渠道沟通策略。全渠道沟通是企业通过线上线下各种沟通方式相结合，各种新旧媒体形式相结合的整合营销沟通，使顾客有充分的信息接触。整合营销沟通远距离向顾客展露广告信息，让潜在目标顾客知道、想到、记到企业和企业产品。线上店铺有线下广告和线上广告相结合。线下店铺有线上广告和线下广告相结合。尽可能让顾客视听接触，增强沟通。电商时代，品牌传播受众范围、媒体受众范围、购买受众范围要保持一致性。

②全渠道销售策略。全渠道销售策略（主要是零售渠道，因此又叫作新零售）就是企业为了满足消费者任何时候、任何地点、任何方式购买的需求，采取不同实体零售渠道（自营、加盟实体店）、不同电商渠道（终端电商渠道和移动电子商务渠道（APP、微信））整合的方式销售商品或服务，提供给顾客无差别的购买体验。从销售渠道上，企业对顾客的展露，从时间上，在不同时间点、灵活的时间能够买到商品或延长购买时间；在地点上，不同渠道方式结合，同一渠道方式增加数量。其目的是通过线上线下全渠道销售产品让顾客在店铺和店内货架上接触到企业产品，让顾客看得到摸得到买得到企业产品。尽可能让顾客接触销售渠道，没有进入和交换障碍，促进交换和购买的可能。电商不是替代传统实体店，而是补充和完善。由传统单一的线下实体店铺渠道，增加了线上销售渠道。同一企业不但要有线上线下的结合，而且线上线下分别要有不同渠道模式结合。线下实体体验店铺在一个地区的选址、分布要合理科学。单个实体体验店铺的设计和考核有利于顾客的体验和购买选择。如优衣库超市、无印良品和NOME（诺米）店铺的多门设计，到处是门，或者没有门，直接零门槛进入店铺选择和购买。加强电商的合作与管理。线上产品的介绍和包装由图片到视频，更加科学、专业和细致。安装使用说明书由文字图片变为视频，由产品结果展示到生产过程展示。由于价格的竞争性和公开性，顾客查询和比较的方便性，价格的制定比以前要更加科学和严谨。运用大数据对顾客的追踪管理和更加细致的定向营销管理，发挥线上推销，直播带货等促销作用。

在确定和得到目标顾客后，要对目标顾客进行深度分析。顾客分析主要是分析目标顾客的需求、目标、行为过程、行为特点以及目标市场。史玉柱说过，谁消费我的产品，我就把他研究透。顾客是个人、家庭、还是组织？他们有什么特点？购买动机是什么？属于什么购买行为类型，简单、复杂还是选择性？购买决策过程怎样并有什么特点？受到哪些因素影响？有哪些角色参与？如果是个人和家庭顾客，其个体特征、心理特征、经济特征、社会特征等各方面情况怎样？个体特征：性别、年龄、体征、个性、生活方式；心理特征：需求、动机、知觉、学习、态度；行为特征：介入度、消费购买数量、购买频率；经济特征：个人收入、家庭经济、职业、消费开支结构；社会特征：家庭结构和形态、社会阶层、社会群体、参考群体、文化教育、民族宗教、生活方式。如果是组织顾客，其行业、组织结构、流程、个人咋样？其市场规模、周期、竞争咋样？组织顾客具体又有生产型顾客、中间商顾客、政府等其行为，都要具体分析。

在顾客分析的基础上根据其需求、目标特点制定相应的顾客关系策略。其策略主要是为其提供满足其需求和目标的有价值的产品和服务，并通过深入地沟通使其信任其产品和服务，并完成交换，最终实现企业目标。为此，企业根据政府近期与未来的发展思路、相关政策与方针，协调供应商、经销商及竞争者之间的关系，制定一系列吸引和保持目标顾客市场的计划，并结合执行中的具体情况实施。企业要积极主动与政府、供应商、经销商、竞争者联络，取得相互谅解和支持，同其建立良性持久的关系。为此也要按照这些对象的具体目标、要求、特点制定能为他们各自带来具体价值和利益的策略。这些策略制定前和实施后都要与各关系对象深入沟通。其目的一是前期的调查便于了解对象情况，一是后期的沟通是为了建立和加深信任。

2. 顾客关系对象维度——品牌关系营销与人员关系营销维度

（1）品牌关系营销战略维度

品牌关系的建立就是塑造品牌。科学地进行品牌战略规划与实施，实事求是地市场调查与消费者行为分析，精准选择自己的目标顾客，科学地设计品牌，品牌个性塑造做到持续一致、独特性、人性化。始终如一地坚持打造品牌，创新品牌。

（2）人员关系营销战略维度

企业与顾客直接接触人员，如销售人员、促销人员、收银人员、服务人员等，与顾客的关系直接影响顾客关系。所以企业为了与顾客建立良好的关系，首先进行内部营销，让员工满意。在此基础上内部这些员工才会主动积极地与顾客建立良好个人关系。企业除了与顾客有直接接触的人员会影响顾客关系外，还有就是顾客视听范围内的企业其他人员，如具有公信力的企业董事长、老板以及企业形象代言人也会影响人员顾客关系。

3. 顾客关系内容维度——价值营销战略与信任营销战略

（1）价值创造

任何关系主体之间的关系本身不是目的，而是获取利益的一种手段。顾客与企业维持长期关系，主要是希望降低自己购买过程中不确定性风险，获得较高的收益。顾客需求的价值是多层次多维度的。企业要为顾客创造更多的实在的综合价值以及关系价值，这才是建立和谐良好持久的顾客关系的基础和根本。顾客价值，既有品牌价值，又有人员价值；既有经济价值，又有社会价值；既有物质价值，也有心理精神情感价值。顾客价值受到顾客需求、产品质量、服务、价格、品牌、成本等因素影响。企业要为顾客创造全面的、综合的价值，应通过全面质量营销、衍生营销、定制营销、信任营销等战略实现。

全面质量营销。顾客对于产品的满意与忠诚在于该产品效用需求的满足。产品效用来源于顾客对产品质量的需求。全面质量管理要求一个组织对所有生产过程以及产品和服务进行一种广泛的、有组织的管理，以便不断地改进产品质量工作。全面质量管理是企业创造顾客价值、让顾客满意和保留顾客的关键，要求企业全员全过程参与。

衍生营销。对于营销而言，顾客需求是基础。企业各利益相关者通过行使自己的权力影响和促使企业满足自己的利益期望。这些利益相关者也成为企业的市场和顾客。企业各利益相关者权利、期望构成了其对企业的实际的关系需求。企业为了保证终端顾客需求的满足，必须满足其他利益相关者市场顾客的需求。因此企业必须根据除终端顾客之外的其他市场顾客的期望要求，结合企业自己的利益，以营销的方式协调、处理好与它们之间的关系。

定制营销。不同顾客由于其消费心理、购买习惯、收入水平、所处的地理环境和文化环境等都存在着很大的差别，不同消费者和用户对同一产品的消费需求和消费行为具有很大的差异性。因此只有通过个性化的产品、服务、渠道、沟通等方式才能有针对性地为顾客创造出符合其自身的个性化价值，以满足消费者需求。即使不能完全个性化定制，也要做到规模化定制，尽可能地为不同消费者创造出满足其个性化需求的价值。

（2）建立与提升信任

顾客关系建立的前提是信任，顾客关系建立的起点也是信任，信任的前提是了解。顾客的信任包括对企业信任、人员信任和风险计算信任。[①]风险计算信任是一种综合性、结果性的信任。顾客对于人员的信任，来源于了解，了解来源于接触，接触来源于感觉；因此企业相关人员的信心、承诺、展示与沟通就很重要。顾客对于企业的信任，塑造品牌是关键。品牌既是价值的载体，也是价值的传递和体现。顾客选择、信任并购买品牌商品。为提升顾客对企业的信任，除了塑造品牌之外，企业还要做到以下几点：诚信经营、有形化营销、承诺、傍品牌。

4. 顾客关系动态战略维度——顾客关系竞争与创新战略维度

现实的市场环境，既有竞争也有变化。顾客关系的竞争与变化是企业必然要面对的。顾客关系对象与内容构成了顾客关系战略的静态维度。如表2-4。顾客关系竞争与创新构成了顾客关系动态战略维度。

（1）顾客关系竞争。市场经济条件下，市场的竞争其本质就是顾客关系的竞争。在竞争的环境中企业必须同时通过内部价值链竞争以及外部让渡价值系统竞争考虑顾客关系，增大顾客追求的经济价值和社会价值，并且必须大于顾客从竞争对手那里获得的，从而建立超越竞争对手的顾客关系，进而维持自身的顾客不被竞争对手争夺过去并吸引竞争对手的顾客成为自己的顾客。

---

① 李洪道. 营销三问：让客户主动上门［M］. 北京：机械工业出版社，2007：80-82.

（2）顾客关系创新。企业为了维持顾客关系必须不断进行创新。由于顾客的需求会随着时间以及环境的变化而改变。企业必须用发展的眼光看待顾客关系。企业想利用一时的特色产品来维持与顾客长久的关系，显然是不够的。任何企业的顾客关系对象、性质也不是一成不变的，他们必然随着企业内在条件和客观环境的变化而变化。

由于顾客关系具体可以分为顾客与人员关系、顾客与品牌关系（制造商、店铺、电商关系）。所以顾客关系营销战略可以用矩阵表表示，如表2-5。

表 2-5　顾客关系营销战略矩阵表

关系类别 ＼ 营销模式		关系对象	关系需求	价值营销			信任营销	竞争营销	创新营销
				质量营销	衍生营销	定制营销			
品牌关系	制造商品牌								
	渠道品牌　店铺								
	渠道品牌　电商								
人员关系									

第三章

交换原因与目的：价值与信任营销

　　关系营销的出现标志着营销范式的转变，企业从关注与顾客的交易转变为强调发展与顾客的关系[1]，如何建立并发展与顾客的长期关系已成为近年来营销学者和实践者关心的焦点问题。顾客关系营销就是按照类似营销的方式协调处理企业与顾客的关系并以顾客关系为中心协调处理与其他利益相关者市场的关系的过程。营销的方式如细分策略、目标市场策略、产品策略、价格策略、渠道策略、沟通策略等。企业为顾客提供卓越价值的能力是其构建持续竞争优势的有效手段[2]，能否通过关系为顾客提供价值，或者说能否为顾客提供有价值的关系，是企业建立与发展长期顾客关系的关键[3]。顾客关系的实质在于价值和信任。价值在于需求的满足及其程度。因此顾客关系营销必须以价值营销为核心和基础。全面质量营销、衍生营销、定制营销、信任营销都是围绕价值进行的营销。质量营销、衍生营销、定制营销其目的是为顾客创造价值，提供价值。而信任营销既是创造价值，更是呈现、传播、传递价值。顾客关系的建立不但要有价值，而且还要让顾客知道、信任已有的价值。顾客的信任在于顾客的认知。顾客的认知会受到企业及其产品等方面因素的影响。信任在于企业的展露与沟通。顾客关系营销同样必须以需求为条件，以价值为基础。为顾客提供更大的让渡价值，是企业建立顾客关系的基石。没有相应价值，消费者感觉不到物有所值，顾客关系肯定不会持续。消费者的价值是多层次多维度

① Gronroos C. From marketing mix to relationship marketing: Towards a paradigm shift in marketing [J]. Management Decision, 1994, 32 (2): 4-20.

② Parasuraman A. Reflection on gaining competitive advantage through customer value [J]. Journal of the Academy of Marketing Science, 1997, 25 (2): 154-161.

③ Payne A, Holt S. Diagnosing customer value: Integrating the value process and relationship marketing [J]. British Journal of Management, 2001, 12: 159-182.

的。顾客价值的创造对企业来说是个系统工程，顾客价值营销企业应通过全面质量营销、衍生营销、定制营销、信任营销来实现。

第一节 顾客关系需求的手段性与顾客价值营销

关系与信任、利益、风险密切相关。顾客关系本身不是目的，而是获取利益的手段。顾客关系也是众多需求内容维度中的一项内容。顾客关系需求决定和影响着关系价值。价值营销就是根据顾客需求特点和顾客关系需求特点寻找、发现、规划设计、传递价值给目标顾客。

一. 交换原因与需求

企业和顾客的交换是由于双方各自的需要而形成和产生的。

1. 顾客需求

不管是马克思的人性理论，还是经济人、社会人、复杂人假设理论，其中最根本的人性就是需求。顾客交换的内容由顾客需求决定。对产品自然属性的需求进行经济或物质的交换，社会属性的需求进行社会交换。相应的就是经济关系/物质关系和社会关系/精神关系。为了人员接触交往的需要而进行经济/物质或社会/精神的交换，自然就有了经济/物质关系和社会/精神关系。由核心产品需求的交换到形式产品、再到延伸产品需求或其复合需求的交换。由最初的原生的产品/服务的单一需求的交换，到交换过程中接触到的对象的新的延伸的引发的链式需求的交换。由交换结果需求交换到交换过程需求的交换。由对物的需求到人际交往的需求，由对物质需求到心理情感精神的需求。由于人的需求的多样性、复杂性和发展性、层次性、变化性、差异性等特点决定了基本的交换内容：不仅有经济交换，还有社会交换；不仅有物质交换，还有精神交换。与之相应的从顾客关系内容上，也有经济关系和社会关系、物质关系和精神关系。顾客的需求首先是对产品/服务的直接需求；其次是在交换过程中出现的新的间接的需求。

（1）结果需求：由核心产品需要的交换到形式产品、延伸产品的需要的交换

根据马斯洛的需求层次理论，不同顾客对产品的需求有核心产品、形式产品、衍生产品的不同层次。同一顾客对同一产品有不同层次产品的需求，也有同时对同一产品的不同层次的需求。顾客本来首先是产品功能或解决问题方案的交换，其核心不是产品本身的交换。不过一旦要去为此交换便引发或影响了其他方面的交换，而且这些交换也影响本来的交换。本来，顾客需求的是产品功能解决其存在的问题，但在购买时要受产品外观、包装、形状、色彩、名称寓意等社会性因素影响，顾客由核心产品的需求到形式产品和延伸产品的需求。正是如此，按照马克思的理论观点，产品作为交换商品既有自然属性，又有社会属性。商品的自然属性构成了使用价值的物质基础，是商品使用价值形成和实现的重要依据和必备条件。商品的社会属性（除商品价值之外）构成了使用价值的社会基础，是社会需要和市场交换需要必不可少的组成部分。① 不用于交换的产品，只有自然属性，当它被用于交换后，就有了社会属性，就要考虑它的名字、外形、包装、色彩等。这些要素就是顾客对它的社会需求。

（2）过程需求：由产品/服务的需要的交换到交换过程中产生的需要的交换

不仅如此，顾客由产品/服务交换的需要到交换过程需要的交换。从表面上看，企业和顾客之间的交换物是产品或服务。不过，顾客为了产品或服务的需要而与企业交换，在交换过程中由产品、服务的原发需求引发了相关的更多的对在交换过程中的人、事、物的间接派生的交换需求，包括对购物场景、环境、渠道、服务、相关人员、运输时间以及时间点的需要。如到店铺因为购物而引发的对其他事物的购买需求，如游玩、娱乐、休闲、餐饮、停车、银行、厕所等需求。顾客对交换过程和交换结果都产生了需要。结果需要是直接的原发的需要，过程需要是由原发需要引发的需要。这样顾客的消费由单纯的结果消费变为既有结果消费又有过程消

---

① 刘北林. 商品学［M］. 北京：北京中国人民大学出版社，2006：7.

费。格鲁罗斯认为有形产品是结果消费，服务是过程消费。① 但从顾客交换过程需要与交换结果需要看，所有产品都有了过程消费与结果消费。② 对顾客而言交换过程与交换结果哪个更重要？ 这要因产品或服务而异。③ 在交换过程中人员接触对顾客有直接间接的影响，他们成了营销者的角色。在与这些人员的交往接触过程中不可避免要发生各种关系，其中主要的是交换关系。通过交换的方式来满足其需要和欲望。有两种最基本的交换：经济交换和社会交换。这就有可能因商品交换而与人员产生友谊成为朋友，或纯粹是为了社会交换进行物质交换。如因是朋友才与其交换商品；或喜欢某明星，去购买他代言的产品；喜欢某作家，不知道其内容但购买他写的新书。在对金融业、高科技业和制造业的调查中发现，被调查者认为"个人接触"是提供优质服务的最重要的因素。人们发现个人接触因素比便利、运输速度以及产品运作的好坏更加重要。④ 就算是电商其顾客也要与电商的相关人员如售后服务人员、快递人员进行直接或间接的电话、视频或网络上的文字接触，也会间接受到人员人际关系影响，如声音、态度等因素的影响。交换从一开始就不可能是单纯的经济或社会的交换，也不是单纯的物质或情感交换。在中国，人们相互之间一直讲究的"礼尚往来"，既有社会交换，也有物质交换。今天市场经济与传统自然经济相比较，突显和强调了经济交换，而淹没和弱化，甚至忽略了社会交换。一般营销学只讨论了经济交换，但是，由于现代交换所呈现出的社会特征和影响越来越明显和受到重视，社会关系中的人际关系作为保证或恢复买卖关系的力量日益强大。社会关系对促进家庭购买尤为重要。购买者和销售者间的社会关系能补充产品价值，从而提高被感知的交换价值的情况。许多公司诸如特百惠和玫琳凯公司已经意识到社会关系的重要性。这些公司经常采用聚会来销售它们的产品。在聚会中有主人、演示者和受邀

① 格鲁罗斯. 服务管理与营销：基于顾客关系的管理策略 [M]. 北京：电子工业出版社，2002：36.

② 杨志勇. 顾客要结果还是要过程 [J]. 销售与市场（管理版），2013（1）.

③ 赫斯克特，萨塞，施莱辛格. 服务利润链 [M]. 北京：华夏出版社，2002：8.

④ 莫温，迈纳. 消费者行为学 [M]. 北京：清华大学出版社，2003：11.

者。通常，受邀者之间以及主人与受邀者之间存在密切的关系。①

2. 企业的需求

企业（供应商或卖方）的需求相对单一，就是利润。不过，具体到一个企业，由于行业不同、规模等的不同，在不同阶段不同时间的需求也是不一样的。当然企业的具体相关人员包括管理者和普通员工对顾客也会有自己的各种需求。

3. 顾客关系需求的手段性

目标是人类活动的具体化了的目的。任何目的都反映了人的某种需要，而需要总是对象性的。从管理哲学的角度分析，任何管理活动都是有具体目标的，而管理目标总是指向一定的管理客体，并通过管理活动使客体的状态发生变化，把管理主体的目的当作内在尺度用到客体上去，使客体的相互关系和存在状态能满足主体的需要。② 现代决策理论认为，人类解决问题的程序是：先确定目标，然后从记忆中去寻找调用能实现这个目标的手段。企业的总体目标有生存、利润最大化、市场份额、企业增长、管理目标。③ 企业行为一定要围绕这些目标而进行。营销目标必须与企业总体目标和宗旨一致。营销目标相对于企业目标来说，是整体与局部的关系，是目的与手段的关系。

企业和顾客双方都是由于需求而交换，并产生交换关系。由于各自需要而交换产生了交换关系（顾客关系）以及由于最初的需要而交换对顾客关系④也产生了需要。因此，顾客关系是由于需要而引发的一种需要，是

---

① 莫温，迈纳. 消费者行为学［M］. 北京：清华大学出版社，2003：11.

② 连燕华. 技术创新政策体系的目标与结构［J］. 科学学研究，1999（3）.

③ 欧德罗伊德. 市场营销环境［M］. 杨琳译. 北京：经济管理出版社，2004：26-34页。

④ 顾客关系是双向的。从顾客角度，广义的顾客关系有品牌关系、人员关系，经济关系、社会关系，物质关系、精神关系；狭义的顾客关系是指顾客关系中部分的、局部的或顾客关系过程中临时的、一时的某种关系类型。如单纯的人员关系、人员关系中的社会关系、单纯的除产品外的其他经济关系（如持续购买的折扣、优惠价、会员低价等）以及购买前、购买、购后顾客关系的一个阶段的顾客关系。从企业角度，广义上的顾客关系有三种状态形式的顾客关系，狭义的顾客关系是指其中的一种或其中一种顾客关系中的过程的一部分。

交换双方众多需求内容维度中的一项内容。企业和顾客都需要好的顾客关系。顾客关系是顾客和企业需求的一种形式，对于关系双方来说只是一种获取利益的手段，而不是目的。前面讲到顾客关系的实质是价值和信任。顾客关系的实质是与利益、信任、风险密切相关，最终是价值的追求。顾客对顾客关系的需求是对价值以及关系价值的需求。如果没有给予顾客价值，无从谈关系。如果没有从顾客关系中获取价值，也不可能有顾客关系。对企业也是如此。顾客的各种需求（最初的产品/服务需求，交换过程中的需求和顾客关系需求）决定和影响着顾客价值和顾客关系价值。顾客关系需求的实质性、相关性、差异性、动态性、竞争性等特点要求企业对顾客关系营销要进行价值营销，包括质量营销、定制营销、信任营销、衍生营销，关系竞争营销，创新关系营销以及创新营销。

二、交换目的与顾客价值

交换双方因需求而交换，交换资源，资源交换是否满足需求，最终是交换价值。因此，企业和顾客的交换由需求交换，到资源交换，到顾客关系的交换，到最终的价值交换。交换的目的是交换需求的满足，是为了各自的价值。但是在交换过程中在发起交换时，有主动被动者，交换双方参与到交换中有先后。企业作为营销者，在交换过程中，企业主动与顾客进行价值交换。换句话说，企业的价值要通过顾客价值的实现而实现。顾客交换的目的，顾客关系的目的是顾客价值。本文从交换角度来理解顾客价值及其构成。顾客关系价值是双方的价值。在关系中的双赢、换位思考、己所不欲勿施于人体现了价值的双向性。在关系的处理中，利人利己，关系成功；损人利己，既不道德，关系也不成功；损人不利己这是愚蠢的行为；利人不利己，那你就是活雷锋。李嘉诚说，人要去求生意比较难。生意跑来找你，你就容易做。那么如何才能让生意来找你呢？那就是靠朋友，如何结交朋友？那就要善待他人，充分考虑对方的利益。法国元帅戴高乐将军说过没有永恒的朋友，只有永恒的利益。这是关系的基础——共同利益。顾客关系价值一是顾客关系对企业的价值，一是顾客关系对顾客的价值。

（一）企业的顾客关系价值

利润是企业的顾客关系价值。企业与顾客之间的关系价值是由关系力度、长度和宽度共同决定的。顾客关系力度是指单次交易的价值，与单次交易的单价的高低以及数量的多少有关。顾客关系长度是指在一定时间内交易的次数的多少或频率的高低。企业与顾客关系的价值＝关系力度×关系长度。顾客关系价值的总量（关系的总价值）与关系存续时间的长短有关系。这个时间长短不是绝对时间，而是在一定时间内交换的次数和频率的高低。判断关系好坏时间上的长短是一个标准。因为长时间的关系能给双方带来更多的价值。对于企业而言顾客关系的力度在于单次交换价值和推荐价值，关系长度在于持续交换价值和推荐价值。对于一些大件商品或耐用商品而言，企业与顾客的关系价值的关系力度是有的，但关系长度缺乏。对于服务类或日常生活类消费品关系力度缺乏，但由于要重复消费购买，所以关系长度长。因此对于不同行业企业追求顾客关系价值的角度是不同的，有些追求关系力度，有些追求关系长度。这样来达到顾客关系价值的最大化。如果一个企业与顾客的关系能做到既有关系的力度，又有关系的长度，那企业与顾客关系价值总值就更大。企业的顾客关系价值除了力度、长度之外，还有一个维度就是宽度。我们前面谈到持续交换下的顾客关系有企业与同一顾客之间的持续交换下的顾客关系与不同顾客之间持续交换下的顾客关系。顾客关系的宽度就是指企业与不同顾客之间持续交换下的顾客数量。

企业顾客关系的成本包括建立关系的成本、维护关系的成本，以及终止关系的成本。企业实施关系营销可以获取利益，这是企业与顾客持续交换的目的。

（二）广义的顾客关系价值（顾客价值）

不同学者为了各自的研究目的，根据不同的标准划分设计顾客价值。

1. 其他学者对顾客关系价值的研究

已有学者分别从 B2B 和 B2C 两方面对顾客关系价值进行研究。

（1）B2B 环境中关系价值的构成维度

有仅从价值分类法研究的。如 Wilson 和 Jantrania（1995）最先将关系价值的构成维度明确分为经济价值、行为价值和战略价值。① 后来，Bigge-mann 和 Buttle（2002）通过案例研究得出了个人价值、财务价值、知识价值和战略价值四个构成维度。有从利益—成本分类法研究的。Ravald 和 Gronroos（1996）指出，关系利益会加强顾客对供应商的信任而增进顾客忠诚；关系成本则应该包括直接成本、间接成本和心理成本。② Lapierre（2000）利用信息技术产业的顾客数据确定了顾客感知价值的维度，并把它们归为三个利益维度（产品利益、服务利益和关系利益）和两个牺牲维度（价格成本和关系成本）。③ Ulaga 和 Eggert（2003）则通过实证研究确定了制造商与供应商关系价值的五个利益维度和两个成本维度，他们并没有严格区分关系价值与产品价值，而把关系双方在交易中涉及的各个方面都看作是关系的结果。中国学者陆和平只研究了关系利益，没有探讨关系成本。把关系利益分为组织利益和个人利益。④

（2）B2C 环境中的关系价值研究

①B2C 环境中关系利益的定义与构成。Berry 在 1995 年率先指出，消费者保持与企业的关系可以获得风险降低利益和社会利益。⑤ Bitner（1995）的研究表明，消费者从服务关系中获得的关系利益包括：压力减轻；节省转换成本；简化个人的生活；服务企业消费者可以发展与企业员工的个人友谊。⑥ Beatty 等（1996）则认为，与销售人员之间的关系可为

① Wilson DT, Jantrania S. Understanding the value of a relationship ［J］. Asia-Australia Marketing Journal, 1995, 2（1）: 55-66.

② Ravald A, Gronroos C. The value concept and relationship marketing ［J］. European Journal of Marketing, 1996, 30: 19-30.

③ Lapierre J. Customer - perceived value in industrial contexts ［J］. Journal of Business&Industrial Marketing, 2000, 15（2/3）: 122-140.

④ 陆和平. 赢得客户的心——中国式关系营销 ［M］. 北京：企业管理出版社，2010: 88、91.

⑤ McAlexander JH, Kim SK, Roberts, SC. Loyalty: The influences of satisfaction and brand community integration ［J］. Journal of Marketing Theory&Practice, 2003, 11（4）: 1-11.

⑥ Ajzen I. The theory of planned behavior ［J］. Organizational Behavior&Human Decisions Processes, 1991, 50（2）: 179-211.

消费者提供功能利益和社会利益。① Gwinner 等在 1998 年提出了四类关系利益：社会利益；信心利益；经济利益；定制化利益。他们最后把经济利益和定制化利益合并为一个维度的特殊待遇利益，包括价格折扣、更快的服务和特殊的额外服务。② Yen 和 Gwinner（2003）在互联网环境下认为基于互联网技术的个人服务缺乏人际接触，网络商店销售员与消费者之间不会产生友谊，因此在互联网环境下关系利益只包括信心利益和特殊待遇利益，不存在社会利益。③

②B2C 环境中关系利益的研究模型。Vazquez - Carrasco 和 Foxall（2006）把关系利益看作是单维度的概念。Reynolds 和 Beatty（1999）认为，消费者与销售人员的关系能够提供功能利益和社会利益。④ Yen 和 Gwinner（2003）在互联网环境下对 Gwinner 等（1998）的研究结果进行了修正，他们认为，网络消费者缺乏与企业员工的互动，因此只能获得信心利益和特殊待遇利益两类关系利益。⑤ Hennig-Thurau 等（2002）完全基于 Gwinner 等人提出的关系利益分类方法，通过对服务行业消费者的调研，检验了信心利益、社会利益和特殊待遇利益对关系质量和行为结果的影响。⑥

③B2C 环境中关系成本的构成维度。学者对于 B2C 环境中关系成本的研究只提出了与关系成本相似的概念——关系障碍。Hennig - Thurau 等

① Bagozzi RP, Dholakia UM. Antecedents and purchase consequences of customer participation in small group brand communities［J］. International Journal of Research in Marketing, 2006, 23（1）：45-61.

② Belk RW. Possessions and the extended self［J］. Journal of Consumer Research, 1988, 15（Sep.）：139-168.

③ Algesheimer R, Dholakia UM, Hermann A. The social influence of brand community：Evidence from European car clubs［J］. Journal of Marketing, 2005, 69（3）：19-34.

④ McMillian DW, Chavis DM. Sense of community：A definition and theory［J］. Journal of Consumer Psychology, 1986, 14（1）：6-23.

⑤ Algesheimer R, Dholakia UM, Hermann A. The social influence of brand community：Evidence from European car clubs［J］. Journal of Marketing, 2005, 69（3）：19-34.

⑥ Rosenbaum MS, Ostrom AL, Kuntze R. Loyalty programs and a sense of community［J］. Journal of Services Marketing, 2005, 19（4）：222-233.

（2000）指出，关系障碍是指那些与关系决策负相关的变量，它们会阻止顾客建立或保持与企业的关系。他们区分出以下四种关系障碍：顾客的独立欲望；顾客的自由选择渴望；顾客的多样性搜寻需求；顾客的隐私保护需求。[1] Noble 和 Phillips（2004）的定性研究有四类关系障碍会阻止关系的形成，包括精力损失、时间损失、空头利益和隐私损失。[2]

2. 本书顾客关系价值的研究

那么顾客的价值是什么呢？从心理学角度上理解，顾客价值是顾客在交换以及交换过程中获得的各种主观感受，即顾客需求的满足及其满足的程度。满意主要是在交换过程中价值的获得以及对获得价值的满足程度。价值就是需求的满足。满足的程度由预期与感知实际的比较决定。从经济学角度，顾客价值就是顾客收益与成本之差。不仅如此，从经济学上理解，双方关系价值=关系收益-关系成本。从前面的分析我们知道，顾客的交换特别是满意基础上的持续交换均是基于价值。顾客的关系价值从广义上看，它相当于顾客总价值或顾客价值，包含了产品价值、具体的关系价值（狭义的关系价值）；从狭义上，顾客的关系价值是从顾客视角来看的持续交换的顾客关系以及纯人际关系为顾客带来的额外的价值，是顾客对自己与企业间关系的一种主观感知。狭义上顾客关系价值是指情感、人际关系、持续交换的好处，与产品价值、服务价值等是并列关系。顾客关系源于价值，又能增加价值。这里的顾客价值是顾客总价值，也即广义的顾客关系价值。

（1）顾客关系价值与顾客关系收益、顾客关系成本。顾客关系价值同样与收益和成本有关，顾客关系价值=关系收益（需求的满足）-关系成本。单纯满足顾客需求还不行，还要看顾客为此而付出多少。能被大家认可的操作性强的顾客价值理论是菲利普·科特勒的顾客净（或转让、让渡）价值=顾客总价值-顾客总成本。他认为顾客总价值由产品价值、服

---

① Schouten JW, McAlexander JH, Koenig HF. Transcendent customer experience and brand community ［J］. Journal of theAcademic Marketing Science, 2007, 35（3）：357-368.

② Csikszentmihalyi M. Flow：The psychology of optimal experience ［M］. New York：Harper&Row, 1990.

务价值、人员价值、形象价值构成。交换因需求引起，顾客关系也因此形成和产生。顾客既有结果需求也有过程需求。因此广义的顾客关系价值是指顾客从交换过程中得到的所有价值。本文顾客关系价值是属于顾客价值的，并且包含了产品价值、服务价值，品牌价值、人员价值，经济价值、社会价值，物质价值、精神/心理价值。如顾客价值结构关系图3-1。为了便于研究和实际操作，本文结合菲利普·科特勒的顾客价值理论来研究顾客价值的构成。我们对顾客关系价值的研究不区分组织顾客和个人顾客。无论是B2B还是B2C顾客关系价值均包括品牌价值和人员价值。顾客总价值可以按需求内容、对象、过程、载体角度分类。

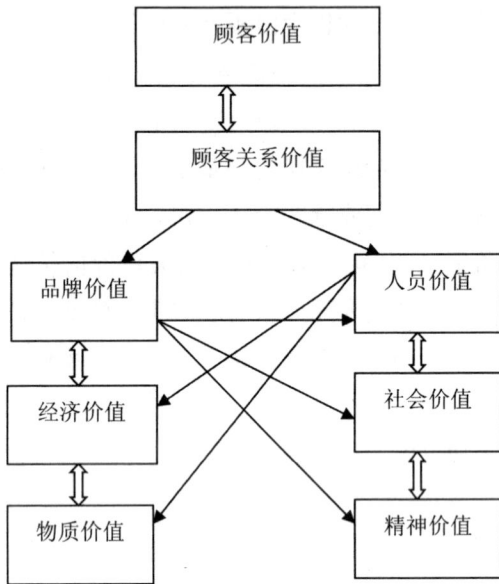

图3-1　顾客价值结构关系图

①需求与顾客价值构成

顾客价值与顾客的需求有密切关系。顾客需求内容决定顾客价值的内容，顾客需求程度及其需求的满足程度决定价值的大小。首先是需求内容与顾客价值，其次是需求程度。按交换的需求内容有品牌价值、人员价值，经济价值、社会价值，物质价值、精神情感价值。谢斯按角色把消费者分为使用者、购买者、付款者不同角色。不同角色消费者的需求不一样，其价值也不一样。消费者的价值分为一般价值和个人价值。一般价值是最基本的目的价值，是所有消费者寻求的价值；个人需求的价值是个人价值；某个群体需求的个人价值叫群体性个人价值；相对应的有个性化的个人价值。消费者寻求的市场价值是指一种产品或服务能够满足消费者需要和需求的潜力。消费者寻求的一种产品或服务的市场价值可能是一般价值、个人价值或者兼备。如价值与消费者角色矩阵表3-1。①

表3-1 价值与消费者角色矩阵表

消费者 价值			消费者角色		
			使用者	付款者	购买者
消费者 价值		一般价值	性能价值	价格价值	服务价值
	个人价值	群体性个人价值	社会价值	信用价值	方便性价值
		个性化的个人价值	情感价值	融资价值	个性化价值

　　顾客从对交换对象主体的需求得到的顾客关系价值有品牌价值和人员价值。

　　品牌价值是顾客对产品品牌需求的满足及其程度。品牌价值有经济价值，也有社会价值；有物质价值、也有精神情感价值。品牌价值包含了前面的产品价值、服务价值、形象价值以及情感价值。品牌的情感价值内容、主要表现以及对消费者的作用，如下表3-2。产品价值直接与个性化的质量、服务以及价格相对应。关系价值既有品牌价值也有人员价值；既有经济价值也有社会价值；既有物质价值，也有精神、情感、心理的价值。具体通过产品、服务、人员体现，但最终都以品牌为载体体现价值。

---

① 谢斯（ShethMittal B.）等．消费者行为学：管理视角（第2版）［M］．罗立相译．
　　北京：机械工业出版社，2004：15.

表3-2　品牌与情感价值表

情感价值	主要表现	品牌作用
社会表达	自我表现与自我认同	增强吸引力
满足	自我实现使用过程中的愉悦感	获得溢价
承诺	使用过程中的性能表现	影响消费决策
保证	真实性	使消费决策更容易

人员价值是顾客对人员交往接触过程中各种需求的满足。人员价值有经济价值、社会价值；物质价值、情感精神价值。如推销人员给予顾客的情感价值，如赞美、喜欢、认同、专业、友谊、了解、熟悉、信任、放心等。其成本在于顾客的独立自主决策、多样性搜寻需求、自由选择的丧失、精力体力损失、时间损失、空头利益和隐私损失。精力损失是指顾客为了维持与企业的关系，必须完成一些杂事或任务，如更新个人信息、处理电子邮件等；时间损失是指顾客为了建立或维持与企业的关系，必须花费一定的时间进行注册、填写文书或排队等待等；空头利益是指顾客认为企业提供的关系利益存在问题，因此不在意这些利益；隐私损失反映了顾客感到某些隐私或个人内在的东西受到侵犯的感觉，如顾客害怕他们向企业提供的真实姓名等个人信息被别人用来进行诈骗。①

组织顾客的个人人员关系价值，主要是采购人员与供应商企业销售人员之间的相互的人员价值。有销售人员从采购方相关人员得到的人员价值，也有采购人员从销售方相关人员得到的人员价值。如个人经济收益：回扣，好处，请客；职位稳定、准确决策、个人职责、上级肯定、升迁、个人权利；个人成本如责任、后果、个人风险的承担以及内部人际关系沟通、利益平衡的付出。社会价值在于采购人员与销售人员及其他人员之间的人际交往产生的精神、情感价值。个人顾客的品牌经济价值如产品、折

---

① Csikszentmihalyi M. Flow：The psychology of optimal experience ［M］. New York：Harper&Row，1990.

扣、赠送、优惠、降低风险。组织顾客的品牌价值主要是供应商的信誉、名声、背景；购买的安全性、可信性、连贯性；产品质量的可靠性、一致性、技术参数；供货速度、周期、周转、库存、物流；优惠、促销、赠品；交易条件，信用等。其经济成本就是相应的价格和为此而付出的其他方面。

从交换主体和对象看，我们认为顾客价值有品牌价值、人员价值；从交换内容来看，顾客价值有经济价值、社会价值，物质价值、精神价值，它们之间有交叉。品牌价值是一个综合价值，既有经济价值也有社会价值；既有物质价值也有精神价值，还包括人员价值。同样，人员价值既有经济价值也有社会价值，既有物质价值也有情感精神价值。如图3-1。

②顾客价值与价值形成过程

顾客的过程价值包括企业生产过程和消费者决策过程两方面分别对应的价值综合。A. 从企业生产过程方面，顾客价值是分别由企业不同价值链环节创造出来的。如，海尔热水器给予顾客的价值分别由海尔热水器的原材料供应商、海尔设计制造商、渠道商（在欧尚超市销售）和售后服务安装商（由XX技术有限公司安装）提供完成。B. 从消费者购买决策过程方面看顾客价值的构成。消费者购买决策过程为需求认知、信息收集、信息评价、购买、购后行为。从消费者自己角度，顾客价值受成本和收益影响。顾客在整个消费决策过程的每个环节会付出相应的成本和得到相应的收益。消费者发现了自己的需求和问题，搜集信息成本很低，购买时接触到的是帅哥美女或是名人网红等喜欢的促销员，得到了销售人员的情感价值，如赞美、喜欢、认同、专业、友谊等。购买后得到了产品的效用。

③顾客价值与关系载体

从关系载体来看顾客价值的构成，如表3-3。关系活动的载体分为物质类、服务类、信息类、语言类。[①] 物质类，除了直接交换的产品之外，还包括礼品、宴请、喝茶等。服务类，既可以是与产品相关的也可以是与产品无关的，包括特权服务和一般服务。信息类，包括提供行业信息管理

---

① 薛而思. 营销潜规则［M］. 上海：上海科学技术文献出版社，2004：12.

咨询、政策信息等。语言类，既有面对面的交流表达，也有赞美安慰等。所以顾客关系价值体现在产品、服务、信息、语言上面。当然，这里的顾客关系价值也就是顾客的价值。其中每方面的价值由成本和收益决定，或者说由总价值和总成本决定。其中语言类载体，一般来说，对给予者没有成本，但不同的语言对接收者产生的影响却是巨大的。良言一句三冬暖，恶语伤人七月寒。最终给给予者带来不同的收益。赞美是无本之利。由于赞美不需要成本却可以成就关系带来好处，所以不要吝啬赞美他人，尽量使用语言的艺术。

表3-3　关系价值载体表

关系价值	物质价值		服务价值		信息价值		语言价值	
	收益	成本	收益	成本	收益	成本	收益	成本
人员								
组织								

　　顾客总成本由货币成本、时间成本、心理成本、体力成本构成。这里，我们在菲利普·科特勒的顾客总成本理论的基础上增加一个关系成本。我们认为顾客总成本包括货币成本、时间成本、心理成本、体力成本与关系成本。货币成本就是价格，这是顾客的直接成本，价格是价值的体现。一分钱一分货，物有所值。货币成本除了价格还有融资成本。融资成本就是买不买得起，一次付还是分期付，即额外增加的顾客成本。货币成本还有信贷成本，即顾客为了购买商品而借贷产生的手续费、利息等。时间成本是顾客在购买决策整个过程中在时间上的付出和消耗。因为时间的有限和宝贵，对每个人来讲时间都是有价值的。生命是由时间构成的。时间能给顾客带来价值，所以时间的付出就是成本。顾客的时间成本包括搜集信息时间、购买等待时间、运输时间、选择时间、购买时间、付款时间、消费时间等。心理（精力）成本就是顾客在购买决策过程中精力的耗费与付出或是负面的心理情绪影响。体力成本就是顾客在购买决策过程中

体力方面的耗费与付出。关系成本是顾客为了持续购买而维护关系所产生的各种成本。

（三）顾客价值的影响因素

顾客价值的影响因素很多。总的来说，顾客价值主要受顾客需求、产品质量、服务、价格、品牌、成本等因素影响。这里的成本是指顾客除货币之外的其他成本，如时间、精力、体力、精神心理等方面的成本付出。

1. 顾客需求

需求性质与程度，在很大程度上决定和影响着顾客的价值。消费者需求对象和层次不同，价值对象也不同。对于具体的需求对象，消费者需求程度越强烈，需求数量越多，其对消费者的价值就越大；需求程度弱，需求数量少，其对消费者的价值就小。正如俗语"少是宝，多是草"所说。比如，一个孤寂而饥渴疲惫的人在茫茫沙漠里，炎炎烈日下，对于他来说，一元钱一瓶的矿泉水的价值肯定比一块宝石的价值大。消费者和企业对关系的需求程度也决定和影响着顾客和企业关系价值。从现实来看，首先是企业对顾客关系的需求，并且需求程度强于消费者对关系的需求。需求的满足对顾客而言就是价值。

而需求对顾客价值的影响是触发式的关联需求链对价值的影响。顾客为了满足需求而与企业交换产品或服务，在交换过程中，会触发顾客有更多的接触而产生其他需求（如厕所、银行、停车场地、环境等引发的其他需求）。如肚子饿了想吃饭，首要的问题——去哪里吃？（信息）广告接触就有了对广告的需求；今天有可能开车去吃饭，如何停车，停车需求；吃饭环境，环境需求；接触人员，人际需求；菜品接触，菜品需求；服务接触，服务需求。因为购物而顺便附带引发的对其他事物的购买需求，如游玩、娱乐、休闲、餐饮、停车、银行、厕所等需求，所有这些需求最终是否满足必将影响顾客的价值。

人的需求总的是趋利避害。人的需求是复杂多样的，受到多方面因素的影响，如现状、收入、时间、地点、社会等，还受一个人人生观、世界观、价值观的影响，其中最重要的是价值观的影响。而一个人价值观的形成不是一天两天短时间内形成的，而是一生中较长时间范围内形成的。

2. 顾客价值收益

顾客价值收益有产品价值以及在交换过程中得到的其他价值。顾客价值最直接的就是产品价值。产品价值与产品质量、服务质量、价格（顾客直接货币成本）、品牌有直接关系。产品价值通常通过货币来衡量，称为价格。价格会受到企业提供产品或服务的成本的影响。价格是价值的体现和表现。品牌反映和体现价值，顾客通过品牌体现和辨识价值，品牌价值是顾客关系的目的。产品的价值=使用价值/价格。在消费者眼里，影响产品价值的因素一是产品的作用，是否满足其需求；二是产品的价格。产品的使用价值包括：产品的性能、舒适度、外观、质量保证、使用便利，以及顾客对其品牌的信任度等。同类型产品或服务的消费者，如果愿意付高价购买某种产品，那是因为他们认为该产品具有更高的价值。对许多人来说，产品在生理或心理上的使用价值，决定了他们愿意花高价来购买。因此提升产品价值，既可以提高产品的使用价值，也可以降低产品的价格。[①]产品价值与产品质量和价格相对应。

3. 顾客成本

顾客成本指顾客在交换过程中所有的付出、损失以及不利影响，主要是直接的产品的货币成本。

三、顾客价值营销与产品质量营销

顾客价值营销在于满足顾客需求，提升顾客价值，降低顾客成本。一是提供价值给顾客，一是传递价值给顾客。顾客价值关键在于产品价值。产品价值与产品质量、定制营销分不开。产品质量的保证需要价值链上的其他企业和内部员工等利益相关者共同的协作。企业对这些衍生的利益相关者市场也要进行关系营销。

1. 顾客价值营销

（1）明确顾客需求并尽可能满足

顾客需求的满足才是其价值的实现。清楚目标顾客的具体明确的需

---

① 里克·卡什. 供需新规则［M］. 沈阳：辽宁教育出版社，2002：20-21.

求，尽可能通过定制营销用个性化的产品、服务以及营销方式满足不同顾客。

（2）提升顾客总价值

①按总价值对象提升顾客价值。提升品牌价值和人员价值。品牌价值从产品价值、服务价值、形象价值方面提升。产品价值关键在于产品质量，只有通过全面质量营销、衍生营销与定制营销来保证。

②从过程方面提升顾客总价值。从企业生产过程方面，顾客价值是分别由企业不同价值链环节创造出来的。因此企业提升顾客价值的策略有两种。在考虑竞争对手策略的同时，一方面在各环节增加顾客价值，最后增加顾客总价值；另一方面降低企业自己成本提升效率来增加顾客价值。如表3-4。从生产工艺方式如通过智能化、网络化、远程化、机械化、现代化或是纯手工方式提升产品价值，或是通过电商购物、灵活多样的支付方式，以及快捷的结账方式等销售服务提升顾客价值。如迪卡侬运动超市的一次全部商品扫码计费很快捷，节省顾客时间，心里感觉也很舒服；又如很多超市顾客购买生鲜蔬菜水果零散商品之前要称量计价需要排队等候，而欧尚超市分开多点放置自助秤，方便顾客称量商品而减少排队等候的时间。

表3-4 基于企业创造价值的流程的顾客价值构成及提升表

顾客价值	生产过程	原材料	设计	制造	产品（品牌）	运输	销售	服务
企业对策	增加顾客价值		外观、形状、原理	做工精良、工艺	效用：核心、形式、延伸	方便、速度	情感价值、人员、关系	安装、维修、清洁
	降低自己成本			工艺				
竞争对策								

从消费者购买决策过程方面提升顾客价值。从消费者自己角度，顾客价值受成本和收益影响。顾客在整个消费决策过程的每个环节会付出相应的成本和得到相应的收益。企业为顾客创造或提升价值也有两方面策略。首先考虑在顾客决策每个环节时是否对顾客价值有影响，即有没有成本和收益的产生。如果没有价值的影响，就不去管它；如果该决策环节对顾客价值有影响，在考虑竞争对手策略的同时，一方面降低顾客每个决策环节的成本；另一方面增加顾客每个决策环节的收益，最终达到顾客价值的增加。如下表3-5。

表3-5 基于消费者决策过程的顾客价值构成及提升表

顾客价值	消费者过程	1 需求认知	2 搜集信息	3 评价信息	4 购买决策	5 购买	6 相关产品购买、加工、安装	7 使用	8 用后评价	9 处置
消费者方面	降低成本									
	增加价值									

③从关系载体方面，提升顾客总价值。分别从物质、服务、信息、语言方面提升顾客总价值。

（3）降低顾客总成本。可以分别从结果对象和过程降低成本。企业为了提升顾客价值，只有降低顾客总成本。企业对顾客降低总成本的策略是，首先考虑企业有没有这方面的成本项目，然后考虑是否可以降低顾客在该方面的成本以及如何降低该成本项，最终达到顾客总成本的降低。如表3-6。

表 3-6　顾客成本构成及降低表

总成本	货币成本	时间成本	精神/心理成本	体力成本	关系成本
内容 指标	直接成本 融资成本 信贷成本	搜集信息时间 等待时间 运输时间 选择时间 购买时间 付款时间 消费时间			
有无影响					
竞争者					
企业策略					

（4）同时提升顾客总价值和降低顾客总成本

综上所述，根据顾客价值=顾客总价值-总成本，提升顾客价值的方式有三种。一是既提升总价值又降低总成本；二是总成本不变，提升总价值；三是总价值不变，降低总成本。

2. 产品质量营销

顾客价值关键在于产品价值，产品价值的关键在于产品或服务质量。这里我们先谈谈产品质量营销。

（1）产品质量维度与标准

顾客价值还受产品和服务的质量的影响。产品价值直接源于满足顾客需求的产品质量。消费者对于产品的满意与忠诚在于该产品效用需求的满足。产品效用来源于消费者对于质量的需求。产品质量，分为有形产品质量和无形的服务质量。顾客由产品/服务的直接需求到时间上的产品形成过程需求到购买过程的交换需求。这整个过程经历了一个需求的点、需求的线到需求的面的多维需求。顾客对过程与结果都需要。结果需要是直接的原发的需要，过程需要是由原发需要引发的需要。不同的服务过程质量和结果质量对顾客的作用和影响不同。服务是产品功能的延伸。服务指标，①伴随性服务指标，包括：售前服务、售中服务、售后服务指标；伴随性服务消费的是产品，服务是保证更好的消费。②独立性服务指标，如旅游、宾馆、娱乐等服务；独立性服务消费的是服务，服务是顾客购买的目标。服务质量包括过程质量和结果质量。质量维度，包括设计质量、原材料质量、生产质量、服务质量，整体质量（完整的产品质量）——效用、方案、解决问题。加文（Garvin）提出了产品质量的8个维度。① 分别是性能、特色、可靠性、达标度、耐久性、服务便捷性、美感性与感受质量。感受质量对顾客而言非常重要，但不能明确归入其分类的质量维度。虽然加文（Garvin）的8个产品质量维度既适用于产品也适用于服务，但是费茨格拉德（Fitzgerald）等人以银行为例提出的服务质量维度更适合服务。这些服务质量维度是便利性，美感性，及时性，整洁性，舒适性，沟通，技能，礼貌，友好性，可靠性，反应性，安全性。其中许多质量维度是无形的和难以度量的，但是对它们的有效管理无疑是提高服务质量的关键。因此同时为顾客提供有形产品和服务，两组维度必须同时考虑才能真正拥有竞争优势。② 产品质量标准包括企业标准、行业差异、国家标准、国际标准，而且不同行业不同企业不同产品质量标准不一样。

（2）产品质量保证的关键因素

产品质量是由产品设计、原材料以及加工工艺三大关键因素共同决定和影响的。

开发设计。产品的开发、构思和精心设计，是产品质量的基础，不仅可以使产品增值，而且提升产品形象。产品的开发设计已成为企业竞争的关键性因素之一。众所周知，产品通常会有许多特征，特征越多就越能与其他竞争者的产品区别开来，于是增加产品的特征成为一种最为有效的竞争手段和方法。站在市场的角度，增加的特征是否为消费者所认同和接受，消费者在多大程度上认同和接受，企业是否增加这种特征，关键看它

---

① David A Garvin，"What does product quality mean?"，Sloan Management Review，Fall（194）。

② J. 佩帕德，P. 罗兰. 业务流程再造［M］. 北京：中信出版社，1999：65.

为顾客创造的价值与公司成本的关系。为增加特征而增加了成本却没有增加顾客价值，或因增加特征而为顾客增加的价值小于增加的成本，就说明增加特征没有意义，必须及时放弃；反之，就有意义而应及时增加。如联想强调技术驱动，步步逼近核心技术，开发出一代又一代的新产品。在产品的开发、设计上，要尽可能充分体现出企业志在一流、处处为顾客着想。美国吉列公司在感应式剃须刀的开发设计上主张："开发产品，不搞则已，要搞就要搞能在国际市场上独领风骚的一流产品。"该公司在售价仅几十元一把的感应式剃须刀的研究开发上花费了 40 位工程师和物理学家 10 余年的时间和 2 亿美元投资，才在技术方面取得突破性进展；通过激光焊接，把两面刀片安装在角度与人脸部完全吻合的刀架上，再加上便于操作的手柄，为人们提供了最大的安全和方便。在这个小小的产品上，该公司取得了包括装卸方式、造型等 23 项国际专利。产品的感应功能使刀片能随着面部细微的凹凸变化而自动调节。尽可能增加刀片与面部皮肤的接触时间和面积，最大限度地满足了消费者的剃须需要。精心地开发和周到的设计，增强了产品的适用性，使产品形象和产品销量同步增长。

材料选用。产品对原材料上的选用，直接关系到产品质量。一些企业确实有不少产品构思新颖、设计独到，可是在选择原材料上却掉以轻心，甚至有意偷工减料以降低成本。结果往往因为某一个零部件的原材料选用不当，提前损坏，而使整个产品提前报废。成功的企业总是做到选用原材料时一丝不苟，尽心尽力。选用原材料首先要确保材料达到产品设计的规定质量标准。严格来说，每一种原材料都应达到一定的物理测试数据，确保其耐拉、耐压、耐热、耐冷等性能达到产品整体设计的寿命、安全、卫生标准。凡属世界著名产品，在原材料选用上都必须做到这一点，而且是每个零部件的原材料选用都要做到这一点。否则，任何一个零部件的原材料选用不当，都可能影响整个产品质量。如世界著名品牌奔驰汽车的坐垫纺织面料用的羊毛是专门从新西兰进口的。羊毛粗细必须在 23～25 微米。细羊毛用做高档车的坐垫，粗羊毛用来做中档车的坐垫。纺织时，根据产品对各种材料的要求，还要掺入从中国进口的真丝和从印度进口的羊绒。同样对坐垫皮面的皮料选择也是不厌其烦。为了选择符合坐垫要求的皮料，通过到世界各地进行考察、选择，最后认定德国南部地区的公牛皮质量最好。为了保证坐垫的质量标准，一张 6 平方米的牛皮只选用了 1 平方米。因为腹部的皮质太皱，腿部的皮面又太窄。不仅如此，座椅制成以后还要用红外线照射器把皮椅上的皱纹熨平。通过一张坐垫的原材料选择，可见该企业对产品原材料选择的严格与精细。选用原材料还要做到在保证质量标准的前提下，尽可能降低成本、节省用量，以减少消费者的负担。与此同时还要考虑到减少环境污染，促使资源再生的问题。当代，只有这样的产品才会受到世界市场的欢迎；未来，只有这样的企业才会有长期发展的前景。

加工工艺。加工工艺关系到产品的外观质量，因此企业必须正确对待加工工艺。产品是由每一个零部件组成的，零部件的工艺直接影响到产品质量。产品质量观念落后的企业，往往疏忽这一环节，或是加工粗糙，毛刺丛生，容易伤及消费者；或者造型简陋，令人目不忍睹。这种观念和管理绝对不能为市场所忍受。企业在产品加工过程中必须做到使每一个零部件的手感、观感乃至气味以及到最终的产品成品，都能在消费者接触或使用时感到舒适、满意，使消费者在使用或接触每一个零部件的过程中，感受到企业处处为消费者着想，真正以消费者为上帝的宗旨。①

产品质量在开发设计、原材料、加工工艺的每一项活动中都要体现出来。除此之外，产品质量，还应受到包装、广告，以及送货与售后服务等方面的质量的影响。因此产品质量要求全体员工都为之努力才能保证。以质量为动力，并得到良好培训，质量才有保证。产品质量也要求高质量的合作伙伴。一个公司所提供的质量，只有当它的价值链上的伙伴都对质量做出承诺时，才有保证。因此，顾客满意的产品质量管理意味着营销人员不仅要花时间和精力改善外部营销，还要改善内部营销。营销经理正确识别顾客需要和欲望，并将顾客的预期正确地传达给产品设计者，参与制定全面质量的战略和政策。努力使营销调研、推销员培训、广告、顾客服务等每项营销活动都达到更高的标准和水平，以便在让渡产品质量的同时传

---

① 张晓堂. 市场营销学 [M]. 北京：中国人民大学出版社，2003：184-187.

递营销质量。营销人员必须正确识别顾客的需要和要求，将顾客的要求正确地传达给产品设计者。确保顾客订货正确而及时地得到满足。适当地指导、培训和技术性帮助顾客使用产品。售后必须与顾客保持接触，收集顾客有关改进产品和服务方面的意见，并将其反映到公司各有关部门。

（3）产品质量以顾客需求为基础

产品质量是一个产品或服务的特色和品质的总和。这些品质和特色将影响产品满足各种明显的或隐含的顾客需要的能力。这是一个顾客导向的产品质量的定义。产品质量有绝对质量和相对质量。相对质量是指产品达到某特定功能的质量；绝对质量是指达到没有缺陷且稳定一致的性能。重要的是"市场驱动质量"，而不是"工程驱动质量"。

（4）产品质量的传递

质量必须为顾客所认知。质量工作必须以顾客的需要为始点，以顾客的知觉为终点。必须在生产质量之外传递营销质量。传递给消费者产品质量，让顾客通过产品内在线索和外在线索形成认知产品质量。顾客对产品的工具绩效、象征绩效是受认知质量影响的。

（5）产品质量以最佳竞争者为基准

产品质量除了以顾客需求为基础外，高质量并不保证必胜的优势，尤其是当竞争者也处于大致相同的质量水平时。在市场经济条件下，还要以最佳竞争者为基准不断改进。改善质量的最好方法就是将"最佳等级"竞争者作为自己产品质量的基准，然后努力赶上或者超越。在同等质量条件下，降低质量成本。产品质量要不断严格检查才能保证，但需要成本，不过产品质量未必要求高成本。可以通过开发设计、原材料、工艺之前的过程保证产品质量的合格。产品质量应持续不断地加以改进，有时需要总体突破。不过这要求企业有新的思路和更高明的工作方法。①

质量营销要求一个组织对所有生产过程、产品和服务进行一种广泛的、有组织的管理，以便不断地改进质量工作。质量营销是创造顾客价值、顾客满意和保留顾客的关键，要求企业全员全程参与，正如营销是每个人

① 菲利普·科特勒等. 市场营销管理（亚洲版. 第二版）[M]. 2003：54.

的工作一样。

除此之外，产品价值与衍生市场营销、定制营销也有密切关系。产品质量受到衍生市场影响。质量必须在每一项活动中体现出来。不能只考虑产品的质量，还应考虑广告、服务、产品介绍文献、送货、售后服务等方面的质量。质量要求全体员工的承诺。唯有当公司全体员工都承诺要保证质量，以质量为动力，并得到良好培训，质量才有保证。质量要求高质量的合作伙伴。一个公司所提供的质量，只有当它的价值链上的伙伴都对质量做出承诺时，才有保证。由于顾客的个性化需求，个性化和定制化的产品对顾客而言产品质量更好，价值更高。因此顾客价值的提升离不开质量营销、衍生市场营销、定制营销。

第二节　衍生客户需求与衍生市场关系营销

顾客需求是基础。为了满足顾客需求，而使企业产生了对其他利益相关者市场的需求，其他利益相关者市场对企业同样也有需求。企业为了保证顾客需求的满足，必须先要满足其他利益相关者市场的需求。为了顾客关系而要处理好企业与其他利益相关者市场的关系。这就是衍生市场关系营销，简称衍生营销。其他利益相关者市场相对于顾客市场而言我们称之为衍生市场。其需求相对于顾客需求称之为衍生需求，其市场相对于顾客市场称之为衍生市场，对其营销称之为衍生营销。

一、衍生市场关系营销

在广义顾客基础上，各类广义顾客的总和，就构成了衍生市场。衍生市场理论是在系统论、协同论理论基础上提出的，同时也与利益相关者理论和企业社会责任理论相互影响。

（一）基于交换的广义顾客

交换双方为了各自需求的目的和价值，进行交换。在所有交换过程中，积极主动交换的一方成为营销者，被动消极交换的一方成为顾客或市场。任何接受或可能接受商品或服务的任何单位、个人都称为顾客。顾客是相对于产品、服务的提供者而言的。提供者与顾客是一对共生概念，他们之间是相互共同存在的，缺一方，另一方也就不存在。提供者与顾客之间构成交换关系。他们之间，可以是直接的交换关系，也可以是间接的交换关系。直接交换关系是指顾客与提供者之间直接发生商品、服务与货币等的交换。间接交换关系是指顾客与侍主之间有直接的商品或服务流动，或其他方面的交换，却没有货币等的流动，也就是提供者提供了商品或服务，而顾客并未直接支付货币。这种货币支付是由另外的间接途径（如工资等）和实物、服务等形式来实现。因此，提供者与顾客之间可以是一种经济关系，也可以是一种社会关系。提供者与顾客之间并非一定要发生商品或服务交换关系，也可能是一种交换可能。因此，只要存在交换或交换可能的双方中的一方就可称为顾客（潜在顾客）。

1. 内部顾客

内部顾客是指企业内部的员工。既然顾客是相对于侍主而言的，只要存在侍主，必然存在顾客。根据这一原则，内部顾客可以分为如下类型：

（1）职级顾客

职级顾客是由企业内部的权力关系而演变出的顾客。根据企业的垂直权力结构体系，划分出两层顾客关系：

a. 任务顾客

任务顾客是上下级部门或上下级职员之间因为任务关系而划分出的顾客。上一级部门是下一级部门的顾客，因为上一级部门把工作机会提供给下一级部门，下一级部门依靠完成上级部门提交的工作而获得必要的经济收益。根据这一原则，可以得出如下任务顾客关系链：

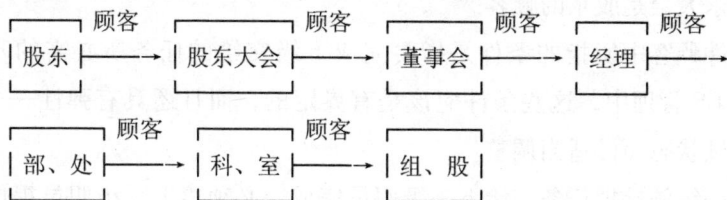

图3-2 任务顾客关系链图

上述关系链显示：股东是股东大会的顾客，股东大会是董事会的顾客，董事会是经理的顾客，经理是部、处部门的顾客，部、处是科、室部门的顾客，科、室是股、组部门的顾客。根据交换原则要求，顾客关系即为满意关系，因此，每一级部门，都必须让他的顾客——上一级部门满意，也就是按上一级部门的预期，完成上一级部门交给的工作。

上一级管理者把工作任务交给下一级职员，下一级职员完成该任务而获得劳动报酬（工资等）。上下级员工之间构成任务顾客关系，上级职员是下一级职员的顾客。根据交换原则，下级职员必须努力使上级职员——顾客满意，否则就是下级职员的工作失职。

b. 条件顾客（Condition Customer）

条件顾客是指具有职级关系的顾客之间，为了保证任务顾客完成上级交给的任务，上级必须为此提供必要的保证条件，这条件提供方和条件接受方所构成的顾客关系，属条件顾客关系，接受条件一方称条件顾客。

条件顾客关系链与任务顾客关系链是完全相反的。如图3-3。

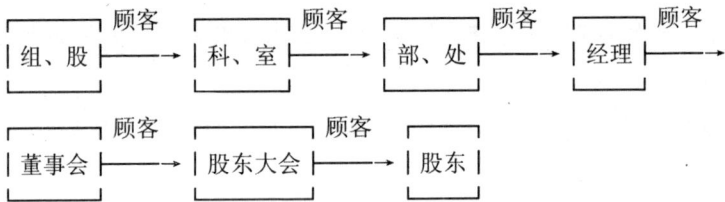

图3-3 条件顾客关系链图

在条件顾客关系链上，组、股是科、室的顾客，科、室是部、处的顾客，部、处是经理的顾客，经理是董事会的顾客，董事会是股东大会的顾客，股东大会是股东的顾客。

条件顾客中所指的条件是指要完成上级交给的任务所必需的基本条件。在CS管理中，这些条件应该是有界定的，而且还具有弹性——根据满意测试状态而做适当调整。

上一级领导把任务交给下一级职员完成，必须给下一级职员提供必要的条件，这样，下级职员便成为上级领导的条件顾客，上级领导必须努力使条件顾客在条件上产生满意感，他们才会在任务上让上级这个任务顾客产生满意感。

所以，上下级之间不是单向顾客关系，而是互为顾客。在任务上，上级是顾客，下级是侍主，侍主必须尽一切努力按质量完成任务，让顾客满意。但在条件上，下级是顾客，上级是侍主，上级必须尽一切努力提供下级完成任务的条件，让下级满意。

（2）职能顾客（Function Customer）

职能部门之间由于相互间提供服务构成顾客关系，接受服务方称之为职能顾客。职能顾客是以职能为基础来确定的，既不是以部门，也不是以人来划分。凡在职能上有提供服务义务的一方，均称为提供者，而在职能上有接受服务的一方，均称为顾客。提供者有责任为顾客提供满意服务，顾客有权对提供者的服务进行考核与鉴定。

在两个平行部门之间，在某一功能上，甲部门是乙部门的顾客。而在另一功能上，乙部门可能是甲部门的顾客，他们之间具有顾客关系，按交换原则进行管理。这样，平行部门之间，建立起了相互管理的机制——水平管理，而无需任何事都要上级部门予以协调。因此，管理量大大减少。

实行部门之间的职能顾客制管理，以职能来决定双边关系，没有绝对的提供者和顾客之分，一切都是相对的。但在组织机构建立时，必须把职能划分清楚，顾客关系界定清楚，满意指标预先设定，使管理有章可循，彻底避免靠感觉理解所出现的认知偏差。

（3）工序顾客（Work Procedure Customer）

生产上、经营上，工序与工序之间，由于存在产品或服务的提供与被提供关系，所以是一种顾客关系，被提供产品或服务的一方，就称为工序顾客。

采购、生产和销售三部门之间，形成工序关系，之间发生货物的转移，并借助财务结账发生货币转移，因此，三者为工序顾客关系，后者为前者顾客，后者对前者的行为有否定权、评价权，对他们的劳动绩效有鉴定权。

生产环节上，下工序与上工序构成半成品转移关系，通过财务结算同时发生货币转移关系，所以下工序为上工序的工序顾客。上工序必须按经营原则为下工序提供符合顾客满意指标的半成品，以实现下工序的满意状态。下工序可以根据本工位上的顾客满意指标对上工序的劳动进行否定、评价，对其劳动绩效进行鉴定。

海尔集团的市场链理论把市场经济中的利益调节机制引入企业内部。在集团公司的宏观调控下，企业内部的上下流程、上下工序和岗位之间的业务关系由原来的单纯行政机制转变成平等的交换关系。通过交换的关系把外部市场订单转变成一系列内部的市场订单，形成以"订单"为中心、以"定单"为驱动力，上下工序和岗位之间相互交换、自行调节运行的业务市场关系链。在这个链条中每人都有一个市场，每人都是一个市场；有代表市场索赔的权利，也有对市场负责的责任。市场链从研发和生产、到营销与服务，每个流程的出发点都是为了顾客满意。企业的目的是最大限度地满足用户的需求。市场链强调企业的整体效应，强调整体价值的最优化，以提升企业的综合竞争力。市场链关注企业外部的市场需求及外部需求对内部各环节的辐射，它以需求为导向来制约和调整企业内部的各种关系。

2. 外部顾客

外部顾客是指企业外部的，与企业有商品、服务和货币交换关系的对象，它包括四种类型：

（1）消费顾客

消费顾客是企业产品或服务的最终消费者，也称终端顾客。

消费顾客是企业的市场支持体系，是企业的生存根本，没有消费顾客，企业也就失去了存在的土壤。

（2）中间顾客

中间顾客是介于消费顾客与内部顾客之间的顾客。他们不是企业的职员，故不属于内部顾客，他们也不直接消费企业的产品，所以也不属于消费顾客。中间顾客销售企业的产品，他们与企业直接发生产品和货币的交换关系，所以界定在外部顾客的范畴。

中间顾客作为一种顾客，他们比消费顾客更接近企业，所以，在消费顾客面前他们站在企业的立场推销商品。他们比内部顾客更接近消费顾客，所以在企业面前，他们站在消费顾客的立场来对企业提出各种要求和传达信息。因此，二重性是中间顾客的基本特征。

在传统的企业管理里面，从来不把中间顾客当真正的顾客，而把它当做自己的销售代理，因此，在营销管理过程中，常常忽略了中间顾客的需求价值。

中间顾客不是企业的内部顾客，也不是企业制造的营销链上的一个受雇的环节，它是一个独立的市场，他们有自己的需求点的满意点，他们不仅充当着消费顾客的采购代理人角色，也按自己的价值来选择商品。因此，企业实施顾客满意管理，必须把中间顾客当成一个独立的顾客群来予以考虑，如果不考虑他们的需求和满意取向，我们营销网络就会因他们的不满而破坏，最终，消费顾客也会因为无处采购所需商品而离企业而去。

中间顾客并不直接消费产品，他们不是产品的消费者，他们从企业购买的不是产品本身，而是凝结在产品后的盈利机会，产品只是这盈利机会向效益转化的手段。所以，中间顾客在购买产品实体这个获利手段时，同时还要购买企业的形象、信誉、品牌、服务、宣传、产品质量稳定性、产品扩展性和供给保障性等。他们的要求比消费顾客多得多。如果我们仅在产品上做文章，而忘了中间顾客最为看重的销售保障体系，肯定不能令中间顾客满意，而最终失去中间顾客。

中间顾客，按传统的划分方法，可以分为三大类：

a. 零售顾客（Retail Customer）

这是将商品或服务买来直接销售给消费顾客的中间顾客。这类顾客是中间顾客的主体，代表了中间顾客的基本需求。零售顾客直接与消费顾客打交道，是企业顾客抢夺的最后一站，平时我们所说的"柜台竞争"就发生于此。

b. 批发顾客（Wholesale Customer）

这是将商品或服务买来再售给那些为了再售或企业使用的中间顾客。批发顾客比零售顾客少，但其交易量大于零售交易，批发顾客不关心促销、人气和店址，他们在意的是商品的普遍性和差额利润。批发顾客是中间顾客中的一个再分的角色，他起着产品的扩散作用，使产品离消费顾客更近。

c. 经销顾客（Runsale Customer）

他们在全部市场或某一个市场代理销售企业的产品，对外，他们代表着企业。经销顾客所看重的是产品的市场容量、销售渠道与其原有渠道的同一性、宣传广告费的投入量，以及产品的质量、价位和市场前景。对经销顾客的管理应采取内部顾客和外部顾客双重管理。在对待市场上，必须按企业内部的要求，按企业的统一部署行事，当内部顾客对待。而在利益的销售保障系统上，应按外部顾客处理。

（3）资本顾客（Capital Customer）

资本顾客是向企业提供金融资本并以企业购得资本增值效益的顾客，这类顾客以银行为主。按 NPS 理论，企业应该力避负债，资金内筹，但为了企业的快速发展，必要的借贷是不可缺少的，借贷，实质上是企业在出售信誉和增值潜力，放贷者购得这种增值潜力，并在适当时候转化为有形资本。所以，企业与放贷者之间仍属一种顾客关系，必须按交换原则进行管理。

（4）公利顾客（Public-benefit Customer）

公利顾客是一种代表公众利益，向企业提供其正常经营的基本资源，然后从企业的获利中收取一定比例费用的顾客。这个顾客就是政府。

企业经营必须以资源为基础。政策资源、法律资源、公信资源、科技资源、人力资源和物力资源等，这些资源的基本提供者就是政府。政府是法律的颁布者、政策的制定者，公信的主要提供者。科技资源是由国家的科技进步带来的，而人力资源是国家教育投资的结果。物力资源像矿山、铁路、能源、通讯、土地等，主要为国家所有，或以国家的主持者政府为代表来体现资源持有者的利益。国家以政府的形式拥有各种资源的所有权或代表着资源拥有者的利益，并按政策和法律提供给企业享用，企业以税收的形式为这些资源支付费用。从交换的角度看，在经营上，企业与政府仍是一种顾客关系，政府是企业的顾客，政府向企业提供主要的经营资源，企业为此支付费用，是一种交换关系，不是一个简单的"上交"和"收取"问题，这容易掩盖税收的实质。当然，政府作为公利顾客，他代表着公众利益，就不仅是一个税收问题，他的需求满意宽度比一般顾客要广得多。但无论怎样，既然是顾客，就应按 CS 的原则，以满足其需求为根本目标，求得其最大程度的满意。①

（二）衍生市场

衍生市场主要是指除终端消费顾客市场之外的其他利益相关者构成的市场，分为内部市场和外部市场。他们和企业之间也是一种交换关系。衍生市场除内部市场外主要是组织市场，其中价值链体系中上游的供应商和下游的经销商，从关系对象上来看，是战略关系对象。

股东、员工、供应商、分销商、消费者、政府、当地社区乃至其他影响企业和受企业影响的社会公众都与企业存在着某种利益关系，因此他们都是企业的利益相关者。没有这些利益相关者及其在企业中的权益，作为组织的公司将无法存续。企业正是所有利益相关者围绕自己权益获取和保护的合作博弈形成的一个关系网或契约组织。简要而言，企业经营除了要考虑股东利益外，还要考虑其他利益相关者的利益，甚至有学者把企业直接说成是利益关系者的企业或公司②。

利益相关者根据不同的角度、不同的研究领域，可以分为不同的种类。根据本文研究的需要，我们分为内部利益相关者与外部利益相关者。内部利益相关者是与企业有直接关系的人，包括所有者、股东、经理、雇员和联盟者等，他们的价值观和态度对企业的目的和目标有关键性的影响。外部利益相关者同企业的关系不像内部利益相关者那样紧密，但是他们也是影响企业发展方向的主要因素。外部利益相关者可以分为主要的外部利益相关者和次要的外部利益相关者。前者指是与企业有直接关系的外部群体，包括消费者、供应商、金融家和主要竞争者等。后者是指与公司的关系不太直接，包括政府机构（地方的、国家的、国际的）、政治势力、主要金融财团和整个社会等。这些群体可以通过立法和伦理运动等手段对企业产生影响。利益相关者理论提供了一种分析企业内外各种利益关系的框架。衍生需求扩大了原有的市场范围和客户范围。企业所有的利益相关

---

① 李蔚. 论 CS 管理中的顾客结构 ［J］. 商业经济与管理，1998（5）.

② 威勒，西兰芭. 利益相关者公司 ［M］. 北京：经济管理出版社，2002.

者构成了企业的衍生市场。

（三）各衍生市场需求分析

各利益相关者对企业的影响或者说能成为其关系对象（市场）是因为它们拥有各自的权力，并对企业造成压力，使用其权力表达他们的利益期望。各利益相关者对企业的需求就是行使自己的权力促使企业的行为满足自己的利益期望。企业各利益相关者权利、期望构成了企业实际的需求。

1、利益相关者权力及其对企业的制度约束

任何企业都是一个开放的复杂系统，企业经营不仅关系股东、债权人和人力资本所有者的切身利益，还涉及供应商、消费者（客户）、政府和社区居民等众多的外部利益相关者。利益相关者的权力或者叫做影响力，在这里指使用各种资源使某事件发生或确保一个需要的结果的能力。通过自己的权力对企业加以影响，他们能够从企业的日常运行中获取既定的利益。这种关系通常是互利互惠的，即企业与个人、群体也总是利益相关的，企业在运营中需要利用这些利益相关者的资源或影响力。[①] 大多数专家承认利益相关者三种类型的权力：选举权、经济权力和政治权力。[②] 选举权（不是指政治性的投票选举）指利益相关者有表决的合法权利。例如，每一个股东，拥有与他所持公司股票的比重相对应的表决权。典型地，股东们有机会就诸如公司合并、购买其他公司以及其他一些重要问题进行投票表决。通过掌握全面知识和明智的投票表决，他们可以参与制定公司政策以保护他们的投资并获得良好的回报。

（1）政治权力

各利益相关者直接或间接地通过行使政治权力实现自己对企业的需求。政府通过立法、管制调节或法律诉讼来直接行使政治权力，其他的利益相关者也可间接行使政治权力，通过使用他们的各种资源给政府压力，采用新的法令或规章采取合法行为来调节控制公司。从企业社会责任的产生可以看出，消费者、劳动者等利益相关者就是通过社会运动间接地行驶

---

① 沃克，马尔. 利益相关者权力 [M]. 北京：经济管理出版社，2003：30.

② 安东尼奥等. 公司战略管理与政企关系 [M]. 北京：中国人民大学出版社，2001：6.

政治权力。劳动者为维护其权益所展开的工人运动使企业开始重视劳动者的利益。历史上，劳动者为改善自己的劳动条件和待遇进行着长期不懈的斗争。由分散性、自发性破坏机器等简单方式到有组织地举行声势浩大的罢工或游行示威，由追求眼前局部利益转向重视长期整体利益，关注工资、工时、就业保障、职工参与等问题。迫于劳动者的强大压力，公司不得不调整劳资关系改善劳动者的境况。消费者为维护其权益所展开的消费者维权运动使企业开始重视消费者的利益。全社会开展的自然资源和环境保护运动使企业开始关注利益相关者的利益，迫使企业重视对自然资源的有效利用和对环境污染的主动治理。

（2）经济权力

消费者、供应商和零售商对企业拥有经济权力。如果一个企业不能承担合同责任，供应商就会收回供应物品或拒绝执行订单，如果该企业施行策略不当，消费者可以拒绝购买其产品，而且如果消费者认为产品价格昂贵、粗制滥造、安全性能差或不适合消费，他们也会联合抵制企业的产品。如果企业不遵守法律和道德规范，存在浪费资源、污染环境等行为，消费者就不会购买和消费该企业的产品，并通过自己的经济权力迫使企业承担社会责任。

除此之外，还有一种权力（或影响力），那就是直接的武力。比如企业拖欠、拒付员工工资或其他企业货款，或者消费者利益受到损害，他们直接通过暴力迫使企业解决问题。

利益相关者的影响力来自两种不同途径：其一，通过公司治理的权力安排直接控制公司经营；其二，通过法律法规、市场、政治等途径间接影响公司经营。利益相关者对于利益保护机制的选择取决于他们和公司之间契约的特征。他们通过不同的途径影响公司经营：具有完全契约的利益相关者，如顾客、供应商、政府、特定环境下的债权人、职工等主要通过法律和市场来间接影响公司经营；具有非完全契约的利益相关者，如股东和经营者通过法律规定的公司治理结构直接控制公司经营；没有契约关系的利益相关者但其利益受公司经营影响的团体或个人，如社会团体、社区成员、竞争对手等。社会团体、社区成员需要获得相应的法律法规或国家政策的支持才能成为公司的利益相关者。而竞争对手能否列为公司的利益相关者，则视其通过市场影响公司经营的能力而定。显然，具有非完全契约的利益相关者，通过公司治理来保护自身利益和约束经营者行为；具有完全契约的利益相关者和没有契约关系的利益相关者主要通过市场、法规等间接途径影响经营者行为和公司经营。①

2. 基于利益相关者权力的利益期望

权力关系指的是事物之间相互作用的一种状态，利益才是事物相互作用的原动力。② 因此基于利益相关者权力的各利益相关者的利益期望构成了企业社会责任的需求。

（1）企业员工的利益期望。企业员工是一个包括企业操作层劳动者、专业技术人员，基层管理人员及职员在内的相当广泛的阶层。他们向企业提供各种基本要素，是企业的基本力量。企业员工对企业的利益期望是多方面的，但从影响企业目标选择角度看，企业员工主要追求个人收入和职业稳定的极大化。

（2）政府的期望。政府向企业提供许多公共设施及服务，如道路、交通、教育、安全等，制定各种政策法规，协调国内外各种关系，这些因素都是企业生产经营必不可少的环境条件。政府对企业的期望也是多方面的，例如政府希望企业在提供就业、支付税款、履行法律责任、促进经济增长、环境与资源保护、确保国际支付平衡等多个方面做出贡献。其中最直接的利益期望是政府对企业的税收。

（3）消费者的利益期望。消费者在消费过程中，期望好的产品和服务质量、环境受到保护、价格公平合理。随着消费者需求层次的提高，消费者追求多样化、个性化，企业必须正视不同的偏好，以什么产品、服务或方式获得个性化消费者的满意，将是企业面临的严峻挑战。企业和消费者之间是一种生产与消费、供给与需求的相互联系、相互影响的关系。由于

---

① 李萍莉. 经营者业绩评价——利益相关者模式 [M]. 杭州：浙江人民出版社，2001：3-5.

② 张屹山，金成晓. 真实的经济过程：利益竞争与权力博弈 [J]. 社会科学战线，2004（4）.

企业和消费者之间的供给和需求、生产和消费的关系，决定了消费者会对企业社会责任有足够大的影响。① 在消费者主权经济条件下，企业的一切生产经营活动都以消费者为导向和中心。消费者对企业承担社会责任的需求是企业承担社会责任的前提。消费者的消费行为、消费水平、消费观和消费者权利的大小是企业是否承担社会责任的关键因素。

（4）投资者及贷款者的利益期望。贷款者与投资者一道，向企业提供资金，但与投资者不同的是，企业以偿付贷款本金和利息的方式给予贷款人回报。因此，贷款者期望企业有理想的现金流量管理状况，以及较高的偿付贷款和利息的能力。

（5）社会公众的利益期望。企业是社会经济生活的一部分，它的行为会给社会公众带来各种影响。社会公众期望企业能够承担一系列的社会责任，包括保护自然环境、赞助和支持社会公益事业等。值得一提的是，对于股票上市公司来说，社会公众中还有相当一批企业的股民，这是企业内部利益相关者与外部利益相关者的交集部分。这些股民对企业的期望除了利润最大化以外，还要求企业对广大股民负责，遵循正确的会计制度，提供公司财务绩效的适当信息，制止内幕交易、非法操纵股票和隐瞒财务数据等不道德行为。

（6）与一个企业有利益关系的其他企业的利益期望。与一个企业有利益关系的企业，如它的供应商、中间商、竞争者。供应商为企业提供必需的生产要素，与核心企业、中间商一道构成产业价值链中的一个组成部分。中间商与供应商对企业的期望是在他们各自的阶段增加更多的价值，中间商期望企业能以合理的价格进到货物，供应商期望企业能按时付款、不拖欠各种款项。竞争者期望与企业进行公平、公开、正当的竞争。

不同的利益相关者拥有不同类型和程度的权力。利益相关者在各自权力范围内产生各自的利益期望。与各利益相关者的利益期望相应的权力，

---

① 李双龙. 消费者与企业社会责任［J］. 湖北经济学院学报（人文社科版），2005（11）.

可以促使企业满足他们的期望。这样就形成了一种交换关系，成为企业的市场。利益相关者对企业的需求、期望就成了交换的内容，即通常说的企业的社会责任。企业成为社会责任的供给者，如果没有企业各利益相关者实实在在的权力与企业权力的较量，企业社会责任是不会存在和得到实现的。利益相关者的权力和利益期望只有相应一致才能对企业社会责任形成有效需求。有些时候，利益相关者的权力是潜在的没有行使，当他的利益期望越多而没有满足时，权力就会充分发挥出来；利益期望不大时，就可以少行使或不行使自己的各种权力。对于利益相关者来说，权力是前提，基于权力基础上的利益期望是最终目标。利益相关者的权力与权力对应的利益期望共同形成对企业社会责任的需求。

3. 利益相关者对企业需求的影响因素

（1）利益相关者权力的大小

不同的利益相关者拥有不同类型和程度的权力。利益相关者权力的指标一般可以分为企业内的利益相关者权力的指标和企业外的利益相关者权力的指标：企业内的利益相关者权力的指标通常包括地位、对资源的索取权、在权力位置的代表、权力的象征等；企业外的利益相关者权力的指标通常包括地位、对资源的依赖程度、契约关系、权力的象征等。[①] 利益相关者的权力来源一般可以分为企业内的利益相关者权力的来源和企业外的利益相关者权力的来源：企业内的利益相关者权力的主要来源是等级（即正式权力）、影响（即非正式权力）、对战略资源的控制、知识和技能、对环境的控制、对战略实施的介入程度等；企业外的利益相关者权力的主要来源是对战略资源的控制、对战略实施的介入程度、知识和技能、企业内部的关系等。利益相关者权力的大小决定了利益相关者利益期望满足的程度。

（2）利益相关者联合程度

各利益相关者影响企业决策的程度与他们自身集中或联合的程度有

---

① 江若尘. 大企业利益相关者问题研究 [M]. 上海：上海财经大学出版社，2004：291-292.

关。例如目前的 8 小时工作制及法定最低工资制等，就是工人阶级坚持不懈的联合斗争的结果。西欧及北欧由于产业工会强大，他们在与雇主谈判决定工资福利方面发挥着重要作用，使这些国家同一产业的企业工资福利差别较小；而日本产业工会对劳动力市场缺乏控制力，因此企业之间工资差别较大。供应商和购买者的权力在很大程度上受到他们集中程度的影响，集中或联合的程度越高，企业就能承担对他们更多的责任。

（3）利益相关者的文化素质和价值观

利益相关者的文化素质的高低以及有什么样的价值观对企业的需求有重要影响。特别是消费者和劳动者的文化素质的高低以及价值观会明显影响到对企业的需求。

市场经济首先是一种消费者主权经济，在各种经济活动中消费者具有主宰的权力，消费成为一切经济活动的核心。生活中的每一个人最终都是消费者，都要消费各种各样的产品。个人作为消费者每时每刻都要消费，在市场经济中，消费行为是一个人重要的行为。在各利益相关者中，消费者是规模最大、数量最多的一个群体。不同的消费行为，对社会造成不同的影响。消费者在消费的过程中，如果自己做到合法消费，比如，消费者合法购买商品，这样也就不存在企业不合法生产、销售商品，企业也不会违反社会责任了。消费者的科学消费观和价值观也影响着对企业社会责任的需求。

劳动者如果文化素质高，拥有法律知识，懂得用法律来保护自己的合法权益，这样对企业的行为就是一个强有力的约束。劳动者在求职和劳动的过程中，如果自己依法求职和参加劳动工作，在事前就避免了企业不承担社会责任的危险。劳动者在就业前就按要求与企业签订好劳动合同，也就不会存在企业不承担劳动赔偿或不付工资而找不到解决办法的问题。

（4）政府法制的健全与否及执行力度

对于企业利益相关者责任的需求，法律的作用也是双方面的：一方面，相关法规中的责任条款可以使企业利益相关者的损失得到补偿；另一方面，法律对弱势利益相关者的救济可以增强利益相关者的谈判力，并强化其对企业利益相关者责任的需求。各利益相关者权力的重要保证和兑现，一是要借助于政府的力量或政府制定的法律、法规、政策，二是各级政府以及部门对已有的健全的法制贯彻执行到位。如果仅有法律法规条文，没有贯彻执行机制也是不行的。地方政府和中央政府的关系以及执政能力也会影响法律的贯彻执行。

企业各利益相关者由于各自拥有的权力不同，基于权力基础上的利益期望也会不同。各利益相关者的权力的大小以及基于权力基础上的利益期望的多少直接决定和影响企业社会责任的需求，进而影响企业承担社会责任的态度。企业各利益相关者的权力以及权力基础上的利益期望共同构成了企业的制度约束。企业社会责任作为一种制度安排，既有正式的制度安排，如企业利益相关者之一的政府制定的各种法律法规和政策制度等；也有非正式的制度安排，如各利益相关者对企业的伦理道德要求，社会捐助的期望等。因此企业各利益相关者对企业社会责任的需求，实际上就是对一种制度安排的需求。既有制度本身的需求，也有对制度执行（实施机制）的需求。

4. 权力均衡较量

任何企业与各市场子系统的关系，其性质、形式、数量、范围等等都不是一成不变的，他们必然随着企业内在条件和客观环境的变化而变化：新的关系产生了，旧的关系消失了；有的关系不断扩大，有的关系又可能缩小；有些关系越来越稳定，有些关系越来越动荡；有的关系甚至发生了性质上的变化，如敌对关系变为友好关系，竞争关系转为协作关系，等等。企业的基本关系状态的变化，必然要求企业关系营销的目标、策略、方法进行相应的调整。这种关系变化的结果可能对企业的经营管理产生重大的影响，因此，企业必须用发展的眼光来看待其关系营销管理。

交换双方是在平等自愿等价的条件下交换的。但现实中交换双方中有主动、被动以及双方各自的影响力、权力、实力大小的不同。通常在价值链各环节中的供应商、制造商、渠道商到最后的终端顾客市场，一般是以制造商为核心企业并主动成为关系的营销者，其他成为顾客。不过，在现实中交换双方权力的大小是不同的，如店大欺客，卖方/买方市场。如果交换双方影响力或权力不平等，关系难成立。主动与被动的态度与影响力或权力的大小影响和制约关系。如下表 3-7。所以在选择关系对象时一定是与自己权力或影响力相当的才有持续关系的可能。

表 3-7　态度、权力与关系成败的矩阵表

关系成败		影响力/权力/实力	
		大	小
态度	主动	成功	可能成功
	被动	可能成功	必然失败，没有关系

（四）衍生市场关系营销

衍生市场关系营销是在一般市场营销基础上对广义顾客下的衍生市场关系对象的营销。如下图 3-4。

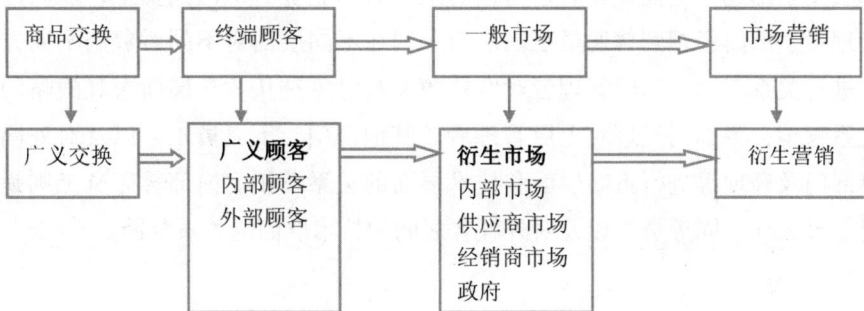

图 3-4　市场营销与衍生市场关系营销关系图

企业面对各利益相关者构成的衍生市场要协调处理好彼此之间的关系就要进行衍生市场关系营销。不同行业企业利益相关者也不同，同一行业不同地域不同时间不同企业利益相关者也不同。同一利益相关者对不同企业重要性不同，其权力以及需求也不同。根据相关性和重要性，企业确定自己的利益相关者对象范围，然后对每一市场客户对象根据不同的标准进行细分，并分别按照他们不同的要求，结合自己的利益，以营销的方式协调、处理两者之间的关系。衍生市场关系营销分为自然关系营销和开发关

系营销。政府市场关系营销是自然关系营销。对于政府市场的自然关系营销，要求首先面对具体政府市场对象进行细分并分析其具体目标、要求及行为特点，然后对不同具体对象，根据其各自不同行为特点制定相应关系策略，并深入沟通。员工、供应商、渠道商关系营销属于开发关系营销。对于开发关系营销，企业面对其他各利益相关者衍生市场首先是寻找选择（按企业目标或要求标准）细分，或细分基础上的选择再细分。然后分析其不同细分衍生市场的具体的目标、要求、问题、行为特点等情况，最后是根据其具体要求、目标、行为特点等情况制定相应关系策略。无论是建立关系还是发展或维系关系都要经过细分、调查（发现需求）、满足需求（提供价值）、沟通（建立信任）的过程。同时企业面对衍生市场还要进行品牌关系营销、人员关系营销，以及与其关系的竞争与创新。

衍生市场关系营销与营销一样有三个层面，哲学层面、策略层面和技术层面。因此，企业顾客关系营销的主体有从企业、部门到员工，从高层管理者、部门经理到普通员工。他们分别在不同层面对不同对象用不同方式进行关系营销。高层管理者对内外各关系对象是从哲学层面宏观战略的关系营销，各部门经理对上层管理者、其他部门、下属员工，以及对外同等部门及经理等进行策略层面和技术层面的关系营销。内部普通员工则是对上级领导、同等员工以及对外顾客之间的技术层面的关系营销。

二、内部市场关系营销

1. 内部营销

传统营销理论对企业员工的态度秉承了西方主流企业理论和古典管理理论的思想。假设企业的目标是追求利润最大化，认为企业是股东的企业。将人视为被动与消极的因素，把他们看成是"经济人"，忽视了人的情感、心理因素，将人视为机械的附属物。企业的治理结构采取的是单边治理。企业的决策权集中在所有者及其代理人手中，企业员工只是处于被管理、被支配的地位，将员工当成决策的具体执行者，忽视人力资本的价值，所重视的只是"管理者当局"的作用。关系营销理论结合行为科学的"人本管理"思想与企业利益相关者理论认为，现代企业是一个由物质资本、人力资本与社会资本集成的组织。企业是利益相关者的企业，员工（包括经营者）是企业组织的主体。员工在企业里对企业有各种各样的要求，企业只有不断满足员工的需要，员工才有积极性，企业才能成长。员工是企业的生命主体，管理者必须面对完整的社会人，而不只是他们的技术与能力，要认识到员工的需要、想法和愿望，满足他们的物质需求与精神需求，并让员工积极参与到企业的经营管理决策中来，真正发挥员工的主人翁地位。企业应追求通过员工的成长来实现组织的成长。人力资源管理理论中，管理者与员工之间是监督与被监督、激励与被激励、约束与被约束的上下的关系。内部营销理论是把员工看作顾客，所有员工构成企业的内部市场。企业（或管理者）与员工之间是平等的交换关系。管理者以积极主动的态度成为营销者，去发现不同层次不同部门员工的各自不同的物质、精神需求并针对性地满足他们的需求，让员工满意并做到员工忠诚，最终实现外部顾客满意和忠诚，进一步实现企业战略和目标。格朗鲁斯（1985）将内部营销定义为：通过在公司内部采取类似外部营销手段的方法以及在内部进行类似营销的活动，激励员工树立顾客意识和销售意识，形成市场导向的思想。[①] 拉英祺和阿曼（2002）综合前人研究成果，对内部营销重新定义，基本内容包含了员工激励和员工满意、顾客导向和顾客满意、内部职能部门的协调与整合、营销措施、公司战略和职能战略的执行。这一概念较为完整地反映了内部营销的基本内容，对企业实行内部营销具有现实的指导意义。

2. 内部营销者和顾客

内部顾客是指企业内部的员工、股东、各个部门。企业和内部员工、股东、部门即使有上下级关系，由于它们之间也有交换，彼此之间也是顾客关系。这样企业内没有上下和层次之分，上下级权力大小关系变为平等的交换关系。职级顾客相互之间是任务与条件的交换。上下级人员和部门之间不是单向顾客关系，而是互为顾客。在任务上，上级是顾客，下级是

---

① 系红妹. 内部营销概念的演变以及内部营销的实施 [J]. 国际商务研究, 2003 (5).

侍主，侍主必须尽一切努力按质量完成任务，让顾客满意。但在条件上，下级是顾客，上级是侍主，上级必须尽一切努力提供下级完成任务的条件，让下级满意。职能部门之间由于相互提供服务构成顾客关系，接受服务方称之为职能顾客。生产经营上，工序与工序之间，由于存在产品或服务的提供与被提供关系，所以是一种顾客关系，被提供产品或服务的一方，就称为工序顾客。从整体上，企业与所有股东、各职能部门和全体员工之间就是内部市场关系。

内部市场包括企业内部的各个职能部门和全体员工以及企业的广大股东。根据人员在企业中所处的层次分为：高层管理者、中层管理者和基层员工。在企业中，他们各自在责权和对企业及工作的态度方面都存在较大差异。在这里，高层管理者与中层管理者、中层管理者与员工之间不是上下等级关系，而是平等的交换关系。高层管理者对于中层管理者，中层管理者对于员工，成为内部营销的主体——营销者。中层管理者成为高层管理者的市场，员工成为中层管理者和高层管理者的市场。

管理者把员工看作顾客、合作伙伴、同盟者，将满足顾客需求的理念用于满足员工的需求。管理者认真分析员工的需求并将其进行细分，判断哪些需求有助于组织目标的实现，哪些则阻碍了组织目标的完成，然后设计出相应的制度有针对性地满足员工的有益需求，消除控制有害需求，只有这样才能提高员工的工作积极性和满意度，员工才能满意和忠诚。管理者由过去的高高在上的监督者、控制者变为部门与员工需求的发现者、满足者及营销者。

3. 内部营销的必要性和目标

企业中大多数对营销结果有直接影响的人不在营销部门，他们有自己的本职工作，但同时承担着重要的营销职能。交换双方要参与到交换的整个过程。交换双方的接触往往是多层次多方面的。顾客不仅关心交换的结果（产品或服务），也关心交换过程。无论是线上还是线下，有形产品还是无形产品，顾客为了交换结果，在交换过程中又由产品、服务的原发需求引发了相关的更多的对人、事、物的物质的、精神的，经济的、社会的需求。特别是对于其中接触到的相关的人员，他们对顾客有直接间接的影响，成了营销者的角色。如服务企业中的一线服务人员，在产业市场企业的技术人员，企业老总，他们都扮演着重要的营销角色。企业领导的言行以及在公开场合的抛头露面无形之中强化了企业形象，间接地促销了公司的产品，是公司的首席推销员。对顾客关系和企业产品销售产生了影响力。既然企业中许多非营销部门的人实际上都承担着重要的营销职能，那么，企业就应该充分利用这种资源优势，充分发挥这些业余营销人员的潜在价值。要让他们认识到他们所扮演的营销角色及其重要性，并使得他们具备良好的营销技能。因此，业余营销人员应该成为专业营销人员进行内部营销的重点目标。

在很大程度上，员工满意是保证顾客满意的前提和基础。特别是一些服务行业的企业，更是如此。员工的满意度和忠诚度直接影响到顾客的满意度和忠诚度。忽视员工需求，员工的不满意情绪必将影响服务质量，影响顾客的满意度。首先员工影响产品或服务质量，影响品牌关系。在交换过程中，一些员工难免要与顾客直接或间接接触，其言行形象态度直接影响顾客关系，同时其言行形象态度折射到公司/企业品牌上面，也会影响品牌关系。顾客忠诚度需要员工的满意度和忠诚度。因此内部营销是外部营销的基础并服务于外部营销。外部营销是企业面对外部市场、面对目标顾客的营销。内部营销则是企业面对内部员工的营销，二者交互营销一起构成了企业营销战略整体。不过，对于医院、餐厅等服务行业企业来说，内部营销，不仅是人员营销，还有内部环境、流程的营销。如饭店的内部环境营销，透明、展示、装饰、设计、员工、流程、内部音乐；外部营销包括：顾客的营销、选址、招牌、门口音乐、广告等。

内部营销有助于企业建立市场导向或顾客导向并消除部门间的冲突。企业组织中部门间有严格分工和各自明确的职责，产品销售则被看成是营销部门的事。企业的成功有赖于在企业范围内建立市场导向。只有通过内部营销让人们认清这种客观上存在的内部交换关系，才能促进部门间的合作，在企业范围内真正建立顾客导向。内部营销可以克服内部阻力，促进组织变革。企业任何一项变革和创新总具有不确定性，会遇到阻力，企业需要借助内部营销来创造一个推进内部变革的环境，使员工理解和支持公司的行为，保证变革方案的顺利实施。

（2）内部营销目标

内部营销的目的就是协调和促进企业内部各种关系，培养和维护企业员工的协调合作精神，消除各部门之间的冲突，实现顾客导向和跨职能整合，从而促使企业战略得以顺利实施，使企业具有持久的竞争优势。对企业而言，经济效益是企业最根本的目标，从这个意义上说企业必须把重心放在外部市场上，而不是内部员工，但影响顾客对企业的认识和未来的购买行为的关键因素是员工的顾客导向意识、服务意识与服务技能，所以服务人员及为服务人员提供服务的辅助人员是十分重要的。因此，内部营销的主要目标是通过在企业内部建立通畅有序的服务信息系统，创造良好的内部市场氛围和内部和谐的环境，以培养有顾客导向意识的员工，以便更好地为外部顾客服务。

对企业而言的顾客关系就是顾客满意以及顾客满意基础上的顾客忠诚。顾客关系影响企业利润，包括短期利润和长期利润。就交换主体而言，顾客关系一是品牌关系，二是人员关系。人员关系就是顾客与企业人员的关系。企业员工满意导致员工忠诚。员工满意和忠诚有利于顾客满意；顾客满意基础上的顾客忠诚就是企业期望的顾客关系。而员工需求满足员工才满意，顾客需求满足顾客才满意。员工满意不一定顾客满意，因为顾客满意既有品牌满意，也有人员满意。况且顾客满意不一定顾客忠诚。内部市场营销的目的是使员工满意和员工忠诚，但员工满意和忠诚是顾客满意和忠诚的一个基本先决条件，不是充分必要条件。

员工满意与顾客满意的关系是怎样的呢？员工满意影响顾客满意，但不是顾客满意的决定因素。员工满意影响员工工作态度，但不直接影响员工工作能力，即使对员工能力有影响也不大。在员工满意基础上还需要对员工进行培训，培训员工的服务意识、顾客导向意识以及对员工能力提升的培训或采取激励员工提升自己的能力的措施。这些对顾客满意是有直接影响的。员工满意的影响因素有：员工需求（员工期望、实际获得）、公平比较，[结果公平、过程公平，外部公平（同行业、不同行业）、内部公平]等。顾客满意影响因素一是顾客需求，二是竞争。顾客需求有结果需求，也有过程需求。结果需求是指顾客对产品/服务、品牌的需求。过程需求包括，人员需求（员工满意影响员工态度、能力——员工绩效）、企业合理的管理制度和高效的服务流程的需求。如星巴克、肯德基、麦当劳等员工满意与顾客满意的不一致性。因此，产品/服务类别，员工类别，服务员工类别，员工工作的影响因素如态度、技术、能力、颜值/形象等类别的不同导致员工满意与顾客满意的关系和结果是不一样的。不同产品/服务，在员工工作过程中，对工作的影响因素颜值、态度、能力的重要性也是不一样的。能力大于态度的，如医生、理发师、厨师、大学教师；态度大于能力的，礼仪类的服务，如前台员工。

4. 内部营销程序

内部营销主张在组织内部运用外部营销的技术和方法，来实施组织内的管理，主要工具有内部市场调研、内部市场细分、内部市场定位及内部营销策略。

（1）内部市场调研

内部市场调研是内部营销的第一步。内部市场调研的技术和方法有观察法、专题讨论法、问卷调查法、实验法、设立员工投诉热线、总经理接待日、面对面谈话与员工各抒己见等。调研方式既可以按随机抽样，也可以专门指定范围进行；既可以定期调研，也可以不定期调研。内部市场调研员工怕暴露自己的真实想法对自己不利，因此要注意调研的方式和调研结果的保密性。内部市场调研的对象包括在职员工，潜在员工和已离职员工。对潜在员工的调研一是了解职业市场的总体状况，对本企业的认知程度和印象，以及期望的工作类型、事业方向、支持环境和薪酬等。对已离职员工调研其离职原因，促使企业对现有的各种人力资源政策进行反思。对现有在职员工主要调研他们的需求、愿望和目标。这是内部市场调研的重点。了解员工的个人基本状况，如个人专长、技能、人格特点等，调研员工的需求与欲望，调查企业各种政策对于员工的影响及员工对工作本身和企业文化的认同程度，对管理者的评价和期望，对内部服务质量的要求等。不同类型、不同级别的员工有各种不同的需求，需求的侧重点也有所不同。如果员工的需求长期不能得到满足或不渴望得到满足，员工就会产生不良情绪，失去工作热情，甚至干脆跳槽。

（2）内部市场细分

举一个有趣的例子，一群商人在一条船上谈生意，船出了故障逐渐下沉，必须让乘客跳水。船长知道这些商人的文化背景不同，必须采取不同的方式去说服他们。对英国商人说："跳水是一种体育运动"，英国人崇尚体育，听完即跳。对法国商人说："跳水是一种时髦，你没看见已经有人在跳了吗？"法国人爱赶时髦，也跟着跳下。对德国商人说："我是船长，我命令你跳水"，德国人严守纪律，服从了命令。对意大利人说："乘坐别的船遇险可以跳水，但在我的船上不行"。意大利人有逆反心理，说不让跳他偏要跳。对非常现实的美国人说："跳吧，反正有人寿保险，不跳就死定了"。对中国商人说："你家中还有80岁的老母，你不逃命怎么对得起她老人家的养育之恩！"从这一夸张幽默的故事中可以悟出一个道理：受不同文化、环境熏陶的人，其人生哲学、价值观、追求迥然相异，对其管理也应有所不同。内部市场营销也是如此。内部市场细分主要是对员工按照不同的指标进行细分。根据员工在企业中的贡献作用大小，员工与顾客的接触程度，以及员工自身方面的能力技术水平，性别、年龄、家庭情况等影响员工需求的因素指标进行细分。

根据员工与客户的接触程度及参与营销组合的程度，可将内部员工分为：接触者、影响者、改善者、隔离者，如表3-8。

表3-8 营销过程中的员工分类

	参与常规营销组合	不直接参与营销组合
频繁或定期与客户接触	接触者	改善者
偶尔或不与客户接触	影响者	隔离者

接触者是最直接的营销人员，如柜面人员和负责商品促销的营销业务员，其工作状况对营销效能有很大的影响。从内部营销的要求来看，接触者需要的是良好的营销培训，以提高其对客户需求的响应能力。改善者主要指接待人员、电话总机员等。虽然他们不直接参与常规营销，但与客户

有较多接触。因此，他们也需要对公司的营销战略和基本要求有明确的概念，以便响应客户需要。影响者主要指营销组合的设计人员和调研人员。他们虽很少与客户接触，但其从事的是技术性和专业性很强的工作，对营销战略的实施起着重要作用。他们对办公条件和知识更新的要求较高。隔离者是指后勤部门、人事和数据处理部门等。在传统的营销活动中他们的重要性受到忽视，因此，这是内部营销中特别需要强调的一族。从内部营销的角度出发，他们需要建立起内部客户观念，按照营销学的原理发现并充分满足其他部门和员工的需求。

（3）内部市场定位

根据目标和任务需要，正确选择、合理利用、科学考评和培训人员。以合适人员去完成组织结构中规定的各项任务，从而保证整个组织目标和各项任务的完成。另外，公司与人员的相匹配不仅包括公司提供的职位与员工的兴趣和能力相匹配，而且包括公司发展方向与员工的职业生涯规划相匹配及企业文化与员工的人生观、价值观相匹配。最重要的一点是企业文化和员工的人生观与价值观相匹配，因为个人的价值观是由遗传、民族文化、父母行为、所受教育、朋友与其他因素的影响而形成的，是相对稳定和持久的。同样，企业文化受到组织创始人的强烈影响，并经过高层管理人员的长期强化，一旦形成，就难以更改。如果两者不匹配，将会给双方带来损失。为解决这一问题，就应在招聘和甄选中，采用多种科学的测试方法，对员工的性格、能力、心理和价值取向进行测试，从而挑选出与公司相匹配的员工。

（4）内部营销策略

①产品

内部营销的产品是内部市场对象要求和目标所在，是令人关心在意的部分。内部营销的产品范围较为广泛，涉及公司希望员工认同和接受，并可以从这一认同获益的所有事物。主要包括企业向员工提供的工作、企业愿景、企业向外部销售的产品或服务。独具特色的企业文化是内部营销的核心，能让员工产生巨大的影响力和凝聚力，同时也是员工的一种精神和信仰需要。如制度文化中的"工作流程"或"工作标准"，即企业应该设计怎样的工作流程，是否要求员工严格按照工作流程为顾客提供服务。例如在迪斯尼、IDM，企业要求员工严格按照标准化的流程为顾客提供服务，甚至员工对顾客所说的每一句话都应该是标准的。而在联邦快运，它的文化却要求员工突破条条框框的限制，根据实际情况采取不同的解决方式，以顾客满意度最大化为目标。因此，企业应根据各自的实际情况，选择适合自己的制度文化。除此之外主要是员工合理恰当的个性化、差异化的要求和个人目标的满足和解决。比如信任员工，承认和尊重员工的个人价值的需要；参与决策的需要；培训的需要；充分授权的需要等。还有，在物质和精神需求上不同员工不一样。股东关心企业的经营管理状况，企业则向股东定期汇报企业经营状况，尊重股东的特权意识，加强股东的信息沟通。① 不同部门管理者的目标、要求不一样。关心在意的方面也不一样。应加强部门间关系管理，重视部门间的活动，因为竞争优势经常来源于整合部门关系，整体功能大于部分功能之和。企业能识别和挖掘既相互区别又相互联系的部门活动之间的关联，并对既相互区别又相互联系的各部门的目标和政策进行统一协调。

②沟通

沟通是对员工进行教育、激励、授权的前提与途径。尤其是一线员工的沟通。他们与客户接触最为频繁，最易得到客户差异化、个性化及需求变化的信息，发现服务中存在的问题，他们的建议极具价值和可操作性。员工的建议若得不到高层管理者的重视，就会挫伤其工作的积极性、主动性与创造性。经常了解员工需求，倾听他们的意见和建议，尤其要注意他们的各种抱怨，从中发现问题。

沟通的内容。向员工宣传企业的理念、企业的发展规划、企业经营状况及财务状况等。宣传企业的产品，使员工能够正确认识产品的利益，从而努力地工作。了解员工的情况和要求、想法。

沟通渠道应广泛多样，如公司内部刊物、员工手册、宣传单、电视、广播、信件、电子邮件、多媒体工具、手机短信、面对面等方式，鼓励员

---

① 王方华，洪祺琪. 关系营销［M］. 太原：山西经济出版社，1998：147.

工积极开展网上互动交流。应将传统沟通渠道与现代网络技术相结合，发挥各自的优势，促进信息的多渠道流动。

沟通方式应多样化、差异化。根据克希尔的观点，员工按性格特质可分为内向型、外向型、感情型、直觉型等不同的类型，应该根据不同类型员工的性格特点使用不同的沟通方式。例如：对于内向型特质的员工适合鼓励其表达观点，一对一沟通，书面沟通效果更好；对于外向型的员工，则以群体沟通为好，进行面对面的沟通。① 克希尔的观点告诉我们沟通的思路，那就是充分了解员工，根据其性格特点寻找适合的互动沟通方式。这也是提高员工满意度的一个重要方面。同时管理者在重视组织内正式沟通方式的同时，也要特别注意非正式的沟通方式，建立与员工个人的、适当的、深厚的情感，可进一步提高对员工的激励作用，提高服务质量。②

三、供应商市场关系营销

供应商市场是指为企业提供设备、水电、资金，原材料、半成品，劳动力、技术和信息等生产过程所必需的资源的组织。这里的供应商是广义的，包括企业的一切人、财、物的供应者，如银行。企业与供应商的关系决定和影响企业产品的质量，进而影响顾客价值。企业首先是寻找并按照企业自己的标准选择合适的供应商，然后与其进行关系营销。

1. 制造商对供应商的要求、目标

制造商对供应商的一些要求，如有明确目标、关心顾客 、有进取心、用户与生产商之间的合作；基于设备的兼容性选择供应商，以及零缺陷政策、准点运输、鼓励创造性思维。

2. 寻找、选择供应商

企业通过不同方式寻找供应商，并按照自己的标准评价选择合适自己的供应商。企业和供应商之间也是一种交换的顾客关系。企业选择并与之

---

① 丹尼斯·J. 克希尔. 内部营销 [M]. 北京：机械工业出版社，2000：11.
② 梁威. 论内部营销策略组合及其应用模型 [J]. 现代管理科学，2003 (4).

建立联系的所有供应商构成企业的供应商市场。

3. 供应商市场细分

企业和供应商市场的关系，首先分为企业和供应商组织间的关系和两个组织人员间的关系。

（1）企业和供应商组织间的关系，依据供应商对本单位的重要性和本单位对供应商的重要性，可对供应商进行矩阵分类，如下表3-9。

表3-9　供应商市场细分表

		对供应商的重要性	
		重要	不重要
对本单位的重要性	重要	伙伴型供应商	重点型供应商
	不重要	优先型供应商	商业型供应商

本采购业务对于供应商非常重要，但对于企业却并不十分重要，这样的供应商无疑有利于企业，是企业的"优先型供应商"；如果本采购业务对供应商无关紧要，但对企业却是十分重要的，这样的供应商就是需要注意改进提高的"重点型供应商"；那些对于供应商和企业来说均不是很重要的采购业务，相应的供应商可以很方便地选择更换，那么这些采购业务对应的供应商就是普通的"商业型供应商"；如果该采购业务对于供应商非常重要，供应商自身又有很强的产品开发能力，同时该采购业务对企业也很重要，那么这样的供应商就是"伙伴型供应商"。[①]

（2）企业与供应商人员间的关系。包括企业与供应商高层管理人员之间的关系，企业采购部门负责人与供应商销售部门负责人之间的关系，以及企业采购人员与供应商销售人员之间的关系。也有可能存在企业技术人员与供应商技术人员之间的关系。

---

① 李会太.方法：打造伙伴型供应商关系.http：//news. sohu. com/20061123/n24657
2167. shtml.

4. 供应商市场分析

通过个别交流、互访活动、定期（或不定期）会议、媒介沟通、向供应商提供《供应商手册》和传单等方式与供应商沟通。了解各供应商的情况，他们各自关注什么？他们各自的目标是什么？有什么问题困难？明确不同供应商的目标和具体情况。

5. 定制营销对策

根据前面对各个供应商情况的了解，分别有针对性地对其制定关系策略。企业通过一系列具体营销措施，推进与供应商的良好合作关系。在企业采购部及有关人员与供应商及其人员及时沟通并对供应商进行分析研究的基础上，对供应商利益进行具体考虑。

采购部门的主要职能任务是从少而优的供应商那里采购价值最高的材料。企业必须与供应商进行有效的双向沟通，相互交流，促进了解。向供应商提供手册、传单，为供应商提供最新资料、信息，宣传企业采购政策、工作程序、人员配置等，加强联系与沟通，维护并稳定彼此关系。应当让供应商了解企业的生产情况和经营计划，使之明确企业所需产品和原料的数量、质量和期限；同时，向供应商提供自己的经营计划和经营策略，使供应商明确企业对自己的希望，有利于企业对供应商的要求的实现。制造商向供应商提供电子订货自动转换系统，制造商只要把订单直接输入计算机，订单就会自动输送给供应商。例如，施乐公司通过计算机终端向供应商提供其生产进度表，使供应商的元器件能及时运来。[1]

6. 竞争

制造商有时可能与同行对同一供应商存在竞争，因此要考虑多个供应商，在位供应商与候选供应商。这不是不忠诚，而是让自己有多个采购方。①通过保持足够的货源以确保竞争性来增强购买时的砍价能力，但货源又不宜过多，以使自己对于每个货源都是一位重要的买方。②选择那些相互有竞争的供应商，在他们之间进行购买分配。③随时改变给供应商一定的成交比例以使其不把它看作是一种权利。④不时征求新的供应商的提

---

[1] 王方华，洪祺琪. 关系营销［M］. 太原：山西经济出版社，1998：223-225.

议，以检验市场价格和收集技术情报。⑤用承包年购买量、分期交货来代替经常性的小批量购买，以加强购买规模的力量。⑥寻求与竞争对手或其他子公司一起合伙购买的机会。⑦任命高素质的购买经理（采购副总裁），以采取更高级的采购方式。⑧在信息上投资以求更好地了解供应商的成本和市场情况。未来的趋势是制造商越来越乐于与可信赖的供应商签订长期合同，制造商们倾向于在他们工厂附近选择少数能够提供优质产品的供应商。

四、中间商市场关系营销

渠道就是路径。营销渠道是指配合起来生产、分销和消费某一生产者的产品和服务的所有企业和个人，包括参与到某种产品供产销过程的所有有关企业和个人，如供应商、生产者、中间商、辅助商（如支持分销活动的仓储、运输、金融、广告代理等机构以及最终消费者或用户等）。营销渠道分为进入和输出渠道。进入渠道就是企业的人、财、物、信息来源渠道，如前面讲到的供应商就是企业的进入渠道。输出渠道就是企业产品、产成品及其相关信息输出的路径，即通常所说的分销渠道、销售渠道、通路以及信息传递沟通渠道。分销渠道是顾客交换产品的具体地方和场所，分销渠道成员即中间商。中间商市场是销售渠道中企业产品和服务的经销商或代理商，包括零售商和批发。中间商是介于制造商和顾客之间的环节，企业要通过中间商（分销商）将产品销售给顾客，因此分销商（中间商）比企业更直接地面对企业的顾客，尤其是零售商还可能在一定程度上影响顾客的购买决策。其提供的服务也影响顾客价值，间接影响制造商的顾客关系，所以企业协调处理好与中间商的关系也很重要。企业首先也是寻找中间商成员并选择合适自己的，然后与之协调处理好关系。

1. 分销渠道设计

分销渠道设计主要包括渠道相关的长度、宽度、广度、关系、政策等方面。渠道长度又叫渠道层次。产品从企业到消费者过程中是否经历中间商或要经历几个中间商环节。渠道宽度是每个中间商环节上中间商数量的多少。渠道广度是渠道系统的类型。渠道关系是指企业与中间商渠道成员之间的关系。渠道成员关系有代理关系和经销关系。代理关系的条件是：新产品、工业品、单位价值高的产品；经销关系的条件是：成熟产品、单位价值低的产品。它们之间分为销售人员与中间商关系、制造商与中间商关系类型。制造商与中间商关系分为管理、合同、合伙；战略、伙伴、一般等关系类型。渠道政策或渠道制度是企业与中间商相互之间约定的权责利义等内容。渠道政策具体主要是制造商对中间商的要求及目标。如经营能力、经营水平、周转能力，通过中间商建立顾客信任、传达企业信息、提高客户满意度，节约成本、降低风险，改善物流、资金流和信息流，实现良好的渠道控制，帮助减少或消除渠道冲突等。

2. 寻找、选择中间商成员

通过广告、会议、人员销售等方式寻找中间商渠道成员，并按照企业设计的中间商标准要求评价选择适合自己的中间商，签订合同建立关系。企业同签订了合约的中间商成员之间也是一种交换关系，彼此成了对方的顾客。企业所有的中间商成员顾客构成企业的中间商/渠道商市场。

3. 中间商市场细分

符合企业要求标准的建立合同关系的所有中间商成员构成中间商市场。中间商市场细分主要是对已经建立关系的中间商成员按照一定的标准对其进行分类。中间商市场细分与进入渠道的供应商市场的细分步骤总体一样。

中间商市场首先细分为企业和中间商组织间的关系与企业与中间商组织人员之间的关系。

企业与中间商组织之间的关系按照合作紧密程度可以分为三类：合作关系、合伙关系和分销规划，合作的程度依次增加。按照合作方式和主导企业对中间商的控制程度可以分为公司型、管理型、合同型。[①]

其次是企业与中间商人员间的关系，包括企业与中间商高层管理人员之间的关系，企业销售部门负责人与中间商采购部门负责人之间的关系，以及企业销售人员与中间商采购人员之间的关系。

---

① 屈云波等．营销企划手册［M］．北京：企业管理出版社，2008：98-103.

4. 分销渠道商市场分析

在细分基础上对各中间商的目标、要求、关心的问题、行为特点等进行分析。中间商的需求受中间商自身的权利大小以及与企业权利比较影响。通过沟通调查经销商，了解分销商的信用和财务状况、声誉、企业文化和价值观、管理能力及其连续性、销售能力和销售绩效等。对于经销商主要关心的问题，2000 年一家咨询公司针对中国工业界的近百个经销商进行了调查，调查结果如下表 3-10 和表 3-11：

表 3-10　经销商选择生产企业时考虑的主要因素①

主要因素	百分比%
产品品质好，与现经销的产品对路	66.66
生产企业声誉好，规模大	50.00
经销政策好	50.00
偶然的机遇	5.55
有私人关系	0.00

表 3-11　经销商对各项经销政策的关注程度②

主要经销政策	百分比%
价格	77.77
广告支持	61.11
供货及时	55.55

---

① 张国寿．经销商管理手册［M］．广州：广东经济出版社，2002：104-105.
② 张国寿．经销商管理手册［M］．广州：广东经济出版社，2002：104~105.

续表

主要经销政策	百分比%
技术支持	50.00
售后服务	44.44
销售返点	16.66
其他	5.55

5. 定制关系营销策略

根据前面对中间商市场的分析，针对不同中间商的特点制定相应的策略。

（1）利润和资金支持。为经销商提供优质满意的产品。价格公平合理确保经销商的利润。供货及时，并有保证。与经销商分担广告费用，既展示了企业的实力和信心，又帮助经销商吸引消费者。给予经销商额外的报酬或奖励等。提供资金以便销售渠道可以向买方提供信贷；为销售渠道的人员、设施和附加活动的投资提供补贴。

（2）培训和广告支持。提供销售服务，如举办销售培训班，培训销售渠道中的工作人员。提供销售渠道使用的广告和培训资料。

（3）技术帮助支持，包括技术说明、操作、使用、维修、零配件知识等，这集中体现于经销商的售中、售后服务的质量和水平。

（4）管理支持。在经销商的内部管理上给予协助与建议。

与经销商的信息沟通。通过推销员、销售管理人员、市场营销经理及公共关系人员等及时与经销商进行信息和情感交流，努力保持经销商利益与企业利益的一致性，增强对企业的信心。[①]

如美国的一些汽车制造商经常通过为经销商提供零售技术来赢得经销

---

① 王方华，洪祺琪. 关系营销［M］. 太原：山西经济出版社，1998：228-231.

商的诚信与合作。一方面制造商帮助经销商调整商店的店面布置，进行一些必要的投资以创造或改善汽车零售环境；另一方面，有实力的制造商给经销商制定产品展示计划，甚至零售方案，并为他们提供切实可行的操作指导。有时，制造商还会对特约经销商的员工进行培训，包括技术、产品知识、为顾客服务的意识等内容，以提高经销商员工的能力。如美国克莱罗公司是生产系列化妆品的大公司，该公司成立一个永久性培训中心，免费培训经销商及全国各地美容店的美容师，让他们充分了解新产品的特点、使用方法、美容技巧，以及产品最佳搭配效果等知识。凡受训结业人员均可获得一份证书、一本教材和一本操作规程手册。虽然公司每年培训费用支出高达 100 多万美元，但产品销量在 10 年间提高了 25 倍。

五、政府市场关系营销

所有市场按照购买方式可以分为两大市场：直接购买消费市场和代理购买消费市场。消费者市场是直接需求的直接购买市场，交换主要以产品、服务质量和特色为标准。组织市场是间接代理购买消费市场，而政府市场就是一个代理购买消费市场。政府机构和政府官员代理国家和人民消费，间接需求消费，支付的是人民的、国家的钱，不是自己的钱，因此容易形成关系市场。大工程、大项目都是政府、政府机构、政府官员在代理人民与一些企业和个人进行交换，而且政府和政府机构都是由政府官员和职员构成的。他们不仅代理国家和人民消费，也有个人和家庭的衣食住行用等方面的直接消费，并且是政府支出的，因此几乎所有的行业产品都可以涉及政府市场。几乎每个企业的主要关系市场都会有不同级别和地域的政府市场，因此政府制定的政策以及政策变化对多数企业是否经营成功有很大的影响，致使企业依赖政府和政府官员的关系。多数企业在市场经济相对不完善的情况下，形成了强烈的政府导向和关系依赖的经营模式。一项针对民营企业的调查研究表明，超过 75% 的企业认为 11% 以上的利润是来自某些特殊的关系。如果再考虑民营企业面对的基本上是充分竞争的市场，在很多行业年增长率不过 5%~10% 的情况下，关系构建和运作对于企业绩效确实具有重要影响。① 处于经济转型期的中国企业在克服市场失灵的过程中，逐渐形成了关系依赖，不断地检验影响信息流、资金流、价值链上的重要商务关系，整合企业内外部显性或是隐性的资源，为企业创造竞争优势。②

相对于企业的其他利益相关者市场而言，政府市场是无法选择的。企业只能面对和接受政府，特别是民营企业是自然关系营销。民营企业的发展离不开外部环境。地方政府是影响企业外部环境的重要因素，民营企业与地方政府关系中政府总是处于主动和权威地位。但是民营企业不能被动地适应环境，而应该积极主动协调处理与地方政府的关系，使之有利于企业的发展。市场经济条件下，民营企业是权责明确的经济独立体，具有企业权利的独立性和生产经营的自主性。民营企业与地方政府之间的关系不同于传统计划经济体制下的行政隶属关系，是两大经济利益主体之间的经济利益关系。③ 在民营企业所有利益相关者中，政府是一个特殊而又非常重要的利益相关者。政府对企业既要监督约束，又要为企业发展保驾护航。因此在当前形势下，民营企业对地方政府进行科学而适当的关系营销很有必要。

1. 政府市场及其对民营企业重要性

（1）政府市场。我国目前存在中央、省（直辖市）、地（市）、县和乡镇五级政府，除中央政府外，每级政府数量不少，如省级政府有 34 个，地市级政府有 200 多个，县政府有 2000 多个，乡级政府有 3.8 万个左右。④除此之外，各级政府下面还有数量众多的职能部门。企业同这些政府机构和部门以及人员之间有着各种不同的交换联系，他们之间彼此也成了顾客。企业所有的这些顾客构成了企业的政府市场。在所有这些政府市场中，有直接购买企业商品的，也有间接要求企业承担社会责任的；有政府

① 蓝海林，张平. 战略管理：中国情景下的企业战略行为［M］. 北京：机械工业出版社，2011：161-162.
② 蓝海林，张平. 战略管理：中国情景下的企业战略行为［M］. 北京：机械工业出版社，2011：161-162.
③ 屈晓华. 构建新时期民营企业与政府关系的思考［J］. 管理现代化，2003（3）.
④ 邓大才. 论政府市场［J］. 山东社会科学，2004（7）.

组织市场与政府官员市场；有当地地方政府市场与其他政府市场；有政府机关市场与政府职能部门市场；有本国政府市场与东道国政府市场。政府市场对民营企业而言是个重要市场，也是巨大的市场。

（2）地方政府对民营企业的重要性。地方政府为民营企业发展提供外部环境。政府作为政策法规制定与执行者，作为土地、矿产、资金等资源拥有者（投资者），作为地区发展责任者，作为产品和服务购买者，作为本地利益的代表，对民营企业的重要性不可言喻。企业家办企业要长三只眼：一只眼盯着内部员工、一只眼盯着市场、一只眼盯着政府。海尔集团总裁张瑞敏把这称为"三只眼"理论。海尔工业园的建设可以说是运用这个理论的典型例子，邓小平同志南行讲话之后，他们就马上开始着手建造海尔园。

2. 民营企业与地方政府的关系

民营企业的目标是微观主体利润最大化，政府目标是维护社会整体利益。政府是全社会利益的代表，企业作为社会的重要组成部分，政府利益内含企业利益，政府与民营企业不存在根本的利害冲突，在实际经济生活中两者相互依赖，相互支持，共同发展。

（1）具体关系

具体说来，民营企业与政府的关系包括民营企业组织与政府的关系，民营企业家与政府官员的关系。民营企业与地方政府的关系是一种自然关系，对于民营企业来说没有选择。只要民营企业持续经营存在，与地方政府的关系是不可结束的。而企业家与地方政府官员关系是可以结束的，因为官员有任期。在市场经济条件下，民营企业与地方政府之间的关系既有上下的监督与被监督、保护与被保护的关系，也有平等的贸易交易关系。民营企业要协调处理好与地方政府之间的关系，必须明确自己的目标和利益要求，以及地方政府及其各级政府官员的目标和利益要求。因此民营企业与地方政府的关系既有民营企业与地方政府组织的关系，也有民营企业家与地方政府官员的关系。他们之间的关系既有经济关系、政治关系，也有社会人际关系。

（2）民营企业与企业家的目标

民营企业的目标是利润、规模、发展。民营企业发展需要地方政府支持包括政策支持、金融支持 、土地资源支持、税收支持、市场支持，以及信息支持等。民营企业家目标是个人荣誉（社会认同）、政府认同、参政。民营企业家的这些目标的实现一是民营企业目标的实现，二是要实现地方政府和政府官员的目标。

（3）政府与政府官员的目标

地方政府目标是要求企业遵纪守法、发展地方经济、解决就业、依法税收、生态环保。政府职能部门要求企业遵守政府部门规章制度，按章办事。地方政府的这些目标的实现需要这些民营企业发展、支持和遵守法律法规。民营企业发展方式不合规不合法，或者民营企业没有发展，又或者民营企业发展后不承担社会责任，如依法纳税，解决就业，环保问题，这就不能处理好民营企业与地方政府的关系。地方政府官员目标是社会的和谐、职位的稳定和上升、政绩以及灰色收入。灰色收入是法律禁止的是违法的。地方政府官员的合理的目标要通过政府目标的实现，民营企业的发展和支持，以及民营企业家个人关系的协调处理来实现。民营企业通过合法合规地发展起来，并通过自身发展而带动地方经济发展，税收增加，有利于政府目标的实现以及政府官员政绩的提升。

3. 民营企业对地方政府关系营销的对策

企业与政府关系有三个层次：一是在政府规定的游戏规则下行事，遵守法律法规，听从政府安排；二是根据企业自己规模和实力，打擦边球；三是拉拢政府、政府官员参与、合谋做事，或参与共同制定地方、国家政策或行业法律法规。在民营企业与地方政府的各种关系中，不管哪种关系，民营企业为了自己的持续健康发展，为了自己目标实现，都应该积极主动地协调处理好与地方政府的关系，使之有利于企业的发展。

（1）树立科学的政府关系营销理念

首先，将政府关系营销提到战略高度。对于民营企业来讲，随着规模的扩大，企政关系越来越重要，企业必须将其提到战略高度。企业整个的经营活动应以关系营销理念作为企业的指导思想。在此指导思想下，正确认识政府在企业发展过程中的地位和作用，并系统地思考如何协调处理和地方政府的关系。其次，企业应向跨国公司学习，建立政府关系部门，配备相应的人员专门负责政府关系的研究、建立、维持与发展工作。再次，民营企业应当利用组织的力量、系统的力量解决政府关系问题。最后，制定对政府工作的相应制度、程序，以及相应的预算，专门应对和积极赞助地方的各种节日庆典、博览会、艺术节等活动，支持政府的公益活动。

（2）企业对政府机关组织以及下属各部门的关系营销策略

①主动承担社会责任。企业主动承担社会责任既可以支持企业发展，又能实现政府的政治经济目标。虽然民营企业的主要目标是追求利润最大化，但是民营企业在实现这一目标的过程中主动承担社会责任，比如税收、就业、环保、诚信、创新、公益和捐赠、产业结构调整等，这样就会获得社会各界的广泛支持，使企业目标与政府目标一致。反过来，当企业目标与政府目标一致时，政府就会尽最大可能支持企业发展，以实现政府的政治经济目标。

②民营企业努力发展自己，提升自身实力。发展经济是地方政府的主要目标之一。当民营企业发展了，做大了做强了，社会影响和地位提升了，地方政府就会关心关注重视这个企业，而且在资源和政策上都会予以倾斜。获得地方政府资源和支持的第二诀窍就是对地方政府的期望管理。让政府看到自己的未来和期望，以便获得政府资源和支持。

③符合地方政府价值观和需要。当企业需求与政府需求一致时，企业就成了地方政府及当地发展强大的支持者。由于各级政府、各地政府和政府各部门政策重心和工作重心不同，有着各自的差异化需要。因此企业应针对各级、各地、各部门政府需要的差异性，结合企业自身实际给自己定位，为哪一个政府提供帮助和做出贡献。同一地方政府除了基本目标外，在不同时期不同阶段政策侧重有所不同。政策导向决定资源的走向和购买力的转移。企业应结合自己的现实条件根据国家政策阶段性变化带来的商机，及时做出调整，改变产业和产品方向、管理方法与经营策略。①

④主动与地方政府沟通。主动与地方政府部门接触和联系，以便了解政府相关政策法规的变化，使企业能够及时对政府政策的变化做出相应的

---

① 王方剑. 面对官员 [J]. 商界, 2006 (9).

调整。企业通过企业内刊、新闻报道、座谈会、公关活动等多种形式主动向政府传达企业的良性信息。企业高层领导也可统筹带头、主动约请政府主管部门来企业参观或举行会议①，为企业的发展谋求宽松的环境。

（3）民营企业对地方政府官员个人的关系营销策略

当代政治经济学的观点是，政府是由具体的政府官员组成的，而政府官员是有个人利益的理性行为人。② 企业要了解政府机构职能，熟悉机构办事程序等，防止出现走错门、找错人、办错事的情况。不同政府部门对企业作用不同，要处理好与不同部门的关系。同一个政府部门，不同官员对企业的影响也是不一样的。对于那些成败关键取决于非市场因素尤其是政府因素的项目，一定要考虑项目周期与官员任期的关系。企业与政府打交道，既要尊重拍板的人，还要尊重执行的人，最终达到预想的目标和效果。主政官员会追求任期内的政绩。不同时期的政府官员往往站位不同，发展思路不尽相同。面对不同个人需求的政府官员，企业应真正为对方的职位、工作着想。企业家个人、办公室人员、业务人员分别对政府官员个人进行有针对性的营销以满足其不同需求。当然在满足官员个人的这些需求时，必须是合法合情合伦理的，同时也是力所能及的。对于政府官员不合理不合法的要求要坚决直接大胆地拒绝。官商安全是双方交往的最高需求。

（4）明确关系营销主体

除此之外，民营企业应当明确对政府的关系营销主体既有民营企业、民营企业的营销部门以及直接营销人员，还有民营企业家个人。民营企业家个人目标的实现要有利于和服务于民营企业的目标实现和长远发展。民营企业家做企业才是根本和主业，不能为了民营企业家参政等个人利益要求和目标而影响企业的发展。民营企业家作为营销主体还要协调处理好和政府官员的关系。

最后，民营企业和地方政府之间除了平等的贸易交换关系之外，还有

---

① 林景新. 政府关系：跨国企业的营销利器 [J]. 国际公关, 2005 (5).
② 陆铭, 潘慧. 政企纽带：民营企业家成长与企业发展 [M]. 北京：北京大学出版社, 2009：15.

监管与被监管、支持与被支持的上下关系。对于民营企业与地方政府的这种上下关系的处理，一定要明白政府关系只是民营企业所有利益相关者关系之一，顾客关系才是根本，政府关系要服从和服务于顾客关系。[①]

第三节 需求的差异性与定制营销

市场经济经历了四个阶段：供不应求、大众化消费、小众化消费、个性化消费。营销思维也从大众化思维转变到小众化思维。由于收入水平和所处的地理环境、文化环境，以及消费心理、购买习惯等都存在着很大的差别，不同顾客对同一类产品的需求及其消费行为具有很大的差异性。因此任何一个企业都很难满足整个市场的全部顾客的需求。不同社会阶层消费者对产品有不同层次上的需求，企业营销的产品层次也是不同的。企业需要根据一定的顾客需求差异指标如地理、人口、心理、行为等，将某一产品的整个顾客市场细分为若干个不同的细分群体市场，然后结合特定的市场环境和企业自身资源条件选择某些特定的群体市场作为企业自己的目标市场，并针对不同市场制定相应的营销战略和策略。定制就是在顾客个性化需求基础上的柔性产品生产或服务提供。如服装、鞋、酒、茶、钻戒、家具、旅游、礼品等的 DIY（design it yourself/do it yourself）。定制能更好地满足顾客的个性化需求，保证顾客的价值。由个性化需求到个性化设计、个性化原材料、个性化制造（参与）、个性化产品/服务，再到最终的个性化营销，即定制营销。定制营销就是在柔性产品生产基础上的个性化营销。定制营销的基础是数据库的建立以及数据的分析。

一、建立数据库

利用软件、硬件和网络技术，为企业建立一个客户信息收集、管理、分析和利用的客户关系管理系统 CRM。以客户数据的管理为核心，记录企

---

① 李双龙．基于地方政府的西部民营企业关系营销对策［J］．特区经济，2019（5）．

业在市场营销和销售过程中与客户发生的各种交互行为。客户关系管理系统在一个企业内部的成功构建，必须有一些前提和基础做保障。首先，必须得到高层和领导的全力支持。因为 CRM 系统是对原有客户关系管理的升级，其结果不可避免会与原来的营销策略不一致，同时会触及某些人的利益，受到各方的阻力，若没有高层的支持，再好的系统也难以维持下去；其次，必须重视团队的作用。CRM 系统的实施不仅要求团队成员充分了解企业业务流程，而且要求能够将问题与流程结合起来去选择合适的技术，对团队成员的要求较高；再次，必须获得全员的认同。[①]

组建顾客数据库，是定制营销的（数据库营销）的基础。建立数据库就是收集与企业顾客需求及其消费行为相关的数据，并对这些数据资料的甄别和管理维护。

1. 收集潜在顾客数据

收集数据就是收集与顾客需求及其行为以及对其消费行为有影响的所有数据信息。这要求企业全面广泛地尽可能地收集众多顾客的信息。这些信息如地区、收入、职业、学历、年龄、性别、性格、习惯、爱好、价值观，以及电话、地址、E-mail 等联系方式，等等。总之多多益善，越详细越便于了解顾客情况。由于顾客数据信息的重要性和基础性，企业收集顾客数据的方式应多种多样，应尽可能动用企业所有可利用的资源以不同方式方法大范围收集顾客信息。企业可以用直接调查研究的方式通过收集第一手资料获取顾客数据信息。但这样成本高，费时费事。企业还可以利用购买顾客资料、异业交换顾客数据以及吸引顾客主动申请会员等方式获取顾客数据信息。

生产婴儿奶粉的贝因美公司善于运用数据库营销，在顾客数据收集方面堪称典范。他们通过六种方式收集顾客数据，并将收集顾客资料的数量作为营销队伍 KPI 指标进行考核。这六种收集顾客数据资料的方式分别如下。企业成立会员俱乐部，入会直接送礼品，吸引顾客主动申请为会员，以便获取顾客数据资料。通过现场导购促销以及市场调查等活动方式获取

---

① 申星宇．客户关系管理系统的分析与构建［J］．中文信息，2019（1）．

顾客数据资料。打电话询问的几乎都是企业潜在或现实的顾客，因此企业也通过免费咨询电话获取顾客数据信息。通过网络吸引顾客注册、咨询，以获取顾客数据信息。直接从医院、计生委等部门购买获取。企业与早教、宝宝摄影机构、婴童店等行业企业拥有的数据进行异业交换或索取取得顾客数据资料。对于餐饮、美发美容、休闲娱乐业等服务性行业则可以采用优惠甚至免费消费的促销形式吸引顾客主动填写资料，以获取顾客详细信息。同时企业还可以通过比较直接的异业交换、索取来获取顾客资料。[①] 对于电信、银行、医院、学校这些单位获取顾客数据资料天生条件优越，不担心顾客数据信息的收集。其他行业企业可与他们交换直接获得相关顾客数据信息。当然还有政府统计部门、税务部门、工商管理等也拥有一些顾客数据信息，但要取之合法用之合法。

2. 甄别潜在顾客数据

甄别数据就是对通过各种途径收集上来的顾客数据资料的真实性进行核实。企业安排人员全面或抽样检测顾客资料的真实性，主要通过电话复核以及资料逻辑比较等方式辨别顾客数据信息的真伪。其次对收集的顾客资料是否过时进行核查，在对收集的顾客资料进行动态更新。针对收集上来的顾客资料，企业要根据事先锁定目标顾客的生理、心理、行为特征进行筛选、分类，根据与目标顾客锁定条件的吻合度，将收集到的顾客资料按一定标志分类。

3. 顾客数据管理

购买/索取/获得了一些顾客资料后，借助电脑利用一些软件，如 CRM 软件，将大量顾客资料录入、查询、筛选，还要系统地去维护更新它们。如流失的、失效的顾客资料要剔除，新的顾客资料要增加。同时，顾客的年龄是变化的，要自动随着时间的变化修正。

二、分析数据库

优秀的数据分析软件如 SPSS、EXCEL，不仅有一些基本的数据处理功

---

① 数据库营销推广走这三步就对了 -伊思汇（esihui.com）。

能，同时具备界面生动、简单易学与反应快速等特性，而且能提供预警、预测等高级功能。借助这些数据分析软件对建立的数据库资料进行各类分析，让数据说话。普通的数据分析包括了解过去的趋势分析，判断轻重缓急的比重分析等。相对高级的数据分析包括回归分析、交叉分析等，特别是交叉分析在营销界被广泛地运用。如分析顾客年龄与需求，性别与需求，学历与需求，职业与需求，以及收入与需求之间的关系等。更高级的数据分析是深度挖掘发现型分析，如因子分析、差异分析、聚类分析。数据库中，年龄、性别、职业之类顾客特征比较容易获取，难的是顾客群体的心理特征，只有通过数据挖掘技术，进行大量的分析归纳，才能寻找出不同价值观、不同心理偏好的顾客群。

因此，企业必须拥有既懂数据分析又懂营销的高级复合型人才，只有这样才能在客观的冷冰冰的数据与复杂多变的顾客需求、形式多样的营销策略之间搭建桥梁。

三、细分市场

1. 市场细分

经过数据分析，我们了解了消费者的情况和市场的特点，基于不同的需要根据地理、人口、行为、心理指标对整个市场进行细分，然后选择目标市场。在选择了目标市场后，在目标市场的基础上进一步做细分，并根据不同细分目标市场实施定制营销战略。定制营销的完整顺序是，细分市场，选择目标市场，细分目标市场，定制营销，细分客户，再定制营销和服务。定制营销不同于一般营销的是在多次细分基础上进行营销策略的制定。

2. 客户细分

对目标顾客进行再分类，既可以从客户角度细分目标顾客，也可以从企业角度细分选择顾客市场。有学者按顾客价值对客户分类，分为价值（大、好）客户、非价值（小、坏）客户。顾客价值是指顾客终生价值，包括过去价值、现在价值、将来价值。相对于传统的市场份额，人们把顾客终生价值叫作顾客份额。对一个企业来说，顾客终生价值大的客户，通常市场份额小，根据二八定律，抓住大客户就能给企业带来利润。顾客终生价值小，通常客户数量多、有规模，市场份额大，根据长尾理论，企业同样获得不菲的利润，而且价值客户判断依据主要是过去的历史价值与现在价值，而将来价值是不确定的。这就有可能，现在是价值客户的，将来价值有可能没有；现在不是价值客户的或小价值客户，将来价值可能很大，变为价值客户。不但如此，小价值客户对企业有推荐价值的影响。有观点主张只选择价值大客户，放弃价值小客户。我们认为应该是分类营销基础上的一对一营销和定制营销，而不是放小只管大。

四、大规模定制营销与定制程度

考虑到时间、沟通费用等成本代价，特别是对具有海量顾客群的企业而言，如电信、银行、零售业等，真正一对一定制个性化推广策略并不现实。数据库营销推广只能有限靠近一对一个性化推广。如英国的特易购公司，根据顾客的生理、心理、行为等特征，将数千万顾客划分为年轻学生、家庭主妇、注重健康的、爱好运动的、实惠的、情调的、忠诚的、游离的等80个顾客群类别。不过，对一些仅有几百几千个顾客的餐饮、美发等服务性企业而言，只需根据现实及潜在消费力的大小分为A、B、C类客户群即可。大规模定制营销其个性化体现在产品、服务、价格、渠道以及沟通方面。这里的个性化不一定是单独的一个，而是一个特指。当然也有可能是一个。

1. 产品与服务的个性化与定制

（1）从企业生产方面

订单式生产和反向定制。企业根据顾客的产品需求和产品数量需求来生产产品，能更好地满足顾客的需求，提升顾客价值。企业不是先生产出产品，再去寻找有这样需求的顾客。而是先知道顾客需求，再去生产满足其需求的产品。

企业设计并生产尽可能多式样的样品产品。不同产品在花色、品种、款式、型号、价格、材料甚至包装等方面尽可能地体现出差异以满足不同的消费者。产品零部件各构件模块化生产就是如此。产品零部件构件模块化基础上的规模化，不是产品成品的规模化，企业通过提供适当数量的不同尺寸的标准件，进行成千上万种搭配，形成组合后的特殊商品。实现模块化，一方面有利于生产商将共同的部件事先按标准采购、生产和组装，一旦顾客提出自己的特殊要求，便将这些满足要求的部件迅速组装上去，使得进行全新设计产品开发和增加品种的变形速度更快；另一方面，增强了产品的多样性，降低了制造成本，便于检查产品的质量问题。让消费者有充分的选择余地，不同消费者在这个范围内可以自由选择，每个人都可能找出最适合自己的一种产品。日本松下电器公司就有"自选零件、代客组装"的业务。李维斯牛仔服顾客来到商店里选购款式和布料，现场的售货员会为他量尺寸并立即输入电脑数据库，这个数据库与公司的设计部门、工厂和市场营销及客户服务部门紧密连接。当天或是第二天就拿到符合顾客大小尺寸、款式风格要求的服装，甚至按照顾客独特的要求在领口或袖口绣上自己的尊姓大名或者其他喜欢的图案。其实李维斯并非就真的为每一个顾客都单独制造，工厂会按照各种尺寸、大小款式、风格制造出大批的模块，接到前方的顾客数据之后，即现场拼接就行了。而顾客获得的感受就不一样了，因为"你是专门为我生产的"。

个性化的产品还包括产品包装、顾客偏好的附加特色、商品的物流运送、结账方式，甚至是对销售人员挑剔的需求。对顾客实施全方位服务、一站式服务、顾问式服务、一对一服务等方式的服务策略。

总之，要根据不同顾客的需求和喜好设计定制他们想要的产品和服务，凸显专门化、个性化特征。

（2）从消费者方面

从消费者方面的个性化与定制，让消费者自己动手去做（DIY 模式）。DIY 模式就是 Do it yourself，让消费者自己动手做出实际的产品来。对于劳动强度小不复杂，较悠闲有情趣的产品或服务，比如，四川的自助火锅、自助餐厅等比较适宜。宜家的大件家居的自己组装、拼图玩具等都是将零部件卖给消费者，同时附上组装说明，由消费者自己组装成最终产品。这样做的好处是按照自己需求来做比较符合自己的要求心愿。同时顾客在亲自动手的过程中，可以学到许多有趣的知识，享受到特殊的乐趣，满足心理的价值需求。

2. 个性化价格

按照用户要求定制的个性化产品蕴含更多的"可变成本"，固定成本显得微不足道，所以从成本的角度出发，产品之间的价格差异也应该是明显存在的。由于产品或服务的个性化，企业付出的成本也不一样，当然价格也是不一样的。首先是针对个性化的产品或服务的个性化的价格。其次是由于消费者的需求的差异化和支付能力等的不同，针对消费者方面的差异化，以需求为导向，根据不同的消费需求和价格弹性分别定价。

以消费者对商品价值的认同、理解为依据，而不是按企业生产产品的成本和预期收益目标来制定价格。企业在正确估计消费者的理解价格的情况下，再制定出适合不同消费者的产品价格。

其次根据交易对象、交易时间、交易地点等方面的不同，给同种商品制定出多种不同价格，以适应不同顾客的需要，给企业带来效益。针对不同顾客，男性还是女性；不同需要，生存需要还是精神需要；产品不同形式、不同部位；不同的销售时间和不同销售地点等制定不同的价格。

3. 个性化渠道与沟通策略

根据严谨的数据分析，找出各类的顾客群和各种影响购买行为的因素，有针对性地采用个性化渠道、个性化促销策略和推广策略，最终达到提升顾客价值，维护顾客忠诚的目的。

分类个性化渠道。首先，在渠道的广度、宽度、长度多样化，特别是渠道的广度和宽度方面多样化和差异化。满足不同类型顾客的方便和需要，以及同一顾客在不同时间、地点和方式的购买。如针对年轻人或上班族满足线上购买，针对购买时间充足的人和年老者的不同类型满足实体店购买。

其次，对不同顾客实施不同的营业推广或促销策略。不同的顾客群有不同的购买心理及行为，根据他们不同的心理、行为而实施不同的营业推广策略。如零售业，对实惠型的顾客群寄送特价、特别优惠券，对重视健康的人群寄送新到有机食品样品，对刚有宝宝的家庭则推荐宝宝食品用品组合套餐等。在通信业，对高端商务客户可进一步根据通话特点、个人喜好提供机场贵宾室服务、享受健身俱乐部优惠等延伸服务。对打工一族则力推低价长途套餐。在餐饮业，对老顾客实施就餐满五次免费送一次就餐活动，对新顾客实施现场打折等活动，对注重美丽的女士推荐能美容的食品等。

最后，针对目标市场不同顾客接触媒体的习惯特点，对不同的客户实施不同的沟通策略，分别使用不同的广告策略和媒介等。企业要根据所掌握的客户信息，借助或者利用客户联系卡或客户数据库提供的信息，定期与客户联系，对不同特点的客户进行有针对性的、个性化的沟通。针对现实或潜在需求的目标顾客短信/E-mail 群发，针对目标顾客在线 QQ 群、MSN 群等即时双向沟通。[①] 针对不同级别客户实施不同级别的沟通。沟通重视程度不同，沟通内容和频率也不一样。客户对企业重要性不同电话次数和拜访频率不一样。重要客户和主要客户联系和拜访次数多些；对普通客户和小客户，联系次数少，或者根本不必打电话和拜访。由于沟通的成功有赖于双方的共同努力，因此企业与客户沟通时，首先向客户表明自己的诚意。企业只有充分考虑客户的利益，站在客户的立场上与客户沟通，才能获得沟通的成功。因为客户购买的不仅仅是产品或者服务，还包括企业对客户的关心以及客户对企业的信任。[②]

4. 定制程度

根据每个顾客不同的行为偏好，向每个顾客提供不同的个性化产品/服务。这在真实的商业环境中是难以操作的。一对一营销增加了产品成本，企业势必提升价格，而且一对一营销对企业利润也有可能是一个损害。实际上，真正能够实现一对一的是裁缝店，提供的也只能是一对一服务而称不上一对一营销。所以定制营销不是一对一的营销，而是有定制的程度限制和影响。按定制的程度可分为个人定制、群体定制、大规模定制。特殊行业一些企业是可以个人定制的。但是普遍的让顾客和企业都能接受的和比较现实的定制方式应是大规模定制。大规模定制中的定制化程

---

① 丁丽琼. 现代企业营销理论与策略［M］. 长沙：湖南大学出版社，2004：206.

② 苏朝军. 客户关系的建立与维护［M］. 北京：清华大学出版社，2007：125.

度受三方面因素制约和影响：企业的成本、收益与顾客的需求。顾客的需求是指单个顾客的需求程度和需求数量以及某个细分目标市场的规模。在这个基础上顾客和市场能接受的价格下，企业的成本小于企业的收益。此情况下的市场规模就是企业能接受的定制营销的合理程度。考虑到顾客的需求和企业成本，目前柔性生产是一种比较理想的定制形式。除消费者顾客外的其他客户也需要区分并做不同程度的定制营销以满足其具体利益。

　　不同行业不同企业不同产品的定制不一样，定制程度也不一样。大件的机器设备、武器卫星；工程/项目类的桥、路、电站、家庭装修等基本是定制生产与营销。家居行业的木门、衣柜；服务类的理发、餐饮、医疗、教育等在定制基础上的定制营销比较多。有些是局部定制，有些是全程定制。人类的制造与生产由最初的手工生产制造到机械化流水化规模化，再到今天的柔性生产制造与定制，制造演变规律反映了人类需求的变化，是为了更好地满足人们的生活工作需求，提供更高更好更多的价值。

第四节　交换的形成：信任需求与信任营销

　　市场经济不仅是交换经济，也是信用经济。所有交换均是基于信任的。市场经济条件下，市场主体是自由的可以选择交换对象，但相互间信息是不对称的。信用经济要求企业一方诚信和市场一方的信任。由于企业一方的诚信，市场一方才会信任企业。质量营销、衍生营销、定制营销是价值营销。其目的是为顾客创造价值，提供价值。而信任营销既是创造价值，更是呈现、传播、传递价值。企业不但要为顾客创造价值，提供有价值的产品和服务，还要让顾客知道、信任已生产和提供的产品和服务是有价值的。诚信是企业商业经营的基本准则。企业做到诚信还不够，还需要让消费者从感情上知道、行为上接受和信任企业。有价值不一定交换，要相信有价值才会或可能发生交换，进而产生顾客关系。交换是相互的。在时间上是同时参与到交换中来。不过需要彼此的信任才能参与交换。但交换过程的完成不一定是参与了就立刻同时完成。比如，成交了，付款了，但商品不一定马上得到，或者是得到商品了但款项费用要等一段时间才能付清。像这种情况下的交换在前期成交时彼此的信任更重要，有一定的信任机制和担保、承诺才可能成交。价值的交换在时间上的不同步，信心和信任就成了关键。谁先付出，在什么时候付出。得到与付出，舍与得，这是交换、交换关系、顾客关系、关系的艺术和最高境界。为了以"诚信"立世，企业不仅要从自身出发去理解并实践诚信，更为重要的是要从消费者角度探察消费者为什么会信任企业，哪些因素会影响消费者对企业的信任。信任的缺乏导致了消费者信任的需求。顾客关系的建立除了提供给顾客价值外，还有信任的塑造。顾客关系有品牌关系和人员关系。总的来讲，顾客信任应该从品牌和人员两方面打造。

一、信任与信任营销

信任是许多学科研究的主题。即使在管理学领域，"信任"的价值也具有相当的广泛性。大体说来，营销领域对信任问题的研究始于20世纪60年代，20世纪90年代以来，信任日益成为营销研究人员讨论的焦点。对市场营销而言，信任的价值体现在两方面，一是信任对促成市场交易具有推动作用；二是信任利于维系客户。营销领域对信任的研究多集中于B2B及顾客与销售人员间的信任两个领域。后来转向个体消费者与组织之间关系的研究，其中品牌信任的研究尤其受到重视。

1. 信任的解释

信任与认知和情感相联系。信任是比较是否一致。顾客比较企业说与做的是否一致；比较企业行为（产品制造过程）以及产品（结果）之间是否一致；原材料与产品质量，产品生产过程与产品质量，包装与产品质量，广告与产品质量，产品质量与价格，承诺的是否兑现；期望的与实际的，表与里，现在与将来是否一致；厂家信任、电商信任（平台信任）、实体店铺信任、电商与实体店铺间是否一致的整体信任。一般消费者信任主要是认知信任和情感信任这两个维度。认知信任是对受信方能力、诚信和真诚可依赖性的理性预期；情感信任是对受信方安全和舒适程度的感知。

2. 信任的影响因素与信任周期

除了政府、社会环境、技术因素外，一般消费者信任的影响因素有企业和消费者两方面。企业方面的因素有品牌知晓度、售后服务质量、销售人员能力、技术水平和商家声誉等5方面。消费者个体因素有性别、年龄、教育水平、收入、职业等因素。① 因此，企业应根据目标市场不同顾客情况类型从自身方面去影响顾客对企业及其产品的信任。

信任的建立是一个动态过程。信任的产生不是一蹴而就的，而是随着交往过程中施信方对受信方信息的不断积累而逐步实现的，是一种理性的认知过程。FUNG 和 Lee 提出的信任周期理论认为，消费者在交易的开始阶段由于对交易主体不熟悉，因此没有信任。在收集信息和反复权衡之后，消费者会对交易主体产生初步信任并与其进行交易。在完成第一次交易之后，消费者会对交易结果进行评价。只有满意才会再次交易并与对方建立持续信任关系。但是在这一过程中，任何信任违背都可能使消费者失去信任并导致交易的终止。因此，信任是非常脆弱的，很容易被破坏。Levicki 和 Bunker 指出当施信方对受信方的意图和行为有了正向的信任期望，却得到了与其期望不一致的结果时，便产生了信任违背。② 这便是信任的周期：初次信任、持续信任和修复信任三个阶段，或是前期信任、失信后的信任修复下的后期信任两阶段。

3. 信任现状与信任需求的产生

在社会转型期，人们之间个体、群体或组织交往行为日益频繁、交往活动日益活跃、交往方式日益多样化。但相互之间变得陌生了起来，一方面交往关系对相互之间的信任提出了更高的要求；另一方面，相互之间的信任又呈现出弱化的情况。在这个过程中，人与人之间、人与组织之间，以及组织与组织之间的信任关系都受到了空前的挑战或考验，信任的气氛空前稀薄，信任度呈现出持续递减的发展态势。社会信任缺失导致交易成

① 谢凤华，孙衍收．消费者信任影响因素研究——基于电视机购买的实证研究［J］．湘潭大学学报（哲社版），2008（6）．

② 贾雷，涂红伟，周星．消费者信任修复研究评介及展望［J］．外国经济与管理，2012（1）．

本大大增加。缺乏信任会使有效的社会交往无法实现，给国家、企业造成巨大经济损失，既扰乱了正常的市场交易秩序，也妨害了市场经济的健康发展。长此以往，社会资源难以优化配置进而阻碍经济发展。信任是一切有效合作关系中的实质性因素，虽然组织结构与制度体制的科学化设计能够达成有效协作的效果，但缺乏信任的协作永远无法被提升到积极合作的层面。只有当组织拥有了信任基础，科学化设计才能对有效合作发挥积极意义。在一切交往的关系中，信任决定着交往的质量。信任可以使交往关系成为相互理解和相互尊重的关系，并能生成共同行动的合作行为。反之，信任缺乏则会使交往关系成为相互猜忌的关系，并会在共同行动中增加行为成本。由此可见，只有有了信任，才会有各种实质意义上的积极合作，才会自觉地构建人们所需要的和谐社会。① 不仅国内如此，国外企业界普遍存在信任危机。根据 MORI 所做的调查，英国大众中只有 15%的人相信跨国公司是"诚实公正的"。在北美、欧洲以及远东地区，公众对企业及其主要领导人的信任度也高不了多少。②

金黛如（Dary Koehn）③在《信任》一书中列举了信任的各种"起因"，如促进知识交流、维系雇佣关系和维持内在的积极性、培养成功的领导。目前信任缺失的原因主要有以下几点：

一是社会活动范围扩大使人格信任模式不再如前有效。在人格信任模式中，信任随亲疏远近而渐次减弱。这种信任模式建立在相信对方人品德行基础之上，以血缘感情为纽带并依托于长期相处和深入了解的深度社会互动的一种信任模式。这种信任模式是基于传统社会中流动性小和人们交往面窄而了解程度较深的关系。但是在现代社会，人们活动范围的扩大，时间、空间距离的遥远，脱离和失去了原有的信任土壤和基础。务工求学、市场交易和经济往来等频繁发生，这些活动已经突破了血缘地缘甚至是业缘的限制，从具体的时空限制中脱离出来，其交往能力、交往范围和

---

① 张康之. 有关信任话题的几点新思考［J］. 学术研究，2006（1）.

② 威勒，西兰芭. 利益相关者公司［M］. 北京：经济管理出版社，2002：7.

③ 金黛如. 信任与生意——障碍与桥梁［M］. 上海：上海社会科学院出版社，2003：169.

交往对象不断扩展，使不具备任何相同特征的个体能通过各种媒介关联而进行交往和交换活动。人们每天面对的是大量陌生的流动人群，过去基于了解和熟悉基础上的信任便不再可能。与人格信任模式相对而适应现代生活方式的系统信任模式，并不依赖于人们之间的熟悉程度和交往时间的长短，而是建立在正式合法的社会规章制度基础上，依靠整个法律系统和制度系统而形成的一种信任模式，以信任制度化、法律保障性和手段契约化等特点保证了社会信任可以扩大范围，适应新型现代社会对信任的需要。目前，我国传统的人格信任受到摧毁而系统信任又尚未建立起来，导致所有社会各主体之间的信任日益薄弱。

　　二是上层建筑的制度建构和精神信念滞后。改革开放初期，为了促进国家经济发展，我国一直推行效率优先和"发展才是硬道理"的政策思想，并带来了非常显著的经济发展成果，使我国保持了三十多年国民经济的高速发展，取得了举世瞩目的成就。虽然经济是基础，上层建筑会随着经济基础的变化而变化，但因为两者之间会经常发生偏离失衡，发展过程也往往不能同步，上层建筑也因此滞后于经济基础的变化。由于我国改革开放以来单纯追求经济增长或 GDP 增加，使政治上层建筑及相应社会意识形态虽然也得到了较快发展，但还是滞后于经济的高速发展。改革中经济体制、行政管理体制或其他社会管理体制却不能及时有效地与之衔接，造成了现代制度和政治信任资本的同时缺失，因制度建构滞后而缺乏系统信任。[①]

　　此外，网络社会信息量猛增，真假信息新旧信息难辨，加上人们自身认知的局限，还有一些个人或组织为了自己局部眼前的利益，忽视诚信。这一切导致了从个人到组织诚信缺失的现实。如三鹿奶粉等企业诚信缺失恶性事件。信任资源的稀缺性总是与不确定性和信息不完备联系在一起。信息的不完备导致不确定性，不确定性导致风险存在和抉择困难，这就产生了对信任的需要。

---

　　① 肖冰果，王晓晚．关于信任资源的制度经济学分析［J］．山东社会科学，2010（4）．

4. 信任营销

顾客关系营销，信任是前提，利益是关键。关系建立的起点是信任，信任的前提是了解。信任的目的是减少风险，争取更多更实在的稳定的利益保证。四川人有句话：赚不赚钱，先把摊子铺圆。先出售自己，再出售产品。先交朋友，后做买卖。先做人，后做事。这些都表明企业首先要让顾客相信他们。顾客关系离不开接触。接触影响认知，影响顾客信任。视觉、听觉、触觉、知觉等接触影响顾客信任。信任与否都是顾客对企业或其产品认知的结果。因此企业要从顾客认知过程和特点去影响顾客的信任。信任营销就是企业塑造顾客信任的过程。信任营销具体来说就是塑造品牌、有形化展示、给予顾客承诺以及沟通。对企业来讲，赢得消费者的信任是至关重要的。消费者只有信任企业才会和企业建立比较紧密的关系。信任可以让消费者在广泛收集信息之前就对企业有比较清晰的认知并且产生正面情感，进而对企业产生依赖。并且随着信任的进一步发展，消费者会逐渐产生对企业的忠诚。然而，信任又是非常脆弱的，很容易被破坏。

企业经营道德三层面：欺骗、缺乏诚信或不讲信用；讲信用、诚信经营；信任营销。诚信经营是信任营销的前提。没有诚信经营而信任营销那只能是欺骗。但只有诚信经营不一定有交换产生。信任发展周期中的任何一个阶段出现了信任违背，都可能使施信方失去对受信方的信任。企业要对消费者从信任周期的初次信任、持续信任、信任修复分别进行顾客信任的营销。

二、初次信任营销

初次信任营销就是企业或产品或其相关人员让顾客第一次产生信任。从信任的对象上，组织信任、人员信任、风险信任；信任的维度上，可视、可听、可触、可知（想）；在信任的层次上，管理层次信任、营销层次信任、销售层次信任；从信任结构上，过程信任、环节信任、结果信任；从信任方式上，感性信任、理性信任等，通过不同信任视角去影响消费者的信任，采取不同策略。

（一）信任对象与顾客信任

顾客关系包括顾客与企业关系，顾客与店铺关系，顾客与人员关系，顾客与品牌关系。企业就要想法让消费者从这些方面对企业产生信任。从顾客关系主体看，顾客关系有品牌关系和人员关系。顾客忠诚也分为品牌忠诚和人员忠诚。顾客信任也分为品牌信任与人员信任。GEM 理论告诉我们在销售过程中潜在顾客信任对象是制造产品的企业（公司）、产品以及销售人员。但在现实中，顾客信任的对象主要有制造商品牌、零售商品牌、产品品牌、相关直接接触人员。企业就要想法让消费者从这些方面对企业产生信任。在这些信任对象中主要和最终是要顾客信任产品。

1. 品牌与顾客信任

产业组织理论按产品质量与信息的关系，将商品分为搜寻品（先验品）、经验品和信任品。先验品如何让顾客信任？后验品如何让顾客信任？信任品如何让顾客信任？当然有具体的措施和策略。无论是哪种产品，要让顾客信任，都需要品牌，即产品品牌和企业品牌。

品牌本身就是顾客信任的结果。品牌信任主要有企业品牌信任与产品品牌信任。企业品牌分为制造商品牌与中间商（主要是零售店铺）品牌。如果是单一产品企业制造商品牌与产品品牌一般是一致和统一的。对于多元化企业制造商企业品牌与产品品牌有可能一致，是母子品牌或统一品牌。如果是个别品牌的制造商企业品牌与产品品牌不一致。总的来讲，顾客对品牌的信任一是制造商品牌，一是产品品牌，一是中间商品牌。因此无论是制造商、中间商，还是产品都要塑造和建立品牌，以增加顾客的信任。

（1）企业品牌与顾客信任

企业品牌分为制造商品牌与中间商（主要是零售店铺）品牌。本文主要讨论零售实体店铺品牌。影响消费者选择零售店铺的因素主要有位置、规模、店铺形象以及店外广告。消费者选择零售店铺时通常是选择位置近的、规模大的、店铺形象好的，同时也受店外广告的影响。其中店铺形象与店铺品牌关系密切。店铺形象包括 9 方面 23 项具体组成成分，如表3-12。

表3-12　商店形象构成层面与构成要素①

构成层面	构成要素
商品	质量、品种、式样、价格
服务	提供分期付款、销售人员、退货方便、信用、送货
主顾	顾客
硬件设施	清洁、店堂布置、购买便捷、吸引力
方便	店铺位置、停车
促销	广告
商店气氛	温馨、有趣、兴奋、舒适
机构	店铺声誉
交易后感受	满意

　　不同的消费群体喜爱的店铺形象是不同的。零售商塑造符合目标市场需求的形象极为重要。不仅个别商店具有特定形象，而且不同商店形式（如折扣店、百货店、旧货店等），不同购物区（闹市区、大商场、邻近区域）和不同购物方式（邮寄、电话、目录等）的店铺也都有各自的商店形象。因此，零售商不仅要关心他们自身的形象，还要关注商店所在购物区域的形象。塑造连贯、整体形象的能力，对商场来说非常重要。与商店形象密切相关的是商店品牌。从某种意义上，商店或店铺就是一个品牌。消费者对店铺品牌质量的感知是其成功的关键。

　　零售商运用广告来向消费者宣传它们的特点尤其是产品的销售价格。

---

　　① 霍金斯. 消费者行为学［M］. 北京：机械工业出版社，2000：345.

价格广告把人们吸引到商店里去。被广告产品吸引进入商店的顾客还购买其他产品被称为"外溢销售"。研究表明，外溢销售额几乎与被广告产品的销售额相等。[①] 在采用价格广告时，零售商有三方面的决策：使用多大幅度的价格折扣？是否采用比较价格或参考价格？应当采用什么样的语言表述价格促销？[②] 大多数消费者了解外部参考价格并受其影响，但他们并不完全相信它。由于价格和促销广告对消费者的购买影响很大，零售商最好的办法就是标出促销价格以及所能节省的金额和比例。在任何一种情况下，原价都应予以标明。价格广告反映的不仅仅是被广告商品的价格，而且也反映了商店整体的价格水平。在消费者印象中，价格、质量、服务和其他重要属性都是相互关联的，因此，不适宜的价格广告会对商店形象产生负面影响。

（2）产品品牌与顾客信任

顾客对产品的信任主要是对产品品牌的信任。在国内一些品牌企业或大企业一次或几次失责/失信对消费者行为的影响甚小或没有。这是由我国企业违规成本低，对企业影响不大，企业公关/危机处理能力强导致的，消费者只有原谅。同时不完全竞争条件下消费者选择面窄无法有其他更好或更多的选择，或者是整个行业都充斥着这样的行业陋规，幸运的是这次没有遇到，不影响消费者下次的选择；遇到了是自己运气不好倒霉，也不影响下次选择该产品。

除了产品品牌之外，顾客对产品的信任受产品的包装的影响。产品的包装与产品质量要具有一致性。产品的包装要吸引消费者对产品质量的关心和关注，并由产品包装信任联想到产品质量。不同性质特点的产品如先验品、后验品、信任品如何让消费者信任？消费者判断产品质量的依据是什么？先验品在于产品内外线索。产品质量认知线索，内在线索、外在线索。后验品在于产品本身质量。信任品在于第三方机构、政府、过去消费者等间接线索。

---

① 霍金斯. 消费者行为学［M］. 北京：机械工业出版社，2000：345.
② 霍金斯. 消费者行为学［M］. 北京：机械工业出版社，2000：346.

促销人员对产品的介绍推荐方式方法也影响顾客对产品的信任。促销人员面对顾客的咨询和关注，应该根据顾客的需求和具体情况，有针对性地客观真实地科学合理地介绍推荐产品。这样顾客才会信任产品。

试用。对于新产品，顾客的试用是解决顾客初次信任的一种方法。商家为了促进某个产品的销售，而推出免费面向消费者试用，或者是厂家推出新产品，为了达到占领市场的目的，推出免费试用。企业推出试用商品通过让潜在消费者亲身体验产品和服务，产生好感，形成购买和口碑传播。主动鼓励试用者在获得试用体验机会后对产品进行评价和反馈，帮助企业获得消费者的评价而改善产品。这种推广往往比电视上昂贵广告更具宣传效果。试用形式：①有试用期限，到期返还。②试用小样，满意后再确定购买。③试用装加邮费。商家通过自己的官方网站、试用平台发布试用活动，消费者参加后需要支付邮费。

会议营销。会议营销是营销中的一个重要组成内容，会议营销是一种借助和利用会议，运用营销学的原理、方法，而创新性开展营销活动的营销方式或模式。通过寻找特定顾客，以亲情服务和产品说明会的方式销售产品。最终目的是通过向消费者提供全方位、多角度的服务以便与消费者建立长久的关系，从而提高消费者的满意度和忠诚度。会议营销的实质是对目标顾客的锁定和开发，对顾客全方位输出企业形象和产品知识，以专家顾问的身份对意向顾客进行关怀和隐藏式销售。会议营销的前身就是活动营销，活动营销分室内与室外，会议营销就是室内活动营销，室内活动营销具体讲是把消费者从室外请进室内进行直销的过程，而这个过程的演变是由于市场环境的变化而来的。按会议内容分：有影响力的行业或专业展销会，有社会影响力的专题研讨会，有社会影响力的节会，大型人才招聘会，单位内部工作会议（含培训会），联谊会。按会议的主体分：主办的会议、参加的会议，以及合办、承办、赞助的会议。会议营销核心在于通过会议的方式解决用户信任度的问题，让企业的产品或品牌深入到消费者心坎里去，让消费者认识品牌、了解品牌、信任品牌到最后的依赖品牌，而会议前的口碑传播更为重要。

2. 人员信任

人员信任主要是与顾客交换产品相关的接触人员的信任，它是由人际关系产生的信任。

（1）熟人间的人际关系与人员信任。人员初次接触中信任度的建立大多数以情感为主。人们总是对既有关系更容易产生信任。其次就是基于交往经验而产生的信任，这种信任源自交往、交换和交易经验的积累，互惠性是其核心。双方的经历、社会阅历、文化、家庭环境等背景是否相同影响彼此的信任。情趣、偏好、性格、资历等情感方面相同的容易引起共鸣，彼此容易信任。业务人员与客户在沟通中开展业务，首先是要赢得信任。因此，营销人员只有在人际交往中锻炼、不断积累经验形成个人良好修养特质，才能熟练运用人际技能建立人际关系，在信任基础上展开互惠性交往活动。

（2）人员专业技能与形象对顾客的信任影响。必须掌握产品或行业相关的专业知识和技能，体现出专业性，并以此与对方在技术交流中产生共鸣。经验积累、个人修养、专业技能、自信也会影响顾客信任。不专业、不自信和修养不好的人员会引起顾客怀疑甚至反感。人员的自然形象和装饰形象好的从情感信任上顾客会比较信任和愿意接近。

（3）团队推销。团队推销是由销售专业人员组成销售小组向主要顾客进行销售和服务。销售小组可能包括订单导向的销售人员、传教士销售人员、技术支持人员和其他部门（财务、作业部门等）的员工，彼此协调配合，提升对顾客的推销和服务能力。团队推销对复杂且需要售后服务支持的产品（如电脑设备和软件）非常有效。团队销售，分为不同层次人员销售，点对点销售；销售环节不同人员分工销售，由资料员、电话员、谈判员、送货员分工进行。团队推销让人感觉专业、真实可信。人员推销的真实，通过五同法、推荐法，让人信任。人员推销是一种面对面的交流交易方式。容易让人相信。人员推销包括销售人员推销、服务人员推销、技术人员推销、企业高层推销等多种方式。服务人员要在送货、安装、顾客培训、咨询服务、维修等方面突出和竞争对手的不同和优势，加强客户对我们的美好印象，与使用者建立良好关系，以便促成购买，尤其是再购买。

企业的负责人与用户的领导者常常会更容易交流，通过高层的接触，有利于加强双方的信任，利于合同的成交与用户忠诚度的提高。

3. 关联信任与傍品牌

（1）顾客对店铺品牌选择与产品品牌选择。消费者在做出购买决定时，一般有三种选择顺序：①先产品品牌后店铺；②先店铺后产品品牌；③同时选择产品品牌和店铺。并且消费者对品牌和店铺的选择顺序，从产品角度和消费者角度分为以下两种情况：从消费者角度看，有品牌意识的消费者，先品牌后店铺；没有品牌意识的消费者，先店铺后品牌。从产品角度，有品牌知名度的产品，消费者先品牌后店铺；没有品牌知名度的产品，消费者先店铺后品牌。因此树立产品品牌，打造品牌关系，是顾客关系的重要方面。与此同时店铺品牌的打造建立顾客与店铺关系，也是顾客关系的一部分。

表 3-13　建立在消费者选择顺序基础上的营销策略①

选择顺序	在渠道中所处的位置	
	零售商	制造商
1. 先店铺后品牌	形象广告、货架空间的毛利管理、商品陈列、店铺位置分析、适当定价	主要店铺分销、购物现场、货架空间和位置、强化现有渠道的经营计划
2. 先品牌后店铺	大量品牌或主要品牌、品牌合作广告、特价品牌、罗列品牌的黄页簿	更多的排他性分销、品牌可获性广告、品牌形象管理
3. 同时选择	销售人员店内布置培训、多品牌或主要品牌、高服务水平或低价	激励销售人员的计划、重点渠道分销、合作广告

---

① 霍金斯. 消费者行为学［M］. 北京：机械工业出版社，2000：343.

（2）关联信任。根据销售 GEM 理论模式，顾客的信任主要在于对企业、产品、人员的信任，而且会受到他们之间信任的关联。企业中的制造商、渠道商、电商相互之间对顾客信任的影响是关联的。消费者对制造商的信任、对渠道商的信任与对网店的信任相互关联。制造商、渠道商和网站（网店），都有名气，消费者都信任，如海尔、欧尚、家乐福有名，消费者对产品（品牌）就信任。消费者对制造商不信任、对渠道商也不信任，消费者对产品（品牌）就没有信任。制造商无名、渠道商有名，消费者可能信任产品。消费者对制造商信任，对渠道商不信任，消费者对产品也有可能信任。消费者对制造商不信任，对网店信任，消费者对产品也会信任。

公司信任与个人信任相互关联。消费者对公司和个人信任，最终对产品信任；消费者对公司不信任，对个人不信任，最终肯定不信任产品；消费者对公司信任，对个人不信任，消费者大有可能信任产品；消费者对公司不信任，对个人信任，消费者有可能信任产品。

（3）借助其他品牌。借助其他品牌或傍品牌，就是依靠品牌。对于品牌企业和品牌产品，顾客是信任的。品牌本身就是企业对顾客的承诺和顾客对企业的信任。除了自己要做好品牌之外，还可以借助已经是品牌的企业或机构，可以联盟或搭便车。为了消除顾客购买的担心就要向顾客证实能力，由于企业本身是直接利益的体现，要令人信服还是需要通过第三方证实。比如，不知名的产品进入品牌卖场或者不知名的卖场销售品牌产品，可以借助国外、港、澳、台等地方的名气来助推企业以及产品，或者借助国家权威机构的产品检测报告。为了规范市场秩序，维护良好的生产秩序，国家专设一些权威机构进行产品的检测。而国家权威机构的产品检测报告现在已成为供应商证明自己实力最基本的入门证了。同样国际的统一的认证，也有着深厚的影响力。如 ISO9000 认证、TS16949 汽车行业质量管理体系、ISO22000 食品安全管理体系等。这类证书相当于直接告诉客户企业：该企业管理规范，产品质量有保证，可以放心购买。

（二）信任维度与有形化营销

泰纳说文学的使命就是使感情成为可见的东西。有形化营销就是让企业所作所为的过程和结果使顾客信任可见。如刘涛代言易开得视频广告就是让顾客信任易开得净水机并购买。

1. 信任维度。从信任对象上，有企业信任和人员信任。对企业的信任从层次上，有管理层次信任、营销层次信任、销售层次信任；从结构上，有过程信任、环节信任、结果信任。这些信任对象可分为企业理念信任、行为信任、视听感官信任。顾客对这些信任对象是否可信，是顾客对这些信任对象在视、听、触、知（想）基础上认知的结果。从顾客的感性信任到理性信任，企业要采取不同策略对企业理念、行为以及视听等感觉器官方面让顾客可见可听可触可想，从不同信任视角去影响消费者的信任。

（1）顾客对企业的理念信任

企业理念是指在企业经营过程中的企业使命、企业目标、企业精神、企业哲学、企业文化、企业性格、座右铭和经营战略的统一化。对外争取顾客乃至社会公众理解、信任、关心、支持与爱戴，对内推动员工形成共同的目标感、方向感、使命感和责任感。因此，企业理念的建设，必须广泛征求内外顾客的意见，争取他们的认同，使他们满意并信任。

（2）企业的行为信任

企业的行为包括行为机制、行为规则和行为模式等。企业的行为信任包括，员工（内部顾客）对企业的信任、顾客对企业的信任（包括产品质量、产品设计、产品功能、产品形象、产品包装和产品价格信任等）、顾客对企业服务的信任（包括服务质量、绩效、保证体现、服务的完整性和方便性，以及情绪／环境信任等）。荣事达公司为了体现最佳服务，使用户百分之百地满意，1997年3月为维修服务人员规定了必须严格遵守的"三大纪律八项注意"的服务行为规范。"三大纪律"是：不与用户顶撞、不要用户吃请和不收用户礼品。"八项注意"是：遵守约定时间准时上门，携带致歉信登门道歉，套上进门鞋进门服务，铺开红地毯开始维修，修完擦拭机器保持清洁干净，当面进行试用检查维修效果，讲解故障原因介绍使用知识，服务态度热情举止礼貌文明。

（3）视听等感官信任

企业的视觉信任，是指企业所具有的各种可视性的显示形象带给内外顾客的心理信任状态，是企业具体化、视觉化的信息传递形式与内外顾客对企业传递的信息及方式认同之间的一种有效的协调与沟通的信任。视觉信任又包括基本要素信任与应用要素信任两种。基本要素信任，包括内外顾客对企业名称、企业品牌标志、企业品牌标准字体、企业专用印刷字体、企业标准色、企业造型、象征图案、企业宣传标语口号、专用乐曲等的信任。应用要素信任，包括内外顾客对企业的事务用品、办公器具、设备、招牌旗帜、标识牌、建筑外观、衣着制服、交通工具、广告传播、橱窗、展示、陈列等的信任。

顾客信任除了从理念行为视觉上信任之外，还有从听觉、嗅觉、触觉上的信任。根据实验统计表明，人接受的外界信息中，83%来自视觉，而听觉、嗅觉和触觉加在一起也不过17%。顾客从视觉、听觉等各种感觉器官感知企业以及企业的理念和行为来认识和评价一个企业，并最终决定是否信任这个企业。因此丁兴良教授有这样的说法，信任来源于信心，信心来源于了解，了解来源于接触，接触来源于感觉，感觉来源于参与，参与来源于意愿。①

2. 有形展示。顾客交换的是产品，只有信任产品才会交换。顾客是否信任产品，除了产品自身之外，深受产品内外线索、交换场景、生产过程以及生产该产品的企业的信任的影响。顾客对企业的信任通过两方面的分析来进行判断：一是从企业的结构、价值观、行为规则等隐性的理念层面分析企业的可持续性；二是从资质认证、运营制度、硬件设备、业绩、荣誉等显性的体系保证层面分析企业的运营可靠性。产品的质量是只能通过工艺过程来控制的，成品是很难鉴别的，这一切都必须建立在企业的信任上。不管是自助交换（只有顾客自己）、远程交换（只有雇员自己），还是交往性交换（有顾客和雇员），交换场景也影响顾客信任。有形展示就是企业主动向目标顾客展露和展示企业、行为及其产品。从厂房、设备、原材料，到生产过程、制造工艺以及最终的产品，再到对外部顾客的承诺、

① 丁兴良. 营销新革命之一：突破工业品营销瓶颈［M］. 北京：经济管理出版社，2008：26.

沟通等都展露展示给顾客，让顾客对企业的所作所为从过程到结果看得见听得着想得到，顾客根据自己的所见所闻来认识企业和产品，从自己的认知上对企业及其产品是否真实可信做出判断。有形展示对于信任产品的传播尤其重要。有形展示发挥创造顾客体验，满足顾客及加强顾客产品质量感知的作用。顾客常常在购买之前通过有形线索或者有形展示来对产品或服务进行评价并在消费过程中以及消费完成后对产品或服务进行评价。提供给顾客的服务是无形的。有形产品的生产过程以及生产该产品的企业在顾客交换之前对此都是不了解的，对顾客而言也是无形的。"刺激—有机体—反应"理论认为有形展示要素会影响到顾客，他们对这些因素的内在（认识、情感、生理的）反应将决定其行为方式。[①] 从顾客认知的角度，让顾客从视觉、听觉等各方面对企业、企业生产过程以及产品或服务从认知和情感上都有信任。品牌对顾客而言既有具体的有形的一面；也有综合的无形的一面。除此之外，对顾客具体的各种内外产品认知线索的有形展示是必不可少的。有形展示策略从内到外包括实体有形化、管理有形化以及承诺和沟通。

（1）实体的有形展示

厂房、办公室和店铺的建筑设施、装修环境、场地要让顾客信任。让顾客实地考察参观工厂和设备，客户会用自己的眼睛来求证。工厂规模和先进设备可以体现一家企业生产技术实力，也可以作为一个第三方帮助客户求证。重庆有一家生产防盗门的企业，产品质量很好，一次一境外客户来考察准备投资合作，却因为脏、旧、破、不健全的厂部环境而否决自己的选择。后来这家企业意识到生产环境的重要性，努力改善生产环境，目前已经成为国内一流的防盗门企业，也成为重庆一流的花园式工厂，前去参观者络绎不绝。让顾客参观已经投入运行的设备。产品实际的功效和使用状况，无论销售人员对产品的描述有多好，只要有正常运行的设备，就不必多费唇舌了。

产品的包装、广告、传单、图片、网站（正式、全面、规范、特色）；

---

① 泽丝曼尔，比特纳.服务营销［M］.北京：机械工业出版社，2004：197.

各种证书，政府管理部门的合法的证书，如营业执照、税务证、组织机构代码证；各种资质等级证书，如资格证书、评级证；各种荣誉证书，如社会评价、政府奖项等，把这些在与顾客有可能直接接触的地方在合适的位置、地点呈现和展示给顾客，或者用图片展示出来。对于企业自己经营特色、历史、文化、经营理念等用文字在经营场所或办公室展示给顾客。给予顾客的联系方式，如手机号码、座机号码、微信等要方便顾客记住。特别是固定电话要畅通、上班时间有人接听、语言规范标准。

（2）管理的有形展示

管理的有形化是让顾客从过程信任到结果信任的满意和保证。如管理的规范、流程的合理，企业产品的生产流程、原材料来源公开化、可视化。现在人们对健康很在意和关心，很多餐厅把厨房的情景通过电视现场直播出来，让消费者看得见；还有把厨房操作间与大厅之间用透明玻璃隔开，也是让消费者相信和看得见厨房的操作情况。不但让顾客信任从产品本身、效用、包装结果方面信任，还要从产品的制造过程信任。企业的评级、评奖、排名、销量或顾客参与量都告诉消费者。组织结构设计合理，各种规章制度科学、健全、规范。各部门、人员岗位职责清晰明确。上级对下级的培训充分，各项规章制度贯彻落实执行到位。员工动作标准、技术娴熟、形象统一。制作过程、流程、工艺科学、标准、熟练、专业、合理、合法、可信。各流程、各环节流畅、标准、规范。管理的有形化就是要做到经营的专业化，而专业化就要做到流程化、标准化、精细化。标准化既要流程标准化，又要要素标准化。超市将加工好的肉丝装在小盒子里，肉丝下面有一层吸湿的纸，以免肉丝里面渗出的血到处流。还有对于临近到期的产品（主要是食品），在超市显眼的地方单独陈列并以低价促销。从这些细节感受到了超市的认真而且真诚的态度。让顾客更加信任超市以及超市里的商品品质。

（3）承诺

承诺是指合作关系中的一方在某种程度上有与另一方合作的积极性，即承诺是一种长期保持双方都非常珍视的关系的愿望。承诺是企业站在现在对将来即将发生的事情或行为做出保证。对顾客而言，将来的事看不见摸不着，不能信任，只有通过承诺这种方式来有形化展示。

在顾客关系中，承诺占据着重要的地位。企业应主动积极地适时地适度地量力而行地向顾客承诺，并兑现诺言。有了承诺，对将来不确定的事就有了一定程度的保证，顾客就会信任，敢于购买。如果企业兑现了承诺，顾客更加信任，顾客关系自然就形成了。企业应根据消费者的期望和企业的实际情况，做出统一的、彻底的、标准的、量化的、文字化的、合情合理的、能兑现的有效承诺，这对消费者信任的产生是必要的。

承诺应该是一个公司的行为，是组织承诺，而不是个人承诺。即使有个人承诺，员工个人对顾客的承诺要与公司承诺一致和统一，而且公司对顾客的承诺一定是书面的文字承诺，有据可循有章可依，而不是随意的口头承诺。

无条件的满意承诺，是向一些顾客提供无条件的服务承诺，如果顾客不满意可以不付款，也有公司仅对那些对顾客重要的服务内容提供承诺。另外一种服务承诺的类型是复合型承诺，包括对于特定品质绩效基础之上的大范围内的整体满意度承诺。研究指出这种承诺比两种承诺中的任何一种都更加有效。

不管承诺的类型如何，有效承诺应该是无条件的——没有附加条件。要承诺的是那些对顾客来讲十分重要的服务元素。赔偿应该抵消顾客全部不满，易于理解和沟通。顾客需要知道能期待什么，员工需要知道该做什么。易于援用和赔付，在承诺的援用和赔付过程中不应该有许多约束和阻力。[①]

（4）沟通

企业与顾客之间的沟通应当是双向沟通。双向沟通包括两方面，一方面是企业与顾客的沟通，另一方面是顾客与企业的沟通。企业与顾客的沟通指企业积极保持与顾客的联系，通过不同沟通途径，真诚地站在客户的立场上对不同的客户实施不同的沟通策略。

---

① C. W. L. Hart, The Power of Unconditional Guarantees, Harvard Business Review, [J] . July-August 1988, pp. 54-62.

　　企业与顾客的沟通步骤包括：对谁说；为什么说；说什么；谁来说；怎么说；用什么说；何时说；说得怎样。

　　①沟通对象。确认目标受众，对谁说是沟通的首要任务，会影响后续其他沟通步骤。目标受众可能是公司产品的潜在购买者或目前使用者，也可能是购买的决策者或影响者。这些受众可能是个人、群体、特别的大众或一般大众。

　　②沟通目标和内容。沟通的根本目的是在人与人之间、人与社会之间传递信息。沟通是实现客户满意的基础。企业经常与客户进行沟通才能了解客户的实际需求，才能理解他们的期望。客户沟通是使客户满意的一个重要环节，企业只有加强与客户的联系和沟通，才能与客户建立良好的关系。在沟通中加深与客户的感情，才能稳定客户关系，客户沟通是维护客户关系的基础，信息是影响顾客认知的前提和基础，沟通主要是信息传递和影响顾客，所以顾客信任必须深度沟通。在确认目标受众并分析他们的特性之后，沟通者必须决定希望得到何种反应。当然，最后的反应通常是购买，但购买行为却是消费者或使用者漫长的决策过程的最终结果。因此，沟通者必须了解目标受众目前是处于决策过程中的哪一个阶段，并决定要向前推进到哪一个阶段。营销沟通人员可能希望从目标受众那里获得认知的、情感的或行为的反应。营销人员可能希望让目标受众认知某些信息或改变他们的态度，或促使他们采取某些行动。一个理想的信息应该能够引起受众的注意、产生兴趣、激起欲望，以及诱发行动（AIDA 模式）。实际上，极少有一种信息能将受众由注意一直推进到行动，但是 AIDA 模式仍可作为衡量信息质量的标准。沟通者必须决定要对目标受众说些什么，即要向目标受众提出什么诉求或主题，以便能产生期望的反应，与顾客进行信息沟通、情感沟通、理念沟通、意见沟通、政策沟通。

　　③沟通方式。理性诉求的重点是诉诸目标受众的自身利益，即告诉受众产品能产生什么利益。例如，信息中可能告诉受众有关产品的质量、经济、价值或效能。一般认为，工业品的购买者对理性诉求的反应较明显，因为他们对产品质量有相当了解，对价值有辨认能力，同时也要对其购买抉择负起责任。至于消费者在购买单价较高的产品时，也常会多方收集相

关信息并仔细比较，因此他们对质量、经济、价值或效能等理性诉求也会有反应。

感性诉求是想要引起受众某些正面或负面的情感以激发其购买。沟通者可能以恐惧、罪恶感、羞耻等负面的感性诉求来刺激人们做应做的事（例如，刷牙、定期健康检查），或阻止他们做不应该做的事（例如，吸烟、酗酒、滥用药物等）。恐惧诉求在某个程度内是有效的，研究发现中等程度的恐惧诉求是最有效的。沟通者也常使用正面的感性诉求，例如，幽默、爱、荣耀以及欢乐等。

单面或双面的论点是指沟通者是单方面称赞自己的产品，还是也提及一些缺点。直觉上，利用单面论点的表达方式可获得较佳的效果，但是答案并不是十分的明确。有些研究发现：单面的信息对于原本就倾向于支持沟通者立场的阅听者最有效果，而双面的信息则对于反对沟通者立场的受众最有效果。对教育程度较高的受众，双面的信息比较有效。双面的信息对于可能接触到反宣传的阅听者比较有效。从产品生命周期来看，新产品单面信息效果好，成熟期产品双面信息效果好些。表达的顺序是沟通者应将最有力的论点放在最前面或最后的问题。在单面信息的设计下，将最有力的论点放在前面有助于引起受众的注意与兴趣。在双面信息的设计下，则必须考虑是先表达正面的论点还是先表达负面的论点。如果受众原本是持反对立场，则沟通者应先提出反面论点，以便先解除受众的武装，然后再提出强而有力的正面论点作为结论。沟通者可为受众下结论，或是让受众自行做结论。一般而言，在下列情况下由沟通者提出结论可能导致负面的反应：如果沟通者被认为不值得信任，则受众可能会对试图影响他们的做法感到愤怒。如果议题简单，或受众已完全理解，则他们可能对试图提出解释的做法感到厌烦。如果议题涉及高度的个人隐私，则受众也可能会对沟通者试图提出结论的行为感到愤怒。沟通中要有差异点、支点（佐证）、合点①，让消费者从逻辑中信任企业。你要让顾客相信什么？你是怎么让

---

① 张联雄．用脑袋走路：一个营销策划人的智慧火花［M］．武汉：湖北科学技术出版社，2006.

顾客信任你的结论的？通过直觉、个人观察、个人经验、证人的证词、专家的意见、科学研究、案例、类比等论证、推理是否科学？顾客是否可信？理由和结论是否合理，顾客是否信任？

④沟通信息格式。沟通者也必须为信息设计良好的格式。例如，在印刷广告中，沟通者要决定标题、文案、图示及颜色；如果信息要经由收音机来传达，则沟通者必须选择用语和声音；如果信息是经由电视或销售人员来传达，则除了上述所提的事项之外，还要再决定身体语言、面部表情、手势、服饰、姿态与发型等；如果信息是由产品本身或包装来传达，则沟通者必须选择颜色、质材、气味、大小及形状。

⑤沟通渠道。沟通者必须选择有效的沟通渠道来传达信息。沟通渠道一般可分为人员渠道与非人员渠道两种类型。人员沟通渠道是指两个人或两个人以上的直接沟通，他们可能以面对面、电话、邮件等方式来进行沟通。人员沟通渠道沟通的好处是沟通人员可针对个别受众设计表达方式，并可得到结果反馈。人员沟通渠道可以是由销售人员向目标市场的受众进行沟通，或是由具有专业知识的专家向目标受众进行展示与说明，也可能通过邻居、朋友、家庭成员、社团会员等社会渠道向目标市场受众提出建议。非人员沟通渠道是指不以人员的接触或反馈来传达信息的渠道，包括媒体、气氛与事件。媒体包括印刷媒体（报纸、杂志与直接邮件）、广播媒体（收音机、电视）、电子媒体及展示媒体（布告板、招牌、海报）、自媒体。气氛是指设计的环境可创造或增强购买者去购买某一产品倾向的整体环境。例如，律师事务所和银行的布置可传达信心和其他品质。事件是指为传达特定信息给目标受众而设计的活动。例如，公司的公共关系部门所安排的记者招待会、大型开幕活动、产品展示会和其他特别活动。企业沟通应该以对消费者的影响为目的。企业应从系统和本质的角度去理解传播，并针对不断变化的市场以及消费者的特点，采用不同的有效传播途径。整合营销沟通将各种媒介（广告、网络、事件、活动、人员、营业推广、公关等）、各种诉求方式（试用、体验、恐怖、感性、理性、单向、双向等）进行组合，围绕一个主题向目标群体沟通传递信息。2000年皮克顿和布罗德里克把整合营销沟通含义或指导原则概括为4C：连贯性（Coherence），不同的沟通在理论上是相互关联的；一致性（Consistency），各类信息互相支持、强化，而不互相矛盾；连续性（Continuity），各种沟通互相关联并且在时间上是连续的；补充性（Complementary），互相促进，或者说各部分相结合的效果大于简单的单项效果之和。将广告、人员推销、销售促进、公共关系等不同沟通形式结合起来，从而达到明确的、一致的及最大限度的沟通。因此，要充分了解各种促销方式的特点，并考虑影响促销组合的各种因素，有计划地将各种促销方式适当搭配，形成一定的促销组合，以取得最佳的促销效果。例如，可口可乐和百事可乐，不但仍然大量投资于传统的营销传播模式，而且逐渐将更多的资金投资于体育、音乐、娱乐活动等方面，将品牌打造成为消费者生活中的一部分，在潜移默化中完成营销传播，强化消费者对品牌的认同。

⑥沟通效果。指目标受众是否看过或听过？看过或听过几次？他们能记得哪些信息？他们对这些信息的看法或态度是正面的还是负面的？在收到信息之后，他们对营销商或产品的态度是否有显著改变？如果有的话，是正向的改变还是负向的改变？在收到信息之后，他们的购买行为是否有显著的改变？

⑦沟通预算。企业要花多少钱在促销活动上，是一项重要的营销决策。不同产业的促销支出常有很大的差异，例如，饮料业、化妆品业的促销费用比例（占销售额的百分比）通常比机械业的促销费用比例高得多。即使在同一产业内，不同商家的促销费用比例也常高低有别。通常确定促销费用的方法有销售百分比法、单位固定金额法、量力而为法、对付竞争法及目标任务法。

另一方面是顾客与企业的沟通，是指企业要为顾客提供来人、来函、电话、网络、电邮等各种渠道途径，并保持渠道畅通，使顾客可以随时随地与企业进行沟通，是顾客客户将其需求或者要求，包括顾客的意见、建议和投诉反映给企业的行动。为了确保客户与企业的沟通，企业必须鼓励不满意的客户提出自己的意见，想办法降低顾客投诉的"门槛"，为顾客提供各种便利的途径，并保持途径的畅通，让客户投诉变得简单。如设置意见箱、建议箱、意见簿、意见表、意见卡及电子邮件，开通免费投诉电话、24 小时投诉热线或者网上投诉等。积极建立有利于客户与企业沟通的客户投诉制度和建议制度，清楚、明白地告诉客户企业接受投诉的部门及其联系方式和工作程序。此外，企业还可设立奖励制度鼓励客户投诉。总之，企业要方便顾客与企业的沟通，方便顾客投诉和提意见，并且尽可能降低顾客投诉的成本，减少其花在投诉上的时间、精力与金钱等。①

三、持续信任营销

从顾客角度，由于信任缺乏、不足，才会有顾客对信任产生了需求；从企业角度，要提供诚信，满足信任的需求。

1. 诚信经营

诚信经营是指企业在经营活动过程中依法办事，而且在对消费者的展露沟通过程中实事求是，兑现承诺。诚信是一个企业的立足之本，是企业赖以生存的土壤。特别是在市场经济的条件下，企业要发展只有诚信才能得到顾客的青睐，否则企业的形象就会受到影响。企业如果做到诚信经营，讲求信誉、信用，自然就有了顾客关系。如阿里巴巴的支付宝诚信系统使顾客敢于通过虚拟的网络购物。又如，沃尔玛的生鲜食品中，对要到期的食品单独放在一个显眼的地方（保质期邻近的商品），价格有所降低。不但起到了促销作用，而且让消费者感到商家真诚，让人放心，信任。企业要实事求是，原材料是什么就是什么，葡萄酒年份是哪年就哪年，不要弄虚作假。产品真实可靠，质量有保证。比如，著名的中式快餐连锁企业顺旺基餐饮企业，整个的后厨操作过程，消费者透过玻璃可以清晰看见，而且整个后厨操作过程还通过电视展示给更多的消费者，让消费者对企业信任。不但如此，该企业还把大米、粮油等餐饮原材料样品放在大门口显眼的地方，让消费者对供应商也信任。

产品和价格信任是基础。价格制定得科学合理，让消费者对价格信任。比如，心理定价——信任价格，尾数定价让消费者相信企业制定价格的认真严谨。信息真实。采用渠道、广告、公关和人员推销、促销等沟通

---

① 苏朝晖. 客户关系的建立与维护［M］. 北京：清华大学出版社，2007：125.

方式，信息内容真实，真实与利益和价值是一致的。人员信任。形象统一，动作规范，技术娴熟。一言九鼎。有诺必兑现。

诚信是企业进行商业经营的基本准则。企业做到诚信还不够，还需要让消费者从感情上知道、行为上接受和信任企业。因此，企业不仅要从自身角度理解并践行诚信，还要从消费者角度思考消费者为什么会信任企业，哪些因素会影响消费者对企业的信任。信任的缺乏导致了消费者信任的需求，顾客关系的建立就是信任的塑造。信任营销既是创造价值，更是呈现、传播、传递价值。

2. 交叉销售

交叉销售是指对于多元化企业或生产系列产品的企业，在第一次与顾客满意交换的基础上，发现顾客的多种需求，并通过与顾客再次持续交换企业的其他产品满足顾客另外的需求。交叉销售是一种发现顾客多种需求，并满足其多种需求的营销方式，从横向角度开发产品市场。营销人员在完成一种产品销售后，主动积极地向现有客户、市场销售其他的、额外的产品或服务。交叉销售是在同一个客户身上挖掘、开拓更多的顾客需求，横向地开拓市场，而不是只满足于客户某次的购买需求。初次产品交换得满意才能带动顾客新产品购买消费。

如果客户购买公司的产品和服务越多，客户的转移成本增加，客户流失的可能性就越小，从而增强客户忠诚度。有数据显示，银行客户购买两种银行产品的客户的流失率是55%，而购买4种或更多产品或服务的客户流失率几乎是0。将一种产品和服务推销给一个现有客户的成本远低于吸收一个新客户的成本。吸收新客户的成本是非常高的，而对现有客户进行交叉销售，自然能提高公司的利润。

从广义来看，交叉销售还包括向与现有客户有关系的其他客户推荐产品和服务。如顾客从公司购买产品后满意，你可以趁机向他的朋友或熟人推销该产品。因此交叉销售既可以是同一顾客同一企业的不同产品的交换销售，也可以是有联系的不同顾客同一企业同一产品的交换销售，其前提必须是第一次交换满意。

3. 口碑营销

口碑是曾经购买消费某产品的客户在口头上对消费经历和产品向其他人或潜在顾客做评价和介绍。口碑有正面口碑也有负面口碑。通常所理解的口碑是指满意顾客对产品体验的正面评价。口碑营销就是让顾客满意，在此基础上鼓励和激发满意顾客通过发表自己的真实感受体验并影响潜在顾客。目前有线下人际口碑，也有线上网络口碑。线下人际口碑更真实更可信，但影响范围小。线上网络口碑影响范围广传播速度快。不过对顾客来讲，线上口碑比线下要花时间和精力，特别是正面的线上口碑。因此企业要鼓励顾客做出评价和写出体验。满意客户正面宣传推荐市场。无论是线上还是线下，忠诚消费者向周边人进行积极的口碑传播都是同等重要的，这种传播也是将潜在消费者转化为最终消费者强有力的工具之一。必须牢记的是，消费行为是一种带有情绪的选择过程，忠实的消费者会对品牌产品的里里外外都很了解，因此，忠诚消费者会对品牌有很强的黏性，而他们也会积极地影响周边人的购买决策。

不要仅仅使用一些大牌明星来代言，曾经的一般顾客对于产品体验的积极反馈会有出奇的效果。因为人们更相信普通人的使用感受，相信身边亲朋好友的推荐，没有什么比贴近生活的代言更加深入人心。使用过产品的客户和客户推荐。忠实的老客户不仅会继续销售合作，还会介绍一些新的客户。由于长期的合作，老客户往往很了解产品的各个性能，并且由于他用过产品，说的话也自然更有分量，更令人信服。销售人员销售完产品、获得客户信任后，还要适时地鼓励客户帮助自己背书或者宣传。有客户的推荐，销售人员会源源不断地获得更多新客户和新订单。调查表明，影响潜在客户购买行为的因素中，积极的品牌评价比重高达90%，购买行为的产生带有很强的情感因素。为了达到最好的传播效应，尽可能多地接触到更多客户，社交媒体自然是不二选择。无论是对大公司还是小企业，社交媒体如微博、朋友圈上一次又一次积极的点赞、评论、转发，都会提升品牌形象。

鼓励消费者写出产品体验的过程。没有人会喜欢内容无聊空洞的商品介绍页或者一成不变的产品推销的推文、博客。顾客更想看到别人的使用反馈和评价。开设网页方便消费者提交产品体验故事。网站专门为粉丝设计一个展示页，精心安排一些内容表现人们的满意感受、反馈，甚至包括一些短视频、粉丝的感谢信等。总之，让客户觉得自己被重视、被珍惜，购买你的品牌的产品会有一种优待感，产生一种在别的商家那里感受不到的优越感。通过社交网络的不断分享和传播，人们会主动地来向你"要"名片，来了解你的品牌。好的展示页，顾客会自然而然帮你传播，这是品牌传播渠道的一个有力延伸，是线下到线上的一个无缝对接。为了更多的顾客积极评价，必须简化评价的流程，让顾客花最少的时间来进行评价和反馈。更有效的办法就是用一些礼物或者折扣刺激。特别是在某些特殊场合或者节日时，一些小礼物会让你的粉丝兴奋不已，自然会多说好话。①

四、信任修复营销

所谓品牌危机，通常是指那些对品牌产生破坏性的突发事件。顾客关系，顾客对品牌信任、人员信任。信任危机，信任出现了问题。事件对品牌造成了负面的影响，主要是品牌信任。品牌信任的出现危机的来源一是直接当事人，二是媒介和舆论对品牌的影响。

1. 直接当事人

首先，主动承认问题。态度诚恳，实事求是澄清问题。站在对方角度思考问题，处理问题。请求、借鉴权威人士、机构、部门澄清问题。

（1）处理心情。对于顾客的投诉和抱怨，首先是减少不满、消除抱怨。善待投诉、化解矛盾。客户服务人员主动做到尊重、欣赏客户，理解客户、善待客户。事先对客户当时的心情进行处理，将心比心，表示歉意，想方设法平息客户的怨气。由于客户的投诉多数属于发泄性质，只要得到商家的同情和理解，消除了怨气，心理平衡后事情就容易解决了。

（2）倾听了解情况。客户不满的原因有很多，但归纳起来有主观和客观两方面。在主观方面，客户通常认为自己没有受到应有的尊重，得不到

---

① Sofie De Beule，口碑营销：5 种方法让消费者成为你的代言人，http://money.163.com/14/0312/08/9N4FGBAT00253G87.html.

相关服务人员的理解。在客观方面，产品或服务确实存在有待改进的地方。客户抱怨不仅意味着品牌的产品或服务没达到他们的期望、满足和需求；同时也表示客户仍旧对品牌抱有期待，希望其能够改善产品或提高服务水平。所以，客户"抱怨是金"。因此，要消除客户的抱怨。当客户提出异议或反映产品或服务的问题时，首先是倾听。倾听是解决问题的前提，弄清问题的本质和事实。在倾听的过程中不妨多提问，这样会有助于了解事情的真相。在倾听时，不但要听他表达的内容还要注意他的语调与音量。这有助于了解客户语言背后的内在情绪。同时，通过归纳与复述来确保自己是否真正了解了客户的问题。在面对客户投诉时，一定要搞清楚客户的怨气从何而来，以便对症下药有效地平息客户抱怨。只有认真听取客户的投诉，才能发现其实质性的原因。千万不要争辩。

（3）正确及时地解决客户问题。对于客户的投诉应该及时正确地处理，若拖延时间，只会使客户的怨气变得越来越强烈，使客户感到自己没有受到足够的重视。例如，客户投诉产品的质量不好，企业通过调查研究，发现主要原因在于客户使用不当，这时应及时地通知客户需要维修产品，告诉客户正确的使用方法，而不能简单地认为与企业无关，不予理睬，虽然企业没有责任，但是这样也会失去客户。如果经过调查，发现产品确实存在问题，企业就应该给予适当的补偿，尽快告诉客户处理的结果。处理客户投诉要耐心多一点、态度好一点、动作快一点、补偿多一点、层次高一点。

（4）避免控告。客户投诉通常有两种结果，如果他们的问题能够得到及时妥善的解决，不仅可以提高其满意度，而且可以促进客户的忠诚度。如果没有得到及时有效的解决，往往又有两种结果：一是客户选择放弃，传播其不满，但品牌也永远失去这个客户以及受其影响的客户；二是客户选择控告，到法院跟企业打官司。客户的控告对品牌来说是一种危机，会给品牌形象带来负面影响，甚至会给品牌的经营带来毁灭性的打击。因为打起官司来，时间通常会拖得很长，让企业难以承受其所产生的负面效应，甚至会因此而垮掉。最典型的案例就是某品牌口服液消费者服用后死亡被消费者家属告上法庭。由于"吃死人"事件被媒体广泛传播，该品牌口服液的销量呈"降落伞"般地下滑。加上公司的其他问题一并爆发，虽然赢了官司结果却输掉了企业。被客户控告即使赢了官司也难免会伤害客户们的感情，甚至丢掉整个市场。因此，要尽量避免被控告。特别是今天互联网的时代，在网络上传播速度快，影响范围广。因此，最好的办法是避免控告，充分重视客户投诉，妥善处理，让客户满意而归，或许能够获得客户的免费广告——传播满意。其次是通过庭外和解、破财消灾等方式做到息事宁人。如果做不到息事宁人，那就应该尽早启动危机处理程序，力争把损失降到最小。

（5）给予补偿。保护消费者的利益，补偿受害者的损失，是品牌危机处理的第一要义。因为，品牌真正的价值就藏在受众的心里。只要是由于使用了本品牌的产品或服务而受到了伤害，品牌经营者就应该在第一时间向社会公众公开道歉以示诚意，并且给受害者相应的物质补偿；对于那些确实存在问题的产品应该不惜一切代价迅速收回，并立即改进品牌的产品或服务，以表明企业解决危机的决心。①

2. 危机对品牌的影响及处理

在企业的成长路上不会永远风平浪静、一帆风顺，各种各样的品牌危机随时都有可能发生，只有不断强化危机管理意识、提升防范危机能力和建立危机处理机制，切实做到"未雨绸缪"才是品牌顺利发展的有力保障。当品牌危机一旦发生的时候，经营者务必遵循冷静面对、迅速做出反应、对外统一口径、开诚布公、顺应民意五大原则沉着应战，力争转危为机。

（1）设立危机处理机构及应急机制。危机处理要有相应的部门机构。危机处理机构至少包括决策系统、信息系统和操作系统。决策系统可由一名首席危机处理官和若干名危机处理官组成。首席危机处理官应该由品牌的高层管理者担任，一方面其对品牌有全面的了解，另一方面有决策的权力，最好是由品牌领袖直接担任。危机处理官应经过一定的危机处理培训，具有在高度压力和信息不充分条件下做出科学决策的能力。信息系统

---

① 杨松霖. 品牌速成大师［M］. 北京：中国经济出版社，2009：186-200.

包括信息收集和整理等方面，应配有专门训练有素的信息收集人员，广泛收集各种信息情报，尤其是意见领袖们的看法，也包括向有关危机处理专家咨询以便获得相关的建议和意见，并对危机相关信息进行识别、分类和记录，供决策者使用。操作系统主要负责具体的危机处理方案的实施，包括负责危机现场指挥、媒体的联络与协调、危机处理资源的保障等。

（2）危机的迅速调查与评估。速度是决定危机能否消除甚至转化为机遇的关键。对于危机认识不足或反应速度迟缓，各种猜测、传闻和谣言就会越来越多，必然使消费者对品牌的负面印象越深，不利联想越多，就有可能造成危机升级。因此，为避免危机扩散或升级，应迅速找出危机的根源。在全面、科学调查的基础上找出危机发生的根本原因以及了解整个危机事件的真实情况。这是有的放矢地制定解决对策的依据。同时，全面评估危机事件对品牌的现实危害影响和潜在的危害影响，并划分危机的等级，如普通事件、重大事件和极端事件。根据危机的级别制订相应的处理方案和主攻方向，而且在初步掌握危机原因的基础之上，决策层就应对该次危机事件进行定性。如我国某汽车品牌在欧洲参展期间被欧洲一大型检测机构评定为安全性最差的汽车，出现严重的品牌危机，决策层决定在舆论宣传中策略性地抛出"阴谋论"的定性。然后准备参加另外一家欧洲汽车安全检测机构的测试，以另外的权威测验证明这个"阴谋论"的成立。由于测试结果不错，结果该品牌危机得到妥善的处理。

（3）制订危机处理方案。当品牌危机发生时，就要根据已掌握的情况研究对策，制订危机处理方案，明确应该采取什么样的对策，通过什么样的程序进行有效处理，确定什么人在什么时间做什么事。所制订的方案必须细化到危机发生后组织采取的每个步骤和每个操作环节。方案用词精确，避免出现歧义，比如，马上、原则上、一般情况下等，并把每项工作落实到个人。方案在操作中要有可行性。

（4）对外传播。危机发生使得品牌成为社会舆论与公众关注的焦点，社会公众迫切想知道危机的真相以及品牌处理危机的态度与措施，而且在信息不对称的情况下社会公众极易滋生误解、猜疑，从而加深危机对品牌的危害。在危机事件处理过程中，只有通过各种信息渠道，如与报纸、电视台、新闻网站等媒体合作建立起高效的大众信息传播渠道，加强与新闻媒介、社会公众、政府部门的沟通，才能澄清歪曲事实的流言报道，让公众了解事实真相。

①统一口径，用一个声音表达。在危急时刻，企业应指派专门的新闻发言人或新闻中心负责处理与媒体间的关系，企业所有人员以统一口径回答有关新闻媒体以及公众的访问，以真诚的态度表达歉意以及解决处理危机的诚意。通过多种信息传播渠道让公众了解处理危机的进展情况以及所调查到的原因，掌握舆论主导权。

②开诚布公。统一口径就是为了让企业人员明确对外什么话可以说，什么话不能说。危机处理的态度，品牌的各个经营者都有自己的看法和观点，因此必须通过研究协商，以达成一致态度。有效的处理态度通常应该是向有关的受害者以及广大公众表达歉意，真诚地表达愿意妥善处理的决心。为了有效地止住谣言传播，妥善处理危机，不要把责任统统归咎于客观或他人身上，或者无可奉告。企业应该开诚布公与受众沟通。坦诚地公布危机事件的真实情况，以及危机事件的进展和处理方案。这不仅可以澄清事实、消除误解、制止谣言，而且可以让公众看到企业处理危机、解决问题的诚意。暂时不清楚的问题，不能提供的信息则应诚恳地说明原因，取得公众和媒体的谅解，防止激怒新闻媒体和公众。同时，对于自身的过失所造成的责任要主动而诚恳地承担，并采取相应的补救措施，以高姿态赢得受害者以及社会公众的谅解；而对于责任不在己方的事件应对受害者表示慰问和关切，并加强与各方的沟通，说明真实的原因，获得社会公众的理解和认同，从而维护品牌形象，减少危机对品牌的危害。

开诚布公的时间一是危机发生时，二是危机真相大白时。危机发生后，处理机构的决策层要很快地做出自己的判断，给危机事件定性，确定处理的原则、立场、方案与程序；及时对危机事件的受害者给予安抚，避免事态的恶化；同时在最短的时间内把内部已经掌握的危机情况和危机处理措施向新闻媒体做简短说明，阐明企业的立场与态度，争取获得媒体的信任与支持。企业应及时设置危机信息传播热线，保证企业内部信息的畅通，回答消费者的质疑，为关心事件进展的人们解疑，为新闻媒体提供素材，发挥传播、沟通作用。当品牌危机的来龙去脉全部搞清楚之后，企业最好组织一次新闻发布活动，把危机真相和最终结果汇报给公众。

③顺应民意。顺应民意需要抛弃自己主观的一些成见，静下心来仔细想一想民众为什么反对或支持某种观点和行为。在品牌危机时期，我们一定要顺从社会的主流舆论，附和他们的观点以示认同。绝对不能与主流舆论唱反调，否则又会成为媒体的标题，引来新一轮舆论旋涡。由于民意常常是不理性的，所以非常容易被一些突发的情感所煽动，难免会出现扭曲事实和真理的情况。因此，通过潜移默化的力量，诸如权威的第三者，尤其是民众认同的那些权威人物进行默默的诱导，使其转向更加理性和客观，从而慢慢地理解和认同品牌。①

如丰田汽车五招化解"霸道"广告危机。② 丰田汽车 2003 年度频出狠招，一路攻城拔寨，凯歌高唱。但就要在为本年度的经营工作画上一个圆满句号之时，却因"霸道"广告危机弄得满城风雨。所幸丰田公司出招及时，应对得力，从而转危为安，有惊无险。事由是"霸道"广告有辱民族尊严。在 2003 年第 12 期《汽车之友》杂志上，丰田汽车共刊登了三份汽车广告，分别为其三款新车"陆地巡洋舰""霸道""特锐"。在"霸道"车的广告页上，两只石狮蹲居路侧，其中一只挺身伸出右爪向"霸道"车做行礼状，该广告的文案为"霸道，你不得不尊敬"。由于石狮在一定意义上是我国民族传统文化的产物，蕴含着极其重要的象征意义。丰田公司选择这样的画面为其做广告，有读者认为有辱民族尊严。12 月 4 日，《解放日报》以"日本丰田汽车霸道广告有辱民族尊严"为题报道了该事件，同日几大门户网站及相当多的媒体进行了转载，引起了极大关注。一时间触动了国人敏感的民族情绪，引起轩然大波，群情激昂，声讨不断。丰田公司在危机汹涌而来时，使出五招化解了危机。

第一，反应迅速，在第一时间与媒体沟通。12 月 4 日，各媒体对此事件进行报道之后，丰田公司迅即召开由公司多位高层参加的媒体座谈会，

---

① 杨松霖．品牌速成大师［M］．北京：中国经济出版社，2009：186-200．
② 游昌乔，《丰田汽车：五招化解"霸道"广告危机》，中国营销传播网．（http://www.emkt.com.cn/cgi-bin/article.cgi？ID=13274）．

并于当日发布道歉书。从而使关注此次事件的读者和媒体在最短时间内了解到了丰田公司的态度，平息了事态发展。星星之火，可以燎原。如果不在火势刚起时采取果断行动，一旦越来越烈，则势必失去控制。

第二，态度诚恳，勇于承担责任。在丰田汽车公司的致歉信中，没有为这次事件寻找任何开脱的理由，而是对此致以诚挚的歉意。在谈及创作广告的盛世长城广告公司时，一汽丰田汽车销售有限公司总经理古谷俊男回答："出现这样的事情完全是我们的责任，应该由我们自己来承担。"丰田公司的诚恳态度更是得到了媒体的嘉许。记者做了如下描述："整个座谈会中，不断听到日本代表的致歉，而他们对记者的提问也都很痛快地给予了回答，因此会议整体气氛比较平和，没有发生比较过激的言语和行为。"当危机来临时，公众需要的不是解释，不是推三阻四，而是勇于承担责任。设想一下，如果丰田公司对外的发言是诸如"读者太神经过敏了"等等言论，公众会是何种反应。

第三，高层亲自出马，获得媒体及读者的谅解。在媒体座谈会上，丰田汽车多位高层列席，并发表了言辞诚恳的讲话。丰田汽车中国事务所理事、总代表服部悦雄，代表杉之原克之，一汽丰田汽车销售有限公司总经理古谷俊男，副总经理董海洋、藤原启税等出席了座谈会。对事件表态人员的职位高低，往往意味着事件主角对此的重视程度。正是由于丰田公司高层倾巢出动，使媒体和读者感受到了丰田公司解决问题的诚意。如果丰田公司由着其公关部门例行公事地发言，其后果肯定适得其反。

第四，婉陈事实真相，化解民族情绪。古谷俊男是如此代表丰田公司通过在座的新闻媒体向中国消费者道歉的："虽然我们在投放广告之前没有任何意思，但由于我们表达得不妥帖，在中国消费者中引发了不愉快、不好的情绪，对此我们表示非常遗憾。公司在事件发生后首先停发了这两个广告，并在一些媒体发布致歉信，同时也在丰田网站上登出。为了防止类似事件发生，公司正在采取相应措施，以坚决杜绝类似事件的发生，我们希望在最短的时间取得消费者的谅解和信任。"同时古田俊男在座谈会上说明两则广告的创意其实都是中国人设计的，陆地巡洋舰广告上的绿色卡车也不是真的图片，而是手绘上去的。"但我们是广告主，我们要负责任。"以恰当的语言和恰当的方式向公众说明事实真相是非常必要的。尽管丰田公司的广告是由广告公司制作，也是由中国人创意，但古田俊男并没有以此来推脱，而是在表达歉意并表示愿意承担责任之后坦陈，使媒体和公众在心理上不反感的前提下认可了该事件的缘由，从而得到了谅解和信任。

第五，统一态度和口径，避免"祸从口出"。丰田公司深知"祸从口出"，因此在事件发生后，无论丰田公司本身，还是发表该广告的媒体，或是创作该广告的盛世长城，都一致对外"表示诚恳的歉意"，而丰田公司则仅由一汽丰田汽车销售有限公司总经理古谷俊男对外发言，其他人如果被问及，则连连道歉，不发表其他讲话。

实际上，很多危机之所以发展到失控的状态，跟企业没把好"口关"有至关重要的关系。因为对外露的口风，往往蕴含的是对事件认识的态度，也往往是公众最为关注的。①

---

① 杨松霖. 品牌速成大师［M］. 北京：中国经济出版社，2009：173.

第四章

交换对象：品牌关系与人员关系营销

从交换主体与对象看，顾客与企业的交换一是品牌，一是人员。顾客关系一是品牌关系，一是人员关系。顾客关系就是要做到顾客满意基础上的顾客忠诚。顾客关系既有品牌满意和忠诚，又有人员满意和忠诚。顾客关系的建立和维护当然就要从品牌的塑造和人员关系的协调处理两方面进行。人员关系既属于品牌关系又与品牌关系相互影响。对企业而言，人员关系影响品牌关系；品牌关系也影响具体人员关系。无论品牌关系还是人员关系，关系的基础是价值，信任是关系的前提。建立关系，首先就要给关系方提供价值，其次是让其相信有价值。

第一节　品牌关系营销

品牌是代表消费者价值和利益的载体。品牌既是产品价值的体现，也是企业产品价值和质量方面对消费者的承诺和保证，还是消费者对企业产品质量和价值的一种信任和认可。品牌既反映、体现和凝聚产品价值，也是消费者信任产品价值的结果。企业通过品牌体现价值，顾客通过品牌辨识和实现价值。品牌的塑造既是提升价值也是彰显产品价值让顾客信任产品。莱恩哈德·斯普伦格指出："在商品差别越来越小的时代，销售中无形因素的区别越来越明显。明确地说，企业出售的不是产品，而是信任。品牌是具体化的信任，它帮助顾客节省时间。"① 顾客与品牌的关系就是品牌关系。品牌关系是一个由品牌关系主体和品牌关系性质构成的关系。塑

---

① 莱恩哈德·斯普伦格．信任［M］．胡越译．北京：当代中国出版社，2004：17.

造品牌就是建立关系。品牌关系营销就是通过塑造品牌建立起与顾客的关系。品牌关系营销包括了品牌分析、品牌定位、设计、注册、传播、品牌支撑，以及品牌坚持与创新整个过程。

一、品牌关系内涵

品牌是消费者价值和利益的载体和代表。品牌连接起企业和消费者，从人际关系理论研究认识品牌，便有了品牌关系。品牌关系包括企业品牌和产品/服务品牌。本文在这里讨论产品品牌关系。

1. 品牌

品牌是某供应商提供的产品或服务或本身与其他的供应商或其提供的产品或服务区别开来的任何名称、标准、符号、色彩等特征。品牌是价值的体现和代表。价格是质量的替代。品牌是价格、质量的替代，是产品价值的体现。选择品牌产品，主要在于款式、特色、情感。对于非品牌产品，在于价格、质量。品牌是物质与精神的统一，有形与无形的统一，结实与脆弱的统一，有限与无限的统一，简单与复杂的统一，具有专有与排他性。

（1）品牌与商标。品牌和商标都是由文字、符号、图案、色彩构成，用于消费者和竞争者与其区别。商标是法律概念，品牌是市场概念。品牌来源于市场、依赖市场、离不开市场。消费者购买使用产品的周期越短，企业越要树立品牌意识。

（2）品牌种类。品牌有公益品牌与商业品牌之分。商业品牌分为企业品牌和产品品牌。企业品牌主要有制造商品牌和渠道商品牌。

（3）品牌评价。品牌的评价有两个角度。从顾客角度对品牌的评价，即品牌形象的评价，包括品牌知名度、认知度、信任度、联想度、美誉度、忠诚度。另一个是从企业角度对品牌进行评价，即品牌资产的评价。品牌形象影响品牌资产，或者说企业的品牌资产是基于顾客的品牌形象的企业市场价值。

2. 品牌关系

消费者与品牌之间是一个相互影响的互动的综合的过程关系。

（1）品牌关系含义

品牌关系是指某个品牌与其目标市场的消费者之间在情感与行为方面建立起来的相互联系。品牌的定义和理解都要分别从营销者和消费者两方面进行。品牌既是企业或营销人员通过名称、符号、图案等试图设计创造的某种产品或服务的特征，又是消费者对企业或其产品形象在心理认知的结果。品牌是企业在产品质量和服务方面对消费者的承诺和保证，是消费者对企业在产品质量和服务方面的信任和认可。把品牌解释为关系是对品牌个性观点的逻辑延伸。如果品牌能够被个性化，那么顾客可以与它们发生关系。① 品牌考虑关系，而非交易。一笔交易让你的钱袋子响一次，而关系让它一响再响。② 品牌在某种程度上象征着你的某一身份。品牌是一个未成文担保证人。对品牌失去信任就像对人失去信任一样危险。③ 品牌也是顾客具体化的信任。莱恩哈德·斯普伦格指出："在商品差别越来越小的时代，销售中无形因素的区别越来越明显。明确地说，企业出售的不是产品，而是信任。品牌是具体化的信任，它帮助顾客节省时间。"④

（2）品牌关系互动

品牌是对生产者与消费者的一个有效衔接。生产者从品牌中输入：产品、地点、价格、促销、人员、流程、物理迹象；消费者从品牌中输出：自我形象、质量、成本、预期性能、竞争区别。在市场中，品牌和消费者之间是相互影响的。品牌关系是消费者对品牌的态度和品牌对消费者的影响之间的互动过程，如图4-1。从某种角度上，消费者行为就是受企业品牌影响的过程，企业行为就是企业塑造品牌的过程，企业塑造品牌的过程与消费者受品牌影响的过程是相互影响。企业从消费者特征和行为的了解

---

① 彻纳东尼. 品牌制胜——从品牌展望到品牌评估 ［M］. 北京：中信出版社，2002：50.

② 特拉维斯. 情感品牌 ［M］. 北京：新华出版社，2003：57.

③ 特拉维斯. 情感品牌 ［M］. 北京：新华出版社，2003：23.

④ 莱恩哈德·斯普伦格. 信任 ［M］. 胡越译. 北京：当代中国出版社，2004：17.

开始与消费者之间互动。企业品牌定位依赖消费者需求，品牌定位影响消费者需求。品牌设计的元素内容是消费者品牌识别元素的内容。品牌设计的元素有品牌名称、符号、图案、色彩、内涵与意义。消费者通过这些元素去识别产品品类、属性、利益、个性、使用者、场合、组织等。品牌传播就是为了品牌形象，品牌形象是品牌传播的目的，品牌是品牌传播的结果。消费者从品牌出发产生联想，包括品类的联想、属性的联想、利益的联想、个性的联想，以及使用者、用途/使用场合、组织的联想等。企业渠道的设计与销售和消费者品牌的选择与购买之间更是面对面的直接互动。消费者购后的评价与行为和企业售后服务也是在进行互动。品牌分别对应顾客和企业两方面，心理和行为，顾客心理上高大上的情感，行为是购买；企业心理方面，名称、定位与传播，行为是品牌的支撑、质量的保证、价格的合理、渠道的方便。

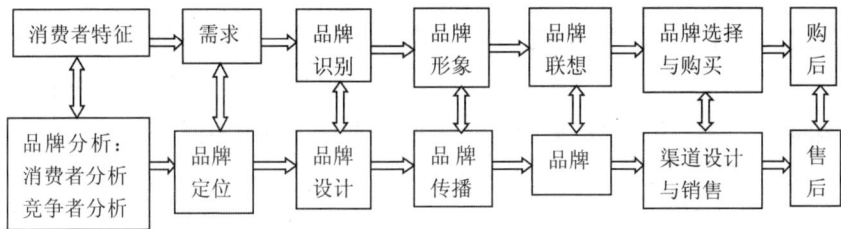

图 4-1　品牌关系互动图

从品牌的形成过程分析发现，我们认为品牌关系是企业与顾客之间在行为、信息、情感等方面输入—输出、刺激—反应、传播—接触体验的互动过程。

（3）品牌关系主体与过程

品牌关系是一个由品牌关系主体和品牌关系性质构成的关系。其中，品牌关系主体是指品牌关系形成过程中的各参与方，品牌关系性质是指从性质或事物内在本质的角度对品牌关系种类的划分。D. Aaker（1998）指出，品牌管理者必须将品牌当作产品、企业、人、符号来建立品牌管理的架构。这一观点为品牌概念的泛化提供了理论依据。品牌关系主体分解为产品、品牌、营销者、消费者等 4 个主体。品牌关系性质分为 3 种：认知、情感、意动。其中，认知是品牌关系的基础，属于理性的层面，指的是消费者对品牌的熟悉和了解程度；情感是指消费者对品牌的评价和感觉，是品牌关系的核心，属于感性的层面；意动是指消费者对品牌的忠诚意向和承诺，是品牌关系的表象，属于外化的层面。将关系主体和关系性质结合在一起，可以构造一个广义品牌关系结构矩阵，见表4-1。该矩阵包含了不同主体之间不同性质的所有品牌关系假设。

表4-1　品牌关系结构矩阵

关系性质（过程） 关系主体	认知	情感	意志
消费者—品牌	1	5	9
消费者—产品	2	6	10
消费者—营销者	3	7	11
消费者—消费者	4	8	12

由表可知，广义品牌关系结构矩阵中包括了12类关系。这12类关系可视为构成广义品牌关系的因子，也是编制广义品牌关系量表的理论框架。消费者—品牌的认知关系：指消费者对品牌符号或内涵的熟悉、了解、记忆程度。消费者—产品的认知关系：指消费者对产品和服务属性的了解和熟悉程度。消费者—营销者的认知关系：指消费者对推出该品牌组织的了解和熟悉程度。消费者—消费者的认知关系：指消费者对该品牌典型消费者的了解、熟悉程度。消费者—品牌的情感关系：指消费者通过接触品牌的信息和实际体验而形成的心理感受、评价等。消费者—产品的情感关系：指消费者通过信息接触和（或）实际接触而对产品和服务形成的感觉和评价。消费者—营销者的情感关系：指消费者对组织的好感或信任。消费者—消费者的情感关系：指消费者对品牌典型消费者的感觉和评价。消费者—品牌的意动关系：指消费者对品牌的长期承诺或采取行动的意图，主要包括态度忠诚方面内容。消费者—产品的意动关系：指消费者

与产品的接触意愿。消费者—营销者的意动关系：指消费者对营销者做出承诺或者其他沟通行为意向。消费者—消费者的意动关系：指消费者与该品牌其他典型消费者的沟通意愿。①

（4）品牌关系层次

品牌关系分三个层次：利益关系、情感关系和社会关系。我们可以用一个现实生活中的例子来说明。比如，一辆汽车，它带给使用者的实际利益是将人快速地从 A 点移动到 B 点，任何汽车都必须满足购车人的这一基本需求，我们称之为利益关系。而不同人对于一辆汽车不同的款式、色彩的需求就属于个性化的需求了，许多厂家就是通过不断设计出新的款式来吸引不同消费者，消费者也愿意为不同的款式支付更多的钱，这种关系属于情感关系。汽车也能构建一种社会关系。当有人问凯迪拉克的老板，他们的竞争对手是大众还是福特，这位老板的回答是：珠宝商和裘皮大衣制造商。这时候，汽车已经不是交通工具了，而是一种社会地位的象征，品牌成为表达自我的一种方式。所以我们可以看到，在不同汽车价位相当的时候，有人选择奥迪，有人选择奔驰，有人选择宝马，这时一辆汽车不仅体现了使用者对车的功能（利益关系）、款式（情感关系）的需求，还要体现社会对他们的认同（社会关系）。概括地讲，人们对品牌的认知，就是你提供的产品服务是否为人们带来了好处，是否提供了一种情感体验，是否帮助人们定义了自己的生活方式。如果一个品牌能为人们定义一种生活方式，那它就是一个成功的品牌。②

二、品牌关系塑造

从品牌含义及其产生形成过程来看，其实品牌本身就是关系，塑造品牌就是建立关系。从品牌关系主体来看，消费者与品牌的关系，就是要通过设计塑造好品牌以建立企业与消费者的关系。企业对品牌的支撑内容，包括产品设计、质量、包装、价格、广告等。对消费者的影响，消费者对此的认

---

① 周志民，卢泰宏．广义品牌关系结构研究［J］．中国工业经济，2004（11）．

② 杨曦沦．品牌是一种关系［J］．中国民航报，2008（1）．

知，其结果就是产品品牌。因此，企业就要塑造产品品牌以建立企业与顾客的关系。消费者与营销者的关系，这里的营销者可能是制造商企业、中间商企业，也有可能是其中的部门或人员。这就要塑造企业品牌，以及人员关系。人员关系我们放在后面章节来探讨。消费者与消费者之间的关系，主要受竞争品牌与企业定位和目标市场选择的影响。总之，从品牌关系主体来看，品牌、产品、营销者对企业来说都是可以直接控制的因素，就是企业不管是制造商还是中间商，不管是企业自己还是产品，都要做品牌，都要选择自己的目标市场并与竞争者差异化定位，设计品牌、支撑品牌，这就能做好品牌关系。另外从品牌关系过程来看，就是要从消费者对品牌的心理活动过程的认知、情感、意志方面分别去影响消费者，进而建立起理想的品牌关系。由此看来，品牌关系的塑造不外乎就是塑造品牌。

其实品牌就是关系，塑造品牌就是建立关系。品牌过程由顾客出发到顾客心理结束。如图 4-1。由品牌分析、品牌定位、品牌设计、品牌组合、品牌支撑、品牌传播（包装、广告、公关），到消费者心目中的品牌形象。

1. 品牌定位

在品牌分析的基础上进行品牌定位。品牌分析主要是分析产品、消费者、竞争者。定位是一种心理上的情感认知，有自我定位和他人定位。一般是先自我定位，然后他人定位。企业的自我定位，如战略定位、经营定位、目标市场定位。他人定位就是产品或企业等品牌在其目标消费者心目中的定位或占据的心里位置。品牌定位就是占据消费者的心里位置，就是企业让消费者按照企业的目标来认为企业的产品是什么样的。品牌定位是企业或产品品牌在消费者心里占据的位置。品牌定位的依据有三方面：产品、消费者、竞争者。品牌定位一定是寻求与竞争者的差异化，一定是针对竞争对象的比较。有没有竞争对象？谁是竞争对手？差异化在哪里？这是品牌定位必须回答的问题。

（1）根据产品定位，主要从产品类别、属性、价格和质量（档次）、用途、服务等来定位。

（2）根据消费者（使用者）定位。

一是个性定位。品牌个性针对什么样的人，什么样的目标群体。品有什么样的个性。通过一定故事，反映什么文化和情感。品牌个性来源于产品本身、使用者、广告及其代言人、创始人。品牌个性塑造原则有持续一致、独特性和人性化。持续一致性既包括时间跨度上，即纵向的一致性，也包括横向的一致性，即在一段时间内，要围绕品牌的个性特征，进行品牌的整合传播活动。从内容上来讲，品牌的个性特征及其内涵、对目标消费者的生活方式和价值观的理解要保持一致；从形式上来讲，品牌传播的各项要素的基本结合方式，以及展现学习的核心图案和品牌代言人的形象气质等应该持续、连贯。品牌个性在品牌关系形成中起到重要的作用。只有那些具有独特个性特征的品牌才能吸引消费者，并成为消费者的关系伙伴与消费者建立良好关系。当品牌个性与消费者追求的个性相一致时，品牌将会对消费者产生吸引力，品牌关系才能够建立并持续下去。Louis 等人以可口可乐为例，通过实证研究发现，品牌个性是品牌信任、品牌依恋和品牌承诺形成的主要影响因素。[①]

二是心理行为定位。根据顾客的心理特点从需要、动机方面定位。

三是行为定位。根据顾客购买行为和使用行为的特点进行定位。

不管是根据企业或产品自身方面的定位，还是消费者方面的定位，都必须针对主要的直接的竞争对手找出自己的差别与优势。

（3）根据竞争对手定位，有迎头、避强、比附定位。

总之，不管根据哪方面依据定位，最后定位点的选择一定是顾客的买点、企业的卖点，同时又是优点的重合点。

2. 品牌设计

品牌设计内容有名称（文字）、符号、图案、色彩、口号/广告语、故事、精神。品牌名字设计寓意深厚。由名字能联想到产品属性，而且名称要给消费者一个想象的空间，联想到产品属性、个性。品牌名字易读易记好听有寓意。一定要朗朗上口，听一遍就记得住。标志和符号要简洁有内涵。色彩要符合消费者的认知。品牌名称能够在消费者心中唤起两种联想：品牌名称本身引起的联想和消费者在使用了该品牌后对品牌名称产生

---

① 李耀. 国外品牌关系理论新探索［J］. 商业研究，2011（11）.

的联想。柯林斯提出了品牌名称、品牌形象（品牌联想、预期联想）与营销传播之间关系的两个原则。乔伊斯原则认为消费者第一次接触某一品牌名称时便萌生某种联想。朱丽叶原则认为只要营销传播能使消费者从品牌名称中获得预期的联想，它就可以被作为品牌名称。这里的关键因素是营销传播，它必须能改变消费者对某品牌名称的最初联想。确定品牌名称时，是乔伊斯原则还是朱丽叶原则更起作用并不是最重要的，而是要看广告被用来作为品牌的营销传播手段的力度。包装要积极地反映品牌形象，主动角色。[①]

品牌设计与产品设计的关系是，在工业经济时代，先产品设计，再品牌设计；在知识经济时代，先品牌设计，再产品设计。

3. 品牌传播与接触

从关系的角度来看，品牌被视为品牌关系，该关系受到发生在顾客与供应商或者服务提供者之间的各种品牌接触的影响。[②] Schultz 和 Barns 认为品牌关系随顾客所经历的一系列品牌接触而发展。品牌接触就是现有顾客或者潜在顾客对企业形象或某种可传递信息的体验，不管该体验发生于何地，以及该体验是什么。品牌接触形成品牌关系，顾客经历一系列的品牌接触产生的品牌体验形成品牌关系，企业的品牌定位和设计的品牌元素要通过传播沟通让顾客接触，形成品牌接触，进而形成品牌。

（1）企业品牌传播

交换要通过一定的渠道来促成。一是销售与购买的渠道，一是信息沟通的渠道。这两个渠道在今天电商时代，都可以用网络在线达到和实现交换目的，但又不只有线上渠道。最好的方式必然是这两种渠道线上线下的结合，即新零售和全渠道模式。线上线下的两种渠道既是结合，又是互为补充，还是交叉互相影响。电商时代，线上销售渠道不受时空的影响，或者说受时空的影响小。销售/购买的范围很广，只要物流能够到达。线上沟通品牌渠道，也很广泛，受时空影响小，或没有影响。但线下沟通品牌

---

① 莱兹伯斯．品牌管理［M］．北京：机械工业出版社，2004：48．
② 格罗鲁斯．服务管理与营销：基于顾客关系的管理策略［M］．北京：电子工业出版社，2002：216．

渠道受目标受众的影响范围有大有小。地方品牌和特色产品是地域性的品牌，但电商/微商的购买可以是广泛的大范围的。因此电商时代，购买渠道的范围广泛，与品牌传播媒介的受众不一定范围广泛之间有冲突和矛盾，需要注意和协调。

品牌载体主要有人、事、物。人有代言人、消费者、销售人员、创始人、管理者。事有品牌事件、品牌故事、活动。物有产品、服务、包装、媒体广告、企业官网。品牌传播方案包括包装、口碑、公关、促销、体验、广告媒介（电视、印刷品、广播、户外、网络、活动、组织）。在市场定位的基础上，品牌定位，然后由代言人、诉求方式、权威媒体、多种不同媒体逐级递进向目标顾客传递品牌信息，最后在消费者心目中树立品牌形象。消费者经常将自己对代言人的情感投射到品牌中，形象良好的代言人在品牌关系形成中起到积极的推动作用。不过在营销宣传过程中应尽量隐藏其商业目的，以减少消费者的指责和批评。Christy 和 Hillary 的研究认为，当消费者识别了企业的真实目的后，品牌信任和品牌承诺将会大幅度下降。在品牌关系的建立和传播过程中，应整合各种营销传播途径，向消费者传递相同的内容。① 品牌载体要有延续性，与时俱进。

品牌传播与预算有关。低成本品牌传播开发路线的手段有成分品牌、资质标识、地域形象、联合品牌。② 联合品牌有三层次，可以分别从产品、销售、传播进行联合。品牌传播，就是将各种形式的信息传递给顾客，刺激顾客，劝说教育影响顾客认知和行为。数字时代品牌的传播是新旧媒体线上线下全方位立体的综合媒介和方式方法的运用。品牌传播主要是整合营销沟通。各种媒介、各种诉求方式围绕一个主题向目标群体沟通传递信息。不同的沟通在理论上是相互关联的。各类信息互相支持、强化，而不互相矛盾。各种沟通互相关联并且在时间上是连续的，互相促进，或者说各部分相结合的效果大于简单的单项效果之和。既然接触点影响顾客认知和体验，影响品牌，影响品牌关系和人员关系，进而影响顾客关系，企业

① 周志民，卢泰宏. 广义品牌关系结构研究 [J]. 中国工业经济，2004（11）.
② 莱兹伯斯. 品牌管理 [M]. 北京：机械工业出版社，2004：48.

为了顾客关系就要对顾客接触点和体验进行管理。

（2）顾客品牌接触

交换和交换的完成必须有顾客和企业双方的接触。传播的结果和目的就是要通过顾客的品牌接触形成品牌。品牌载体都是顾客在交换过程中的接触点。这些接触点包括所有感觉器官能感知到的与企业相关的所有地点、时间和对象。在交换过程中顾客与企业不管是直接接触还是间接接触，根据不同标准可以对其接触点分类。从接触频率分为高接触点、低接触点；从交换过程时间顺序，顾客接触点分为售前、售中、售后；从接触时间的点和长度，可分为不同时间点的接触和不同时间长度的接触；从接触对象上分为广告、渠道、产品、购后接触（服务、使用、评价）；从空间地点上，分为视听信息地点接触、购买渠道地点接触、产品货架位置地点接触、使用地点接触；从接触方式上，眼耳鼻舌皮肤（手触觉）感官的接触，感觉基础上知觉的接触；从接触范围，分为线上接触和线下接触；从其产生过程有认知接触、情感接触、行为接触（肢体接触）。总之，信息接触，就是整合营销沟通。让顾客知道品牌、想到品牌、记到品牌、喜欢品牌。渠道接触，线上线下全渠道结合，增加渠道宽度，让顾客看得到摸得到买得到品牌。线下渠道多不同类型渠道方式多。不管信息接触还是渠道接触，都要增加顾客接触频率，延长接触时间，灵活接触时间点。从战略观点看，市场营销的一个主要目标是增加消费者和产品接触的可能性和频率，增加购买、使用产品和重复购买产品的可能性和频率。[①] 品牌接触的来源有计划性传播信息（销售谈判、广告、直接邮寄、事件活动、销售促进）、非计划性传播信息（新闻节目、网络聊天群体、口碑沟通）、产品信息（产品外观、包装）、服务信息（交换过程中的服务场景、人员接触）。[②] 顾客的品牌关系是建立在各种品牌接触的基础上的。品牌接触到大量信息，顾客受到刺激做出反应，形成品牌关系。如麦当劳品牌及品牌关

---

① 彼得，奥尔森. 消费者行为与营销战略 [M]. 大连：东北财经大学出版社，2000：448.

② 格罗鲁斯. 服务管理与营销：基于顾客关系的管理策略 [M]. 北京：电子工业出版社，2002：218.

系的形成来源于大量接触到的信息，如新闻报道、标识、产品、个人经历、广告、口碑、麦当劳店铺、人物及游乐场、员工、街道上的垃圾桶等。接触影响顾客认知并导致品牌形成。接触影响品牌关系，进而影响顾客关系。从广告接触、店铺接触、店内接触、货架接触，企业应主动进行接触点管理。

（3）品牌体验与品牌形象

经过品牌接触顾客对品牌产生了体验。消费者的品牌体验从感官体验开始，经过情感体验、成就体验、精神体验到心灵体验。这五种体验并不是并列的关系，而是呈金字塔式的层级关系，上一层的体验是下一层的体验的升华，消费者对品牌的体验不断由低向高升级。消费者对品牌的个体体验和共享体验既可以对品牌关系产生直接影响，也可以通过品牌个性、品牌形象和品牌联想对品牌关系的形成产生间接影响。① 经常的长期的接触会使品牌在消费者心中的体验得到提升。因此保持与消费者的良好的持续的关系，是塑造品牌的重要手段。这也是顾客关系营销的基本假设。一个品牌要想得到消费者的长期喜欢，就要力求提升自己在消费者心中体验的层次，只有高层次的体验才会在消费者心目中留下长久的印象，才不会受其他因素的干扰而获得消费者的品牌忠诚。②

顾客品牌接触体验形成品牌形象。顾客品牌接触体验对顾客品牌的影响既有正面的品牌形象影响，也有负面的品牌形象影响。这些接触体验既有计划性的品牌接触也有非计划性的品牌接触。既有线下的品牌接触，也有线上的品牌接触。品牌对于消费者的影响包括两方面的要素：一是感性的品牌，一是理性的品牌。感性的品牌包括品牌形象、个性。理性的品牌包括联想、品牌利益、品牌价值。从影响层次和范围上，品牌分为国家品牌、地区品牌、企业品牌、产品品牌等。高文化地区的品牌影响力大于低文化地区的品牌。我们今天对于品牌，中国的消费者更多倾向于外资企业品牌，这与市场经济下企业发展历史短暂有关，也跟中国国家品牌有关，

---

① 李耀. 国外品牌关系理论新探索［J］. 商业研究，2011（11）.

② 张红明. 品牌体验类别及其营销启示［J］. 商业经济与管理，2003（12）.

还有就是中国部分消费者确实还存在崇洋媚外的心理，认为外国的东西就是好的。这可能要在独生子女的下一代或下下一代才有可能改变。那个时候中国的国家品牌有了，都"崇华美中"了，所有老外都来中国游，买中国品牌的商品。那时我们的消费者就会热衷中国企业自己的品牌了。

4. 品牌支撑

品牌不是设计出来的，是发展起来的，是一个渐进和持续的过程，是企业发展强大的表现和结果。品牌设计只是品牌的一个基础性的工作。价值是品牌的关键。品牌支撑离不开4P策略。产品质量、服务、价格、渠道是品牌的基础。品牌是一个综合性系统性的工程。品牌精神层面在上，物质层面在下，包括质量、服务、价格、渠道；中间（连接/纽带），如传播，包装、广告、人员推销、公关。

三、品牌坚持与创新

通常谈论关系，无论是物与物之间，人与人之间的关系，还是人与物之间的关系，前提是关系一方固定，位置、行业、产品、目标要一直不变。只有这样这方才会有意义和必要与另一方，特别是也是固定的另一方建立持续的良性的关系，否则不会去涉及协调处理他们之间的关系。品牌既是产品价值的体现，也是企业对产品价值和质量向消费者的承诺和保证，还是消费者对企业产品质量和价值的一种信任。品牌离不开市场，离开了市场品牌就没有价值和意义。市场越大，品牌价值越大；市场越小，品牌价值越小。因此做品牌企业或产品一定要尽可能规模化，这就是品牌坚持。

1. 品牌坚持

品牌坚持是指一个企业或产品的品牌在一个较长时间段内做到形象的统一，而且能极大化地增加品牌价值。一是时间上的坚持，长时间做一个产品；二是空间上的坚持，扩大市场。这就要求品牌的差异化、集中化、专业化经营的基础上做到规模化，发挥范围经济效应。尽量使原市场消费者重复消费形成顾客忠诚。不断扩大市场，由国内市场到国际市场甚至全球市场，由熟悉市场到陌生市场。

（1）集中化。一个企业的形象包括企业形象、企业家形象、产品形象、员工形象、品牌形象。企业形象影响顾客信任。坚持品牌形象的统一，包括坚持横向的统一和纵向的统一。横向统一是指在一个时期内，产品、包装、传播、推广各环节一系列品牌行为应围绕一个主题展开。纵向统一是指在不同的时期，坚持同一个主题、同一种风格。[①] 特别是品牌个性的持续一致性既包括时间跨度上，即纵向的一致性，也包括横向的一致性，即在一段时间内，要围绕品牌的个性特征，进行品牌的整合传播活动。从内容上来讲，品牌的个性特征及其内涵、对目标消费者的生活方式和价值观的理解要保持一致；从形式上来讲，品牌传播的各项要素的基本结合方式，以及展现学习的核心图案和品牌代言人的形象气质等应该持续、连贯。

（2）规模化。有形产品的规模化就是通过流水线批量化规模化长时间地生产销售产品，不断扩大市场。对于服务业，一般是明确经营模式后，先经营好一家店铺。第一家店铺是样本是品牌的开始。做出特色，然后大规模的复制扩展。单个店铺难于存活（除非口碑很好、人流量相当大）。即使做得很好的单个店铺，做得越好成本越高，难于存活。因此对于店铺和超市由单店经营到连锁店经营，以达到规模化增加销售量和扩大市场。这种连锁可以是直营也可以是加盟的形式。连锁经营既扩大了规模，又增加了品牌的影响和知名度。如成都各商业中心几乎都是一些知名服务品牌，如肯德基、星巴克、无印良品、Unique、Addidas 等。

（3）品牌组合与延伸。品牌延伸既是扩大规模效应也是达到范围经济效应。品牌延伸是在前期集中化、专业化、特色化的已有品牌基础上品牌的组合。品牌延伸既有纵向同品类延伸，也有横向的异品类延伸。

纵向品牌延伸是在同一大类内针对新的细分市场而开发的新产品。如由雀巢咖啡延伸到易拉罐饮料的产品形式；如宝马由最贵的 200 多万到 20 多万元的档次延伸；如保宁醋由调料到美容、护肤的不同功能和用途的延伸；还有就是不同成分、原料、部件、口味、款式等的延伸。据有关研究

---

① 陈放 . 品牌学 ［M］. 北京：时事出版社，2002：131.

80%～90%以上的延伸都是在一个产品类内延伸。虽然产品在形式、大小、用途等各方面不同，但顾客购买这些产品的主要驱动力都是源于品牌的作用。

横向的品牌延伸是延伸到与原产品大类不同的大类。不同门类产品的延伸如宝马从汽车延伸到服饰。关联产品，如娃哈哈从果奶延伸到茶饮料、纯净水、果汁等。配套产品，如牙膏与牙刷，打印机与墨粉。销售渠道相同，如各种电脑耗材。市场相同，相同的目标消费者如好孩子的童车、纸尿裤共用一个品牌。用途、使用场合相同，如哈雷从摩托车延伸到摩托眼镜、护腕、手表、头盔等。技术和专业能力相同或者接近，如本田汽车、割草机依赖强劲的动力技术。产品利益、属性和特征相近，如六神花露水延伸到沐浴露。

其实都是利用消费者的刺激泛化的原理，用原来的品牌带动影响消费者对其他产品的购买，达到企业利润的最大化。

2. 品牌创新

品牌坚持是品牌主题和核心精神的坚持，而品牌的背后是文化和历史。随着时代的发展变化，文化元素会发生变化。品牌创新，实质就是赋予品牌要素以创造价值的新能力的行为，即通过技术、质量、商业模式和企业文化创新，增强品牌生命力。这样的话，品牌创新就可分为质量（管理）创新、技术创新、商业模式创新和企业文化创新。具体来说可以从以下方面创新。细分指标（新颖）、细分市场（新颖）、目标市场创新、定位创新、设计创新、组合创新、支撑创新、传播创新。

第二节 人员关系营销

顾客关系除了品牌关系外，在一定程度上比较直接的主要的是人员关系。特别是服务行业的企业，顾客关系更是如此。顾客人员关系是顾客与企业相关人员以及其他人员，包括顾客的关系。顾客人员关系既有线下人员关系，也有线上人员关系。线下人员关系是直接的主要的可以直接接触的人员关系。线上人员关系是指利用现在网络技术、通信技术与之有关联的人员关系。如企业的产品广告形象代言人、直播带货的主体。顾客与他们之间的关系也是顾客关系的一部分。

人员关系包括人员之间的各种经济关系、社会人际关系、物质关系、精神关系。这些关系有时是综合的，有时是单一的，有时主次不一，而且大多时候是融合在一起并相互影响。社群营销、微商、拼多多、直播带货、签名售书、明星代言等都是直接间接运用和涉及了人员关系的理论。顾客人员关系主要是企业人员与顾客人员之间的人际关系，是指企业一般人员、业务人员和企业中高层管理人员与顾客的人际关系。最常见的比较直接的就是直接与顾客人员接触的员工之间的人际关系。因此，从这个角度看，顾客满意与忠诚会直接受到这些员工的满意与忠诚的影响。人员关系营销，首先是内部营销和各部门人员与顾客之间关系的协调处理，其次是业务人员与顾客关系的营销，最后还有企业中高层管理人员与顾客关系的营销。人员关系营销在于企业人员给予顾客的价值以及顾客对企业人员及其给予价值的信任。

一、顾客人员关系

人员关系主要体现在人际关系方面。

1. 关系含义

对于关系，辞海上的解释是事物之间相互作用、相互影响的状态。关系是指各种联系，既是事物间的联系，也是人和人或人和物之间的联系。通常讲的关系是指人际关系，包括社会中所有的人与人之间的关系以及人与人之间关系的一切方面。从通常意义上讲，"关系"一词的含义是指两人或两组人之间相互的行为以及相互的感觉。关系发生在人以及由人构成的组织之间，包括行为和感觉两方面，两者缺一不可，并且可以相互转化。[1]

从历史上看，自从有了人类社会，人与动物的区别除了形状特征等以

---

① 李仉辉. 客户关系管理［M］. 上海：复旦大学出版社，2013：12.

外，更主要的就是认识、形成了社会关系，并自觉维护、巩固与发展社会关系。由于中西文化的不同，西方人际关系理论是建立在角色理论基础上，由于角色定位的差异使人之间的交往成为必要；在中国的人际关系体系中，角色理论仅仅是基础，人际交往关系讲究伦理关系的"差序格局"。人际互动规则因人与人关系上的亲疏厚薄而异。

不同学科从各自的角度对关系及人际关系的理解也不同。社会学认为，关系是社会成员为征服自然，获得生存而保持的一种协调和相互作用，其特点是关系被无意识地运用以调整人们相互之间的利益分配。社会关系表现在人际交往中就是人际关系。人际关系的发展变化又决定于双方社会需要满足的程度。人际关系既受生产关系与政治关系的制约，同时又渗透社会关系的各方面，对社会关系具有一定的反作用力，直接影响人们的心理环境和社会环境。

社会心理学认为，人际关系就是人和人之间通过交往或联系而形成的对双方或多方都产生影响的一种心理连接，或是心理联系和行为表现。人际关系由知情意三个部分组成，即认识（人和人之间的相互认同和理解）、情感（人和人之间心理上的远近）、行为（语言、表情、手势和通过行为表现出来的爱憎）。

心理学认为关系是一种心理契约。心理契约是没有明文规定的一整套期望与心理约定。心理契约分为交易心理契约、关系心理契约。交易心理契约是建立在短期回报与利益基础之上，主要关注具体的、短期的同经济的交互关系。关系心理契约则更关注彼此广泛的、长期的、社会情感的交互关系。心理契约与经济契约一样对人的行为有强烈约束力量。

从经济学来看，关系则是一种非正式契约。签约的关系双方可以建立对彼此行为的稳定预期行为。影响人际关系契约履行的主要因素就是社会压力，如名誉与信用的损失，失去合作伙伴等。人际关系网就会成为一系列人际关系契约的结合，成为一种制度安排。人际关系作为制度安排的时候，具有节约功能，就是降低了交易的不确定性。特别是普遍缺乏信任的社会，人们同自己熟悉的人交易就可以降低交易的不确定性，减少交易风险。①

本书结合中国现实对关系内涵理解如下。关系是人与人之间的联系即人际关系，是一种很深的交情，是一种非正式的心理契约，并通过社会规范与舆论等对彼此行为产生约束。关系中含有利益的因素，可以相互利用，并寻求回报。从关系的功能上来看，关系还是一种资源，是可以借以解决问题和进入某种门槛的手段和途径。关系还是一种投资行为，是经过投资可以获得回报或再利用价值的东西。本书的人员关系主要就是指人与人之间的人际关系。

2. 人际关系的形成与发展

关系的形成、维持与发展必然受到许多因素的影响和制约。交往是人际关系形成的基础和前提。人际关系主要通过人际交往而产生。具体人际交往是指两个以上个体的人，通过各种媒介进行思想和行为的互动作用，它包括人与人之间通过心理关系、法律关系、道德关系、经济关系所产生的互动，等等。第一，人际关系是以人们不断密切的人际交往为前提的，没有交往很难形成良好的人际关系。第二，联系和交往的媒介，包括实物媒介（如礼品）、信息媒介（如语言、文字、表情和电磁波等）和情感媒介（如关切、感情的认同等）。这是形成人际关系的桥梁，没有这些媒介，人们无法发生关系；只要人们之间发生关系，那么关系双方或各方一定是有意或无意地使用了这些媒介。第三，形成联系。这是人际关系形成的结果，也称为关系的状态。在互不联系的个体之间是不会形成人际关系的。但关系基础有时是潜在的，如在两个彼此之间既不相知也无交往的亲戚之间。人际关系的生成在很多情况下，就是使潜在的联系转化为显在的联系。在很多情况下，这三种媒介是同时使用的，如一个人送礼，一方面送给对方实物，另一方面用语言和表情等表达自己的感情。这是人际关系的动态过程——人们在一定的基础上有来有往，人际关系由此得到发展。在

---

① 董雅丽，杨魁. 关系文化与关系营销［M］. 北京：中国社会科学出版社，2006：7-10.

人际关系的范畴内，只有交往、联系才有意义。以上三个要素在人际关系中同时存在，不可或缺。

关系的起点是缘分与信任。缘分包括亲缘、姻缘、地缘、神缘、业缘、物缘、机缘。信任来源于了解，了解来源于接触，接触来源于感觉，感觉来源于参与，参与来源于意愿。人际关系的发展路径就是由亲缘关系到熟人关系而至生人关系。亲缘包括血亲和姻亲关系。这是自然形成的关系，也是每个人无法选择的社会关系，是形成关系的入口和起点。熟人关系是延展关系，与家人关系一样虽都称为私人关系，但它已经是私人性的较大范围的社会关系，包括由地缘而形成的邻里关系、老乡关系，由业缘而形成的同学关系及因有共同兴趣等交往而形成的物缘关系；生人关系则是由于在社会活动中完全由机缘所决定的关系，就关系的形成双方来看，具有更多的被动性，是由于环境或某种原因而不得不发生的一种关系。如前所述，在中国，人际关系的既定性决定了中国人在人际关系方面实际上的被动性，也就使他缺乏主动开拓人际关系的意愿和要求，因而，生人关系是一种最不被看好，同时最缺乏牢固基础，也被认为是最不容易建立、发展和维持的一种关系。一般来说，人们在交往中总是要通过某种手段（特殊的机会、其他熟人的介绍或某种交易手段的运用等）先把生人关系变为熟人关系，才能进一步交往并发展和保持这种关系。亲缘关系、熟人关系、生人关系功能和处理方式不同。比如，家人关系讲责任，往往不求回报。因此，亲缘关系主要是满足人的情感性需求，有时人们也会以此种关系为工具来获取自己所需要的物质资源，但情感性的成分还是基本的，人们会依据"需求法则"来处理人际冲突，并且分配各类资源；熟人关系属于社会关系范畴，交往双方由于各种原因从相识到熟悉，彼此之间依靠人与人之间的往来加以维系，"人情与面子"是人际交往的主要问题，因此，人们往往会根据"人情法则"来处理这类关系；生人关系是一种偶然的或工具性关系，基本不含情感性成分，因而人们一般会根据客观情境依靠客观标准进行决策和交往，"公平法则"和理性行为就是处理生人关系的主要手段和方式。不同的关系基础有着不同功能，代表着不同的关系水平，也意味着进一步发展关系（也即交往）的难度或成本的不同。不同关系类型的关系水平在起始点上是不同的：家人关系高于熟人关系，熟人关系高于生人关系，生人关系高于排斥关系。基于不同的关系，所需要的交往成本是不同的：熟人关系大于家人关系，生人关系大于熟人关系，排斥关系大于生人关系。关系水平的提高是有捷径的，那就是通过某种方式（如通过亲戚、朋友、同事、上司介绍）跃上一个高水平的关系基础。熟人关系是最容易建立的关系，交往中的各种成本最低，彼此之间也完全可以相互信任和依靠。①

　　人际关系的发展模式由自然关系到开发关系。乔健曾经总结了当代中国人建立和维持关系的六种方法②：袭（承袭已有的关系）、认（主动与他人确认共同的关系基础）、拉（没有关系或者关系太远时努力拉上）、钻（通过各种手段接近）、套（套交情套近乎等）、联（扩展关系网）。这六种方法揭示了中国人际关系发展的几种模式。由以上方法，可以把人际关系的发展分为两种基本模式：自然形成的关系和开发而成的关系。自然形成的关系又可包括：传承的关系、嵌入的关系、渐生的关系。开发关系就是在社会交往过程中逐步开发出来的关系，包括以上所讲的通过认、拉、钻、套、联等方式所形成的关系。传承关系是与生俱来的，如血缘关系、亲缘关系、父母的各种各样的熟人关系。传承关系是一种非工具性关系，它并不是因为"有用"才建立起来的。嵌入关系是由于一个人在社会上要扮演各种角色（被嵌入某一个位置）而不得不发生的关系，如同学、同事、战友、上下级、信友（共同信奉某一种宗教）等。它也是一种非工具性关系。渐生的关系是一个人在生活的过程中因为关系双方情感方面的需要，如志同道合、共同的兴趣与爱好、有缘的感觉逐渐生成的关系，也属一种非工具性关系。这种关系是逐渐产生的，要经过长时间的考验。开发关系是一个人为了达到某种目的（一般是获取利益）而刻意发展的关系，如贸易伙伴关系。开发关系目的性非常强，是一种工具性关系，要计算利

① 董雅丽，杨魁. 关系文化与关系营销［M］. 北京：中国社会科学出版社，2006：41.

② 乔健. 关系刍议［C］. 引自杨国枢. 中国人的心理［M］. 台北：台北桂冠图书公司，1982.

益得失。上述四种关系行为模式是依次递进的关系，并且彼此之间可以相互转化。开发关系既可以由其他各种关系发展而来，也可以转化为其他各种关系。

二、企业一般人员与顾客关系营销

顾客与企业人员的关系是最直接和具体的顾客关系内容。企业人员与顾客关系，无论线上还是线下，人员关系包括企业人员和顾客人员之间的各种联系。既有经济联系也有社会联系；既有物质联系也有人际情感联系。在这之间，企业一方的人员有一般人员、接触人员、业务人员、中高层管理者。顾客一方有不同角色人员，如发起者、影响着、购买者、付款者、使用者、决策者、批准者、信息控制者（守门者）。其中影响者涉及其他多个角色人员。既有直接影响者也有间接影响者。不同角色人员有自己的影响者。在这些不同角色人员关系中，不同角色关系在人员关系中有主次之分，不仅如此还有先后顺序。

企业不同人员对顾客关系有不同的影响程度。特别是直接与顾客接触的业务人员、促销人员、收银员、服务人员对顾客的影响作用更明显和直接。企业不同人员与顾客关系是不同的，但都会直接间接影响顾客关系。企业人员与顾客之间有接触人员和非接触人员。从接触距离远近，分为直接接触、间接接触。从接触频率分为高接触点、低接触点。管理人员或高层、代言人对顾客主要是远距离的公关关系。技术人员、操作生产人员为顾客提供安装、维修、技术。推销人员或促销人员直接与顾客接触，交换产品。服务人员为顾客提供运送、信息咨询、介绍等服务。收银员与顾客直接接触，其态度是否友好、动作是否专业快速熟练影响顾客关系。顾客对企业不同人员的需求是不一样的。企业不同人员、不同环节人员给顾客创造的价值不一样。内部营销是顾客关系的基础，员工满意才有可能顾客满意。

在内部营销的基础上进行外部顾客市场的关系营销。对于外部顾客市场的营销就是全员营销和全过程营销。全员营销和全过程营销就是以顾客和顾客需求为导向和中心的流程设计、制度设计和企业文化设计。全员营销就是除了业务人员、推销人员、促销人员之外其他企业人员都参与到企业对顾客的营销活动当中来。这时营销活动和营销工作任务不仅是业务人员的事情，而是公司企业所有人员的事情。企业的高层管理人员在公开活动场所，代表着公司企业，是社会的公众人物，是企业的形象代言人，其言行代表公司形象，间接影响顾客关系。企业内部的其他办公室人员、后勤人员、服务人员、技术人员等等，只要有可能与顾客接触，他们的言行也会影响顾客对企业的印象，进而影响顾客关系。因此公司应当在制度上有一些明文规定，如企业所有人员在能接触到顾客的任何地方任何时间，都要对可能的潜在顾客点头示意，或是微笑，或是问声"你好""欢迎光临"。

三、销售人员与顾客关系营销

销售人员或业务人员与顾客之间的关系，是把顾客当朋友，还是把朋友当顾客？其实，通常情况下，这两种情况都是有的。最常见的就是把朋友当顾客，如社团/社群营销、微商、直播带货都是企业或销售者利用人员与顾客关系来进行产品的交换；或者在寻找顾客过程中首先从熟人、朋友中寻找。把顾客当朋友的情况，如企业或销售员运用顾客与顾客之间的人员关系来影响交换和销售，如抱团购买；拼购；老客户带动、推荐新客户。销售活动有三要素：推销主体、推销对象和推销客体。推销主体是业务人员或销售人员，推销对象是顾客，推销客体是商品。因此我们将从这三方面讨论人际关系是否在销售活动中起作用以及业务人员与顾客的关系。

1. 人际关系在销售中的作用

人类的群居性、社会性，决定了人与人之间的关系存在的必要性和重要性。李嘉诚说世情大于学问。三分能力，七分关系。以前通常所说能力是指专业能力和知识能力。关系也是一种能力。

（1）人际因素对个人购买行为的影响。我们从销售方格理论探讨人际关系对销售的影响。销售方格理论着重研究销售人员与顾客之间的人际关系和买卖关系，包括推销方格与顾客方格。推销方格是指销售人员在进行销售工作时至少有两方面的目标，一是努力完成销售任务，二是竭力迎合顾客。分为五种销售心态。①事不关己型，不关心销售任务的完成，也不关心顾客的需求是否被满足。②顾客导向型，关心顾客，而不关心销售。③强力销售型，只关心销售效果，不管顾客的实际需要和购买心理。④销售技巧型，关心销售效果也关心顾客，程度中等。⑤满足需求型，对销售目标和顾客的需求都达到极大的关心。顾客方格是指顾客在购买时关心的目标，一是获得有利的购买条件，二是人际关系。也分为五种不同类型的购买心理。①漠不关心，既不关心销售人员，也不关心购买行为。②软心肠型，关心销售人员，对于购买行为则不太关心。③防卫型，顾客对购买行为极为关心，对销售人员却漠不关心。④干练型，关心自己的购买行为，也关心销售人员。⑤寻求答案型，高度关心自己的购买行为和与销售人员的人际关系。在销售方格理论中，推销方格中的②④⑤和顾客方格中的②④⑤中的情况，反映了销售人员与顾客的人际关系对销售的完成是起作用的。在销售人员和产品之间，如果顾客更关心产品，人际关系对销售不会起作用；如果顾客更关心销售人员，人际关系对销售就会起促进作用。前提是销售人员必须也要关心顾客，人际关系在销售中才会起作用。通常，顾客和销售人员关心关系的情况下，在成交前销售人员更关心人际关系，在成交后销售人员对人际关系的关心降低，而顾客对人际关系的关心更高，形成一个关系沟。

（2）人际因素对组织购买行为的影响。个人关系在组织购买中起作用的前提是企业安全和个人安全。个人关系或回扣往往是获得订单的副产品。一个人对另一个人的影响力是不同的，其影响力因素体现在一个人的权力、恩惠、权威、友谊、熟悉等五方面，如表4-2。人际因素对组织购买行为的影响。一方面，组织客户的购买行为受到不同角色参与者的行为影响。这些角色包括使用者、影响者、决策者、批准者、采购者、信息控制者、付款者。组织客户内部这些决策成员之间的人际关系影响购买活动。不仅如此，每个角色参与者个人对待购买有创新、高瞻远瞩、实用、保守和落后等不同态度。他们各自的决策关注点也不一样，如业务、技术、财务、关系等。另一方面，企业或企业人员与他们在人际方面的关系紧密度和关系程度也不一样，如没有联系、较少联系、联系较多、联系深入等。因此他们对企业采购会采取如中立、支持、指导、非支持、反对等不同的态度。①

表4-2 影响力因素分析表②

影响力因素	解释	人的心理	特点	影响力等级
权力	是指由职位产生的影响力	被动接受，有压迫感	强制性	强
恩惠	是指一个人给予他人好处、帮助，接受好处、帮助的人就会施恩于他	负债感，感恩回报	非强制性	强
权威	是指人们因学识、品德、地位等因素而获得的威信，使人们自愿服从	对权威的服从	非强制性	强
友谊	人们在交往中彼此熟悉、了解产生了安全感	义务感，对失去友谊的担忧	非强制性	中
熟悉		信任熟悉的人	非强制性	弱

（3）从产品方面看人际关系在销售中的作用

人际关系在销售中是否起作用，除了前面提到的与顾客、销售人员有关外，还与企业产品特点密切相关。根据个人关系在不同的销售类型中起到的不同作用，我们可以分为产品无差异销售、品牌差异销售、企业产品

---

① 徐晖，齐洋钰．大客户销售谋攻之道［M］．北京：中国人民大学出版社，2015.
② 贺兵一．向高层销售：与决策者有效打交道［M］．北京：中华工商联合出版社，2015.

差异销售三种情况。

①产品无差异

产品几乎完全同质化的情况下，产品对顾客的价值差别不大，转换成本几乎为零。产品和服务几乎是无差别的，价格很接近，个人关系成为重要的利益差异。这种情况下，顾客考虑更多的是个人人际关系收益。对企业长远发展而言，只有降低成本（包括产品成本和交易成本），以相对竞争对手低的价格来打破顾客原有关系，反过来也是如此。在销售政策上和销售人员培训上，应注重人际关系的建立技巧的培训，从销售政策上加大这方面的投入管理。如果是组织客户（大客户），公司领导要和大客户领导建立关系，以免销售人员跳槽因其个人关系影响彼此的合作或带走客户。还可通过加强管理，降低用户交易成本。如通过网络管理，发现客户购买规律，使其保持合理的库存避免资金积压和生产旺季断货的情况发生等。

②品牌差异

产品本身之间差异不大，利益差异集中在产品品牌上，而且这种差异是不可以完全替代的。如饮料中的可口可乐与百事可乐，运动鞋中的阿迪达斯与耐克，产品本身差异不大，差异在品牌。无论是个人客户还是组织客户差异在于品牌带来的利益。企业的销售人员与经销商的采购人员的个人关系只是交换合作的"润滑剂"，不是合作的根本。如有A、B两个企业的销售人员面对同一个经销商及其采购人员。这里涉及销售人员、经销商采购人员、经销商三方面利益。当A、B产品都能让经销商赚钱时，销售人员与采购人员个人关系在销售中起作用；当A、B产品都能让经销商赚钱，但差异大，个人关系也许起作用；若其中一个能赚钱，其中一个不能赚钱，或赚钱差异明显，个人关系不起作用。因此，销售人员只能运用经济实惠的小技巧和不太多的费用来增进个人关系，如经常给顾客带些小礼品，经常问候等。但不要把个人关系当作核心竞争力来努力。在品牌差异化销售中，其根本竞争力在品牌上，以及品牌给顾客带来的价值上。[①] 在管理上，要加强品牌建设。只有品牌的盈利能力才是大家合作的基础。让经销商赚钱的是企业的产品品牌，与销售人员个人关系无关。个人关系的本质是一种利益上的共享。所以商场上没有永远的朋友，也没有永远的敌人，只有"双赢"的合作。

③企业产品差异

对于价高、复杂的产品，产品、服务的差异是很大的，如大型设备等。首先，这种采购风险较大。其次，这种采购是多人团队参与的，个人关系不可能面面俱到，也不可能通过个人关系获得订单。在这类产品销售中，个人关系只是"润滑剂"，而不是主要的。企业应增强和突出企业的整体实力以增强竞争力。在销售过程中，企业要发挥团队解决问题的作用，给客户的所有利益不是某个人带来的，而是由一个有组织保障的团队带来的。在这种销售中，对于组织客户，个人关系虽不是带来订单的根本，却能为订单的顺利执行带来好处。比如，在客户内部有人帮你催款和没人帮你就是不一样。

其实，个人人际关系在交换过程中是否起作用，起多大的作用，其影响因素是多方面的。除了前面谈到的销售人员、顾客（采购人员）、产品因素之外，还有社会环境、法律制度以及行业特点，各自企业文化、规章制度、组织结构、销售与采购流程，销售与采购是团队还是个人，以及各自关键决策人的个人特点和处事风格，独断还是民主。通常来说，双方都是团队的话，个人人际关系作用有限。

2. 人员关系对象分析

从关系对象需求主体、需求客体、需求层次、需求程度分析。需求主体有不同角色消费者顾客，如发起者、影响者、使用者、付款者、购买者、决策者、批准者。分析需求客体，如对产品的需求，物质的、精神的。分析需求层次，如生理需求、安全需求、社交需求（爱与归属的需

---

① 丁兴良，张丹. 工业品企业促销策略革命［M］. 北京：经济管理出版社，2008：165-168.

求）、尊重需求和自我实现需求。分析物质的需求，请客吃饭送礼、帮忙办事。分析安全需求如人身安全、工作安全、心理安全等的需求。信任、关怀、关系、怜悯、同情、慈善、付出、助人为乐等也是心理或精神上的需求。社交需求包括对友谊、爱情以及隶属关系的需求。这一层次与前两个层次截然不同。这些需要如果得不到满足，就会情绪低落，寻找和建立温馨和谐人际关系的机会，多参加朋友圈、QQ 和微信群、各种协会、学会。尊重需求既包括对成就或价值的自我感觉，还包括其他人对自己的尊重与认可。有尊重需求的人关心的是成就、名声、地位和晋升机会。当他们得到这些时，就赢得了人们的尊重，其内心就充满自信。否则，就会感到沮丧。一般来说客户希望成为好的、被认同的、有影响力的人（社会角色）。顾客希望拥有的东西要么是别人没有的，要么是比别人更好的。如顾客通常想要获得金钱与时间、成就感与赞赏、舒适与安全感、自由与自信心、成长与晋升、健康与长寿等。需求程度分析，如痛苦、困难、问题、麻烦、不满意、想要、需要。

需求发现。笔者总结了望闻问切的四字法。望就是观察对方的表情、穿戴、行为和习惯。闻就是听，口乃心之门户。听对方所说，不但要倾听对方愿意告诉你的，还要倾听其没有说出口的或不愿意告诉你的，听出弦外之音。除了倾听，还必须仔细观察其行为举止，从中发现隐性的一些需求。问，就是发问，询问对方。会说不如会问，问是为了更好地说。开放式问让其充分表达；封闭式问让其回答是或否，巧妙切入产品相关的话题；引导式问让对方得出结论。推销不仅在于口才，关键在于发现消费者需求。切就是接触。和对方在一起运动、娱乐、做事，以便了解对方。

3. 人员价值营销

人员关系的发展由自然关系到开发关系。自然关系对象是天然的，无论与其关系对象相处好坏，关系对象是既定的和无法更改的。开发关系的关系对象不确定，根据自己的任务和目标要先选择和确定对象。开发关系顺序由亲人、熟人到生人。顾客关系实质是价值、信任，人员关系也是如此。人员关系的关系来源于各种缘，来源于彼此的共性，共同的兴趣、爱好、价值观。认同，行为的趋同。同舟共济、同甘共苦、风雨同在、利益共同体、共谋发展、求同存异，这样关系才会好。关系活动能否成功有三要素：能力条件（价值）、沟通（信任）、意愿（是否主动）。

（1）关系达人成己。要做到双赢、互利、分利。授人玫瑰，手有余香。礼尚往来，无功不受禄。不要只想到自己，还要想到对方的需求、价值。李嘉诚说，有钱大家赚，利润大家分享。损人利己，不道德，关系不成功；损人不利己，既没好处也不道德；利人利己，关系成功，可取；利人不利己，你不愿意，除非你是活雷锋。关系是双向的，是双方权力博弈、双方需求满足的结果。关系以共同利益为基础，或者是各有所得。门当户对就是这个道理。人脉不是追求来的，而是吸引来的。只有资源平等、等价的交换才能得到良性的持久的关系。组织关系归根到底也是个人关系，特别是在中国，组织关系与个人关系非常密切。人际关系如同银行存钱先存再提取。有事有人，无事无人；平时不烧香，临时抱佛脚。这些都是不行的。积极的人际关系做法是：不忘给人好处，不忘关怀别人。多给好处不如巧给好处。消极的人际关系做法是：不得罪别人，不在乎被人占便宜。

（2）人员价值在于人员不同需求的满足。能满足他人需求就是对他人有价值。人类满足需求总原则是：追求快乐，逃避痛苦。追求利益，规避风险。为对方的问题提供解决方案；为对方减轻痛苦并带来快乐。解决问题，实现快乐。先处理心情后处理事情，先交朋友后谈买卖。李嘉诚说，如何结交朋友？那就要善待他人，充分考虑对方的利益。推销成功，除了产品本身因素外，顾客接受和购买你产品是因为你尊敬了他、你赞美了他，你专业、他信任你、认同你、喜欢你或是同情你，看重你的人品，在乎你们之间的友谊。

4. 人员信任营销

让别人相信你能提供价值，或者说让对方相信你对对方是有价值的。这就需要积极沟通、主动有效承诺、合理恰当展示。团队销售、交叉销售、会议销售、体验与试用销售、样板用户与熟人介绍引荐，这些都是为了让顾客信任企业、销售人员和产品。履行承诺，誓言变成行动和现实，关系方利益兑现或得到保证，关系才正式形成。有了这次关系便有了下次信任，所以有了关系才能相信。消费者信任来源于消费者信心。而消费者信心来源于吉姆理论 GEM：Goods，Enterprise，Man。对产品的信心来自产品的独特性、差异性；对公司的信心来自管理者的自信、公司实力、名气；销售人员自己的信心来自成长中的体会、快乐、自信；从成功中找到信心，再一点点成功，逐渐培养信心。演讲家埃勒说销售的是热情，而非商品。世界推销高手乔·吉拉德说推销的要点，不是推销产品，而是推销自己。关系学家卡耐基说抬起头来，注意周围，面带微笑，推销就会成功。穿出个性，走出气质，谈出高雅。销售三部曲：销售自己、销售产品的功能、销售产品本身。婴儿用哭声向世人证明自己的存在，艺术家利用表演诠释自己的人生理念，政治家借各种传媒宣传自己的政治主张。这些实质上就是人员信任营销的例子。他们都是在进行推销，都是在向对象表达自己，证明自己。

（1）沟通。很多矛盾和误解都是没有沟通到位。积极深入透彻的沟通是彼此信任的法宝。个人沟通包括形象沟通和语言沟通。人与人之间沟通才能交流；交流交心才能交易。

①形象沟通。穿着打扮得体，工作上专业熟练，态度上积极自信。网上有篇文章分析得很好。创业初期为什么很多老板都喜欢买豪车？因为老板缺钱，没有足够的钱提前去采购、生产。缺钱就要去融资。不管是银行贷款、民间借贷和供应商给的账期，豪车是解决他们担忧的直接保障，更是中国根深蒂固的圈子文化需要豪车作为通行证。很多老板在创业初期，住的房子可能都是比较小比较破的，但他们无论如何贷款也得买一辆豪车撑场面。这实际是想通过豪车赢得对方的信任。

②语言沟通。平时主动一下，招呼一下，微笑一下，拍打一下，关心一下，问候一下，闲聊一下。打电话约见客户，未见其人先闻其声。为了尊重、信任对方，让对方选择约会时间地点。同时通过对方的选择可读出或判断对方的情况。注意打电话只是约定是否见面、见面理由以及见面时间地点。不要谈论事情或产品。打电话时要站在对方角度思考阐述理由。多使用热词，如很适合你，非常有利于、很重要、有帮助、增加效益、节约成本、提高效率等。见面接触沟通更重要。见面三分亲。人际关系发展

的 5 个步骤：寒暄、表达事实、观念认同、行为/习惯、价值观/信仰。聊说的内容：对方感兴趣的、自己想知道的、不尴尬的。找话题：没有话题找话题、找到话题聊话题，聊完话题没问题。通常的话题如触景生情，谈天气、谈新闻、谈外表、谈气质、谈兴趣爱好。先谈个人后谈公司。谈个人工作效益、家庭子女、兴趣爱好、朋友社交、创业经历与事业追求等。谈公司行业背景、企业文化、发展规划、产品特色与成绩荣耀等。在谈的过程中求大同存小异，投其所好。[①] 多问多听，多听少说。

说聊的方式。聊天时一定要面露微笑，不要谈论沉重话题，第一次见面时尽量谈论轻松话题。对女性谈论化妆品比较稳妥，对男性向他咨询手机新款式。会说不如会听。善言者赢得观众，善听者赢得朋友。倾听时一定要有所回应。做倾听者随着对方的话语频频点头或微笑回应，让彼此找到共鸣。切忌中途插嘴。你的点头、赞同与微笑等一系列积极反应会让对方对你心生好感。会说不如会问。初次见面时尽量让对方多说话。这样让人感觉到你的体贴，同时更能了解对方。通过简短对话找到与对方的"交集"，这可以让双方交往迅速加深。找不到共同话题时，就重复对方观点。这样，对方就会产生自我满足感，对你好感倍增。

总之，站在对方角度思考问题。从合适的称呼开始，微笑着赞美（称呼、眼光、表情、语言）对方，真诚地关心对方，认同对方。即使不苟同对方观点，也要停顿一下，间接地转折。听完别人的谈话时，在回答之前先停顿 1 秒钟。这表示你刚刚在认真仔细聆听。如果马上回话，会让人感觉你好像早就等着随时打断对方。

（2）承诺。实事求是地站在现在让人相信将来。史玉柱自己亲口说过一段话，其原话如下：

我还老百姓钱的时候，大家都说我很诚信。实际上是因为什么，是因为我曾经不诚信过。在我困难的时候，我没有兑现对老百姓的承诺。我说 3 年之内我要把他们的钱还掉，满了 3 年我没有还出来。没有还出来，老

---

① 丁兴良. 营销新革命之一：突破工业品营销瓶颈［M］. 北京：经济管理出版社，2008：150.

百姓那时候是很痛恨我的。看到老百姓对我愤怒的眼光，那种打击是非常大的。所以我后面这些东西，实际上我是在补我过去的过失。因为我没有兑现承诺，我发现这个成本太高了，对我的未来的路子成本太高，以至于以后我对自己这方面要求就很高。做任何一件事或者违反任何一个规则都是要付出成本的。只不过我觉得作为一个企业，你不诚信而付出的成本是巨大的。这个都是血的教训换来的。①

（3）个人价值的有形化展示。个人价值体现在个人形象、才能、优点、资源。企业各类人员言行外表规范统一标准，有流程有制度。特别是与顾客有直接和经常性接触的业务人员一定要在个人形象、才能、优点、资源方面向顾客有意地在适当的时机和地点进行展示。正如秀肌肉、亮剑，打退不如吓退。

社团/社群营销、微商、直播带货都是企业或销售者利用人员与顾客关系来进行产品的交换。微商就是典型的运用微信群的朋友关系把朋友当顾客。不过笔者认为微商的发展有限。因为每个微商的朋友数量是极其有限的，而且其产品价格与其他微商、电商/实体店的价格其朋友也会比较。其次微信朋友群的每个人不一定都能成为顾客。其群里朋友每个人的时间、信息、收入、需求等资源情况也不一样，信任的程度也不一样。

四、企业中高层管理人员与顾客关系

企业中高层管理人员与顾客关系要根据客户对象性质，是关键客户、大客户、中间商客户、工业品客户，还是终端消费者客户，以及产品有无差异、品牌有无差异，具体产品具体顾客对象具体分析他们各自业务流程、分工情况与考核指标来处理关系。

企业中高层人员与顾客关系主要是与关键客户和大客户的高层管理人员关系。中小企业，特别是一些中小民营企业，企业与顾客关系，不仅是企业业务员/销售人员与顾客方直接业务员和关键人物（高层管理人员）的关系；而且企业的中高层管理人员也与顾客方关键人物（高层管理人

---

① 孙富鑫．史玉柱口述：我的人生哲学［M］．深圳：海天出版社，2014：220.

员）有相应关系。这样做的目的是预防业务员离职带走客户。业务员离职带走客户的原因主要是业务员曾经给客户带来了相当可观的利润或"好处"，而客户"感激涕零"，以致"情感"加深，成了"铁哥们"，"嫁鸡随鸡，嫁狗随狗"；另一方面则可能是企业的"信誉透支"，企业信誉发生"危机"，致使业务员离职让客户看不到企业的希望从而"移情别恋"，进而"追随"营销员。大企业靠品牌，小企业靠推销。因此，企业除了要树立良好的企业形象外，还应该组建客户管理部。其主要职责就是客户的档案管理及日常管理，其隶属关系可划归为营销部下属机构。具体工作是对客户进行日常及分类管理，并熟悉客户的名称、地址、联系方式、经营状况，更进一步讲也包括客户的抱负、品行、性格、喜好、特长等等。业务员的考核要包括客户的开发情况、客户记录等，一般员工都会如实填写的。对客户的管理实行垂直的双重管理。不仅受区域经理及各级营销人员管理，还受客户部的直接管理。加强日常沟通，定时与客户进行双向沟通，通过"互通有无"及"贴心"式的服务，便于公司"明察秋毫""见微知著"，从而更好地处理和改善与经销商之间的关系。公司领导级人物在节日期间，要亲自问候重要客户。让客户知道不仅业务员在乎他，公司和公司领导都很重视他，建立他对企业的忠诚。在公司内部各级营销人员的管理上，根据实际情况，有条件有目的地实行"横向交流"的"异地任职"管理模式。营销人员，只能在一个区域或市场任职一年，即交流到别的区域或市场同级别任职。这种交流方式，不仅可以促进内部之间的互相激励和学习，还可以有效避免内部"腐败"，便于公司及时发现和解决问题。

在惠普的销售体系里，有一个非常重要的工具，就是"销售漏斗"：客户单位、联系人姓名、预计购买金额、预计购买时间、成功率。每个销售人员必须把自己所管辖区域的所有客户都写到这个销售漏斗上面去，即把客户单位的名称，联系人的姓名，联系电话，未来几个月可能购买什么产品，预计订单的金额，潜在客户目前所处的状态（了解阶段、比较阶段、谈判阶段、确定阶段）等信息写到销售漏斗里。这个销售漏斗有四个作用：一个是衡量市场部的工作业绩；二是销售人员做销售预测的工具；三是销售经理检查工作的依据；四是可以作为销售人员离职时交接班的依据。客户是公司的"财产"，不是员工个人的"财产"，不能据为己有。如果销售人员离职跑到竞争对手那里去，设法说服客户也转到竞争对手那里去，只需要去找采购人员的上司，告诉他过去贵公司一直购买我们企业的产品，直到最近我们的销售人员跑到竞争对手那里去了，你们的采购人员就改变了购买意向，跟着销售人员跑了。如果采购人员的上司没有与采购人员串通一气，采购人员等于告诉他的上司，自己与卖方销售人员之间有"猫腻"，选择卖方的标准不是产品和服务，而是销售人员，所以就等于把自己给卖了。只要新接手的销售人员不犯错误，或者公司的产品或服务不出什么大问题，销售人员离职带走客户是不太可能发生的。

五、顾客人员之间的关系

顾客关系与人员之间的关系，除了与企业人员关系密切并受其影响外，还有就是其他线上和线下的顾客参照群体和意见领袖也会影响顾客和顾客关系。如直播带货的主体、网红人员、影视明星、曾经的顾客等人员影响顾客关系。曾经的顾客人员对顾客的影响以及对顾客关系的影响，就是顾客与顾客之间影响对顾客关系的影响。顾客中的意见领袖对大众顾客的影响带动使其购买消费，建立顾客关系；也有可能产生负面影响破坏顾客关系，或是现有顾客、已经是顾客的人员对潜在顾客的影响对顾客关系造成影响。企业或销售员运用顾客与顾客之间的人员关系来影响交换和销售，如抱团购买；拼购；老客户带动/推荐新客户。因此，社群营销、KOC/KOL 营销都是人员关系营销的重要营销方式。

无论是一般人员关系、业务员、促销员，还是高层管理人员与顾客关系，除了随性的单纯的个人情感下的人际关系外还需要符合公司实际的人员与顾客关系的流程和制度，包括科学合理的具体的业务流程与操作执行流程，以及具体的规范的清晰的针对流程的激励约束监督的制度。这样人员关系的执行才能有文可依照，可培训，可比较，可监督，可考评。

第五章

顾客关系竞争与创新

市场经济是交换经济，信用经济，也是竞争经济。市场经济条件下，各市场主体之间竞争是不可避免的。顾客关系也是其竞争要素之一。顾客关系的提出本身就是来自对顾客的竞争。因为竞争，企业维护顾客关系才有必要，维护顾客关系是对抗企业之间的竞争。顾客关系是动态的，除了竞争之外，还需要对顾客关系进行适时的创新。

第一节　顾客关系竞争

市场经济条件下，竞争无处不在。作为市场经济主体之一的各行各业的企业竞争是不可避免的。市场经济是竞争经济，无论哪行哪业都不是你一个企业在做。你做得好不好不重要，关键在于你的竞争对手做得如何。顾客关系也是其竞争要素之一。

一、企业导向

企业导向是指企业的经营导向。指企业在经营活动过程中的经营依据和中心。在不同时期，一个企业主要有三大导向，以企业自己为导向，以顾客为导向，以竞争者为导向。以顾客和竞争者为导向相结合的叫市场导向。通常情况下一个企业在一定时期以某一导向为主兼顾其他导向。但理想的状态应该是三种导向均衡兼顾。

1. 两种导向的平衡

在企业市场营销活动中，在更多的时候，企业需要确定在跟踪顾客与跟踪竞争者两种行为之间的均衡点，即必须平衡企业营销活动的顾客导向与竞争导向。实际上，现代企业必须既要注意顾客也要注意竞争者。或者说，必须平衡竞争导向与顾客导向，而不可只注意观察竞争者行为变化而漠视顾客要求。一般说来，对任何企业来说，都要在不同的发展阶段适时调整营销导向。如表5-1是一个企业在不同时期所经历的四种不同的导向转变。

表5-1　多变的企业导向表

		以顾客为中心	
		否	是
以竞争者为中心	否	产品导向	顾客导向
	是	竞争者导向	市场导向

在第一阶段，企业既不注意顾客也不注意竞争者，它是产品导向；在第二阶段，它开始注意顾客，是顾客导向；在第三阶段，它开始注意竞争者，成为竞争者导向；在第四阶段，企业已经完全转变为现代营销型企业，自觉兼顾竞争者导向与顾客导向，成为市场导向型企业。

2. 竞争导向及企业与竞争者关系

企业成功与否除了自己内在的能力、资源外，关键在于周围环境因素，控制因素与不可控制因素。环境是不可控制因素，特别是竞争者因素。你的成功，不是你做得好，而是别人没有做好；你的失败，不是你没有做好，而是别人做得比你更好。这就是竞争。市场经济条件下，竞争无处不在，不可避免，只有面对。尽量做到人无我有，人有我优，人优我先。

竞争不是要消灭竞争对手，而是取得竞争优势。竞争优势不在乎绝对优势，而是相对优势。成不了第一，就做唯一。竞争优势，谁认为是优势？是企业自己，还是消费者、顾客？主要是从顾客的角度认为是具有竞争优势的。

竞争目的是给消费者看的，是为了得到消费者。竞争是手段，不是目的。假竞争，如宝洁多品牌内部竞争，陪标，两个店铺在门口因为一个顾客吵架，实则同一个商家。竞争不是目的，而是企业发展的手段。竞争不是绝对的，而是相对的。竞争与合作才是上策。在竞争中合作，在合作中竞争。企业与竞争者的关系是竞合关系。竞合是指厂商在商业运作中，要使竞争与合作有机地结合起来，共同实现经营目标的商业行为。竞合是一种竞争理念和范式，以合作求竞争、竞争性合作及合作性竞争。竞合是指获得竞争优势的合作方式、秩序及过程，而不是传统意义的单纯的竞争，其目的仍是为企业获得竞争优势。[①] 竞合包括纵向一体化的竞合、横向一体化的竞合、厂商内部一体化的竞合。纵向一体化的竞合是指厂商同供应链上的供应商、分销商、顾客的合作竞争关系，即建立"共赢"的价值创造和传递体系；厂商内部的竞合是指厂商内部组织和员工间团队协作及竞争的关系，即建立团队合作竞争相融的经营机制；横向一体化的竞合，主要是指同业竞争厂商之间在产业价值链上的某一环节进行合作，如研究开发或技术联盟、价格同盟、联合采购等。[②]

关系价格竞争是指企业在制定自己的价格策略时，为了巩固和扩大已经占领的市场，根据消费者与企业之间的性质，分别定价，形成关系价格，从而使产品价格成为御敌之盾和克敌之矛的价格策略。关系价格竞争策略主要有两种形式：长期合同价格和销售渠道价格。长期合同价格其要点是，为了稳定本企业的重要客户，并由他们来发展客户，可以通过制定与合同期长短成正比的价格优惠政策，鼓励他们与企业之间签订长期的购买合同，从而在企业与重要客户之间建立一种长期而稳定的交易关系。销售渠道价格其做法是，为了激发经销商、代理商、批发商和零售商销售本企业产品的积极性，对于那些商业信誉好、销售能力强的中间商，可以根据其销售量的大小，给予超过竞争者的价格优惠，从而在企业与中间商之

---

① 拜瑞·J. 内勒巴夫，亚当·M. 布兰登勃格. 合作竞争［M］. 合肥：安徽人民出版社，2000：5.
② 王成慧. 市场营销理论的演进逻辑与创新研究［M］. 北京：中国财政经济出版社，2003：288.

间建立一种长期稳定的交易关系。[①]

二、顾客关系与企业竞争要素

1. 竞争要素

一般情况下，顾客对产品和服务的基本需求主要表现在产品和服务的价格、质量、品种、时间、信誉、关系和环保等几方面。市场上，企业为了赢得顾客，通常会围绕着体现顾客个性需求的许多因素展开竞争。因而，在超强竞争环境下，市场上竞争的要素越来越多。如图 5-1，描述了一般情况下，市场主要竞争因素随着客户需求水平提高而变化的情况。

在影响市场竞争的这些因素里，在不同的时间、不同的场合、不同的经济水平状态及不同的竞争环境下，它们所起作用是不完全相同的。对企业而言，企业之间的竞争可能表现为市场中某一个关键因素的争夺，也可能是在多个因素的组合下进行的较量。

总的来说，企业间的竞争经历了一个从价格竞争向非价格竞争转移、从产品本身向产品以外延伸的过程。在这个过程中市场竞争的主导方式也沿着"价格竞争—产品竞争—服务竞争—关系竞争"的轨迹在转变。

价格竞争是指企业依靠低廉的价格或灵活的定价与其他企业展开竞争，获取竞争优势。在早期的市场竞争中，价格竞争成为市场竞争的主导方式。然而，价格竞争易于为竞争对手所模仿，而且，太低的价格往往导致质量的下降。随着消费者购买力的提升，顾客所关注的利益已不仅仅局限于产品价格。因此，价格竞争已不再是市场竞争的主导方式。企业间竞争方式从同质产品的价格竞争转向产品差异化竞争。产品的差异化满足了顾客个性化、多样化需求。同时，也获得了较单纯的价格竞争更大的利润空间。"创新—仿效—创新"的循环周期一轮比一轮缩短。在竞争压力下，差异化创新必然从产品本身向产品以外延伸。在大多数企业产品制造能力和更新换代能力接近、产品差异化程度趋于缩小的情况下，根据顾客需求差异设计，提供区别于竞争对手的优质服务。随着竞争的加剧和升级，产

[①]　熊银解. 销售管理［M］. 北京：高等教育出版社，2005：380.

品及服务的差异化程度越来越小。通过建立良好的关系网，使得竞争不再是在企业之间进行，而是在网络之间进行。两个企业之间的竞争就成了两个价值链与供应链系统的竞争。如著名牛仔服制造商莱维·斯特劳斯公司运用电子信息系统加强与其经销商和供应商的合作与业务协调。每天晚上，莱维公司通过电子数据交换，详细了解其主要零售商西尔斯公司和其他主要零售点销售牛仔裤的尺寸和型号，然后再向其布料供应商订购第二天的布料花色和数量。而布料供应商又向纤维供应商杜邦公司订购纤维。通过这种方式，供销链上的所有参与者都运用最新的销售信息来生产经营适质适量的产品，而不是根据"估计数"来生产。这样，莱维公司与其他牛仔服制造商的竞争，也就变成了不同的供销价值链系统之间的绩效竞争。因此关系也成了竞争要素之一，特别是顾客关系的竞争。

市场竞争因素顾客需求水平变化

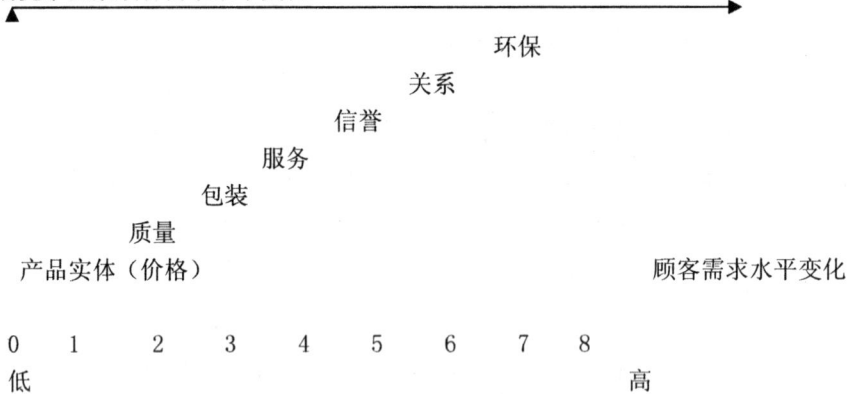

图5-1　市场主要竞争因素与顾客需求水平的变化①

　　由于企业竞争最终是在市场上体现出来的，因而需要找出顾客的价值空间与市场竞争要素之间的关联关系，从而针对顾客的需求培育自己的竞争能力要素，如图5-1所示。由于企业经营活动的复杂性，顾客价值空间的要素与市场竞争的要素之间并非一种线性的直接对应关系，它同时体现着更为复杂的关系，在这里，仅仅是描述了企业竞争要素与顾客价值空间

————————————

① 管顺丰，等．艺术管理［M］．北京：北京大学出版社，2008：59.

的最显现的主要关联关系。①

2. 顾客关系的竞争优势

顾客关系既体现了顾客导向，又体现了竞争导向。但顾客关系的建立和维护还要结合顾客导向和竞争导向。除了极少数垄断性企业，其他企业在市场中都会遭遇程度不同的竞争，因此企业的任何决策行为必须考虑竞争的影响。同样顾客关系的建立和维护也要考虑竞争者的影响。

关系资本，企业竞争优势的新来源。随着关系竞争时代的逐步到来，作为企业重要资源之一的关系资本正发挥越来越重要的作用，成为企业竞争优势的新的来源。

第一，关系资本有助于企业扩大在市场竞争中的自主权。在关系竞争时代，企业不再仅仅是一个自治的实体，而是嵌入在一定的社会和经济关系网络之中的。处于这种关系网络之中的企业间的竞争有别于单独两个企业间的竞争，拥有良好关系网络并在网络中占据重要地位的企业往往对竞争对手具有威慑作用。在一定程度上避免竞争对手的进攻，而当企业遭到竞争对手攻击时，也可以及时利用所拥有的关系网络组织资源进行反击。所以，富于资源和能力的伙伴关系网络能为企业带来难以模仿的资源和能力，从而使企业在市场竞争中获得更大的自主权，并获取相对于网络外企业更大的竞争优势。

第二，关系资本可以为企业带来关系租金和关系收益。扩大了企业生成竞争优势的范围。一方面，关系资本可以使企业利用内部资源创造关系租金；另一方面，关系资本还可使企业充分利用其他企业或组织的资源产生关系收益。处于某一网络中的企业成员相互合作，并以一种特定的方式将各种资源结合起来，特别是当企业所需的互补性资源是特有的及不可分割的，以至于不能在要素市场上轻易取得的时候，关系资本的存在为企业使用资源开辟了特殊的获取渠道，从而在网络群体中产生一种大于单个企业收益之和的超额利润。此外，关系资本经营的出现打破了传统的资源配置形式，使企业同时获得了外部市场的利益优势和内部组织控制的成本优

①　管顺丰，等．艺术管理［M］．北京：北京大学出版社，2008：59.

势。这些收益和优势为企业竞争优势提供了新的来源。

第三，关系资本有利于企业与利益相关者之间信息和专业技能的交换和转移以及冲突的解决，从而实现知识共享，有利于企业竞争优势的构建。信任是企业与利益相关者建立和发展合作关系的基础。基于信任的关系资本融合了感情因素和利益相关者对这种合作关系的心理认同，大大降低了仅仅依靠合作契约而无法有效控制合作伙伴的机会主义行为，使企业与利益相关者紧密接触，从而推动企业与利益相关者之间的信息与专有技术的交流与转移，有利于企业竞争优势的构建。

第四，关系资本的不可模仿性和不可替代性有利于企业竞争优势的构建。一个企业所特有的错综复杂的关系网络是经过长时间的实践与个人之间的相互磨合而形成的组织或个人之间的一种心理契约，并随着企业的发展而不断变化。由于时间和成本管理能力的限制以及复杂的企业文化和人际关系活动，使这种心理契约成为难以模仿和不可替代的特殊资本。正是这种难以模仿性和不可替代性成为企业关键资产的显著特征。不仅为企业带来竞争优势，而且使这种优势得以维持下去，不断增加企业价值。①

三、顾客关系的竞争

1. 竞争者识别

谁是竞争者或者说竞争者在哪里？毛主席说："谁是我们的敌人，谁是我们的朋友，这是革命的首要问题。"识别企业竞争者必须从市场和行业两方面分析。从市场方面看，一个企业的竞争者与其目标市场和市场品牌定位有关。从市场角度企业的竞争者可分为：品牌竞争者，以相似价格向同一顾客提供相似的产品和服务的企业；产品形式竞争者，提供同类产品和服务的企业；一般竞争者，提供不同种类的产品和服务，满足顾客同种需要的企业；愿望竞争者，提供不同产品，满足顾客的不同愿望，与本企业争夺同一顾客购买力的企业。由此可见，竞争者的范围十分广泛，不能仅仅理解为提供同类产品和服务，以相似价格供给同一市场的竞争对

---

① 李大洪. 关系竞争与企业竞争优势［J］. 江苏商论，2008（11）.

手。只有分析四个层面上的各种竞争关系，才能真正把握与本企业争夺顾客的竞争者究竟有哪些。从行业方面来看，从迈克尔·波特的五力模型分析竞争者，到同行业的不同市场地位的竞争者，再到不同战略集团到同一战略集团的竞争者，最后是三近四同的竞争者。三近四同是指，生产规模相近、产品形式接近、价格接近；销售界面（中间商、零售商）相同、定位档次相同、目标顾客相同、开拓市场的努力程度相同。

2. 选择不同于竞争对手的顾客关系对象

在市场细分的基础上，根据企业自身目标和资源情况，选择有别于竞争对手的细分市场作为目标市场。

3. 对同一终端顾客关系对象的竞争

市场的竞争其本质就是顾客关系的竞争，在竞争的环境下考虑顾客关系，建立超越竞争对手的顾客关系，进而维持自身的顾客不被竞争对手挖走，并吸引竞争对手的顾客成为自己的顾客。

顾客对企业、产品、服务的认知和行为体验，以及竞争对手的状态都会对顾客关系造成影响。因此顾客关系的竞争应按照本书前面分析的理论框架及逻辑进行。面对目标市场顾客围绕价值和信任，从品牌关系和人员关系以及本书后面的创新等方面来面对顾客关系的竞争。

4. 其他衍生市场顾客关系对象的竞争

比如，对供应商和经销商的竞争。主要是对经销商的竞争比较常见，还有两个制造商（供应商）对同一市场有实力的经销商的竞争。如 1995 年我国摩托车产量达到 783 万辆，全行业首次出现了供过于求的局面，摩托车市场由此进入买方市场，厂商关系随之发生了根本性改变。厂家为争夺更多的市场份额，开始向经销商提供优惠政策和做出利益上的保证承诺以吸引经销商购买，厂商之间的合作关系开始加强。1996 年浙江钱江集团推出著名的"钱江模式"，在全国市场实行封闭式销售，并以专卖店为中心建成辐射区域市场的销售网络，特别是区域代理制度开始推行。代理制度的推行标志着商家地位开始提高。1996 年之后，各地组装摩托车的成车企业越来越多，摩托车品牌也逐年增多，代理商和零售商有较多的品牌可供选择，而相比之下，区域市场从事摩托车经营的代理商和零售商数量相对较少。代理商和零售商的谈判地位逐年提高，销售权力让渡到代理商，第二次飞跃是由代理商让渡到零售商。这两次权力让渡使厂家都必须着力巩固与代理商、零售商之间的关系，关系型营销渠道战略也就应运而生。不少厂家不惜血本提高营销会议档次来增强厂商之间的合作关系。提高营销会议规格是厂家近年来采取的一种新型竞争战略——关系型营销渠道战略的一大表现，这种 20 世纪 90 年代后半期兴起的营销渠道战略目前正被许多企业所重视，并焕发出强大的生命力。[①] 又如汽车防盗产品制造商欣欣公司与瑞奇公司在山东市场对其总代理老张的争夺。[②]

5. 关系竞争的层次

无论是对同一终端顾客关系对象的竞争，还是其他衍生市场顾客关系对象的竞争都有三个层次。关系竞争第一个层次是财务上的竞争。企业通过价格和其他财务上的价值让渡吸引顾客与企业建立长期交易关系。第二个层次是社会层次。当企业除了用财务上的价值让渡吸引顾客外，尽量了解顾客的需要和愿望，并提供个性化和人格化的服务，增加公司与顾客的联系。第三个层次是伙伴结构层次。企业和顾客是双方合作伙伴关系。一方放弃关系将会付出转移成本，关系的维持具有价值，从而形成"双边锁定"。关系营销认为，一级关系营销是低层次的，因为尽管这种方式对消费者看起来很有吸引力，但很难创造持久的顾客关系，竞争对手很快就会模仿从而失去优势。三级关系营销是高层次的，双方的关系是互惠、稳定的，给双方带来长期的价值，可以获得持久的竞争优势。

除此之外，还有会员制、积分制；按揭、分期付款等具体的顾客关系竞争方式。

---

① 杨明刚．市场营销 100 个案与点析［M］．上海：华东理工大学出版社 2004：331．
② 吕庭华．两个制造商争夺一个经销商的故事［J］．销售与市场，2007（2）渠道版．

第二节 顾客关系创新

对于顾客关系，学术界的研究主要在于如何维持，一味地认为顾客关系就是维持锁定顾客，让顾客固定在本企业。其实顾客关系是受多方面因素影响的，既有顾客需求的影响，也有企业资源、需求的影响，还受到竞争的影响。顾客关系对企业来说只是一种经营手段，而不是目的。因此创新对于顾客关系也就有了很大的必要。本节探讨顾客关系创新及其必要性。

一、顾客关系创新的必要性

顾客满意是关系营销的起点和归宿。由于消费者的需求以及其他各利益相关者市场顾客的需求都会随着时间以及环境的变化而改变，企业必须用发展的眼光看待关系营销。

1. 顾客关系需求

关系营销并非一种完全独立的体系，而是源自传统营销理论的。这种观点意味着仍将把消费者需求作为基本的着眼点。[①] 关系是顾客众多需求种类中的一种。关系是一个具有双向性质的概念。关系的形成必须有关系双方，是相互的对应。关系需求及其产生是双方的需求。既有企业对顾客关系的需求，也有顾客对企业关系的需求。关系的形成，从企业角度，持久的顾客忠诚可以节省营销成本，增加利润，需要顾客关系，从而维持关系；从消费者角度，顾客缺乏安全感，信任缺乏，需要和企业建立一种直接的或间接的，主动的关系。因此关系需求是顾客和企业双方的需求。营销活动本身就是一种双方关系的活动。营销的基本使命是在组织及其所接触的公众（个人和组织）间建立长期互利的交换关系。[②]

---

① 伊根. 关系营销：剖析营销中的关系策略 [M]. 北京：经济管理出版社，2005：25.

② 凯琳. 战略营销：教程与案例 [M]. 大连：东北财经大学出版社，2000：1.

（1）顾客的关系需求

顾客需求的种类很多，可以从不同角度用不同标准进行分类。总体上顾客需求趋势呈现出不断差异化、多样化、个性化、复杂化的特征。顾客需求内容呈现梯级增加：产品实体、质量、包装、服务、品牌、情感体验，与产品相关的所有活动是否承担社会责任（如是否环保）、诚信（信任）以及关系等。关系既是顾客的需求，也是其他各利益相关者市场的需求，还是企业自己的需求。因为良好的关系能给关系双方带来现实的或持续的，直接的或间接的利益。关系与信任、利益、风险密切相关。关系本身不是目的，而是获取利益的手段。关系也是众多需求内容维度中一项内容。顾客关系需求决定和影响着顾客关系价值。

顾客关系的前提和核心是顾客满意。顾客满意是个动态概念。第一，随着市场环境的变化，顾客满意的内容也在不断变化。市场经济初期，消费者要求商品"物美价廉"，考虑的是产品质量、功能及价格。随着买方市场的到来，消费者评判商品的标准不仅质量要符合要求，而且包装、服务、广告、咨询、送货、保管、售后服务等也成了消费者购买商品考虑的因素，此时企业提供的商品已经不再是单位产品，而变成了产品体系。第二，顾客满意是在与竞争对手的比较中显示出来的，"没有最好，只有更好"。企业要想在当今的市场竞争中赢得胜利，除了不断追踪顾客的期望外，还要监测竞争对手的有关情况，并在此基础上设定高于竞争对手的绩效水平和顾客满意水平。不仅如此，企业自身资源也会发生变化。企业市场定位也会发生变化。和什么样的对象建立关系，建立什么样的关系，既有企业的资源、能力限制以及意愿，也有顾客对关系的需求，还有其他利益相关者以及宏观环境等因素影响。因此为了维持关系企业要进行创新。同时随着环境变化，企业还要对关系对象进行创新。

（2）企业对顾客关系的需求

企业对顾客关系需求是因为良好的持久的顾客关系可以为其带来增量购买价值、交叉购买价值、介绍购买价值。消费者顾客的满意必须依赖其他市场顾客的满意，因此满足其他市场关系需求也成了关系营销的间接目标。顾客满意是关系营销的起点和归宿。增量购买、交叉购买的目的要求关系持久稳定，这是目前绝大多数学者公认的关系营销目标即顾客忠诚。由此企业必须追求顾客终生价值。因为顾客满意不一定忠诚。而对原来的企业追求市场份额提出疑问。但是介绍购买的前提是必须顾客满意。只有满意的顾客才有可能带来增量购买、交叉购买、介绍购买。强制的不和谐关系持续久了会发生激烈的正面冲突，如长时间的负面宣传、直接发生冲突。关系持续时间短的顾客，如果消费满意形成正面积极的推荐作用，不满意的顾客则会起负面消极宣传作用；关系持续时间长的顾客，顾客满意增加顾客终生价值，同时起正面积极推荐作用。不满意顾客负面推荐影响大。

2. 竞争

在市场活动中，除了极少数垄断性企业，几乎绝大多数的企业在市场中都会遭遇程度不同的竞争，因此企业的任何决策行为不可能不考虑竞争的影响。不考虑竞争，显然并不符合企业的实际生存状况，没有一家企业是生存在真空的环境中的。在影响市场竞争的这些因素里，在不同的时间、不同的场合、不同的经济水平状态及不同的竞争环境下，他们所起作用是不完全相同的。对企业而言，企业之间的竞争可能表现为市场中某一个关键因素的争夺，也可能是在多个因素的组合下进行的较量。在竞争的环境中考虑顾客关系，从而帮助企业制定超越竞争对手的顾客关系，进而维持自身的顾客不被竞争对手挖走并吸引竞争对手的顾客成为自己的顾客。市场的竞争其本质就是顾客关系的竞争。在竞争的环境下考虑顾客关系，其目的就是为了帮助企业在竞争中建立超越竞争对手的顾客关系，从而赢得顾客。为此必须通过内部价值链竞争以及外部让渡价值系统竞争。因此顾客关系也受到竞争的影响。

和什么样的对象建立关系，建立什么样的关系，受到企业既有的资源、能力限制以及意愿，顾客对关系的需求，还有其他利益相关者以及宏观环境等因素影响。比如，整个社会的诚信制度，法律政策因素，社会技术，经济文化等因素影响企业与顾客双方对关系的需求。不同行业特点，产品生产技术的复杂性，企业自身的技术，社会责任情况，以及消费者自身素质、消费者对产品质量识别、认知的难易程度、信息是否充分对称等都会直接间接地影响关系需求。

3. 顾客关系与企业绩效

营销的基础是为消费者提供和创造价值。没有相应价值，消费者感觉不到物有所值，顾客关系肯定不会持续。关系本身不是目的，而是获取利益的手段。顾客与公司维持长期关系，主要是希望降低不确定性风险，获得较高的利益。为顾客提供更大的让渡价值，是企业建立顾客关系的基石。相对于企业的终极目标来说，营销只是企业的手段，顾客关系更是企业的营销手段。只有顾客满意下的顾客关系才是消费者的本意，不满意的顾客关系只会损害企业利益。不合算的顾客关系投入，企业也不会维持。因此维持顾客关系对企业绩效并非任何情况下都是有利的。只有有利于企业价值的顾客关系企业才会维持。因此对于不利于企业价值的顾客关系企业必须进行创新。

二、顾客关系创新

创新在某种程度上来说就是制造差异。差异化有两条路线：一从目标顾客入手实现差异化；二从价值链入手实现差异化。目标顾客会因他的收入水平、教育程度、年龄、性别等社会人口学特征的差异而对产品有不同的需求。在采购、生产、销售以及售后管理等价值链环节也可以实行差异化。[①] 1954 年港商霍英东创造了房地产行业的一种新型营销模式，即按揭卖楼盘，把原来的房地产商与顾客的买卖关系发展为房地产、银行、顾客之间的三角信贷关系，堪为创变营销关系的典范。

1. 维持顾客关系而进行的创新

企业要与关系对象维持良好的长久的牢固关系，必须不断进行创新。时代在变，技术在变，关系对象的需求亦在不断地改变，今天企业为关系对象提供的独特产品和服务，明天就可能变成没有一点新鲜感的标准件。因此，企业想利用一时独领风骚的特色产品来与关系对象维持长久的关系，显然是不够的。为了满足顾客关系需求而维持关系进行的创新包括：

---

① 宋学宝．"讨伐格兰仕"［J］．中外管理，2001（1）．

组织创新、价值创新、营销理念创新、定位创新、产品创新、服务创新、价格创新、渠道创新、促销创新、广告创新、工艺创新、管理创新。每一创新项目下面又有多层次的创新。对于营销组合的创新，既有单项创新，也有组合创新（一级组合创新、二级组合创新、三级组合创新）。

（1）组织创新

组织创新以市场为导向。企业的组织要素通常包括组织结构、政策、文化。这些因素在市场环境发生急剧变化时，如果不相应变革，往往会成为企业维系和发展与市场有机联系的机能障碍。企业要根据环境的变化对其组织结构和政策进行革新。采用当前新观念、新方法、新设备（机械化、手工化、智能化、自助化、无人化），降低企业成本，提升效率。

（2）价值创新

价值创新主要是产品与服务创新。根据需求的价值内容创新；改变价值构成指标进行价值量的提升。顾客价值的创新：增加价值、降低成本；增加过程价值；增加结果价值。产品需求层次创新、提升价值。一是从每个顾客决策流程环节价值创新，增加顾客价值，降低顾客成本。二是从企业价值链流程环节价值创新，增加顾客价值，降低顾客成本。三是降低企业成本，提升效率。

（3）营销创新

创新在一定意义上讲就是参照一定的对象进行有效差异化。营销创新就是差异化维度和差异化导向的选择。差异化维度有营销组织、营销制度、营销观念、市场、营销策略等维度。营销差异化导向有生产导向、消费者导向和竞争者导向。不同企业应根据实际情况具体选择不同的差异化维度和导向创新。[1]

营销观念差异化。所谓观念创新就是企业适应新的营销环境的客观变化而形成正确的认识或看法。由于它是企业开展营销活动的指导思想，或者说它支配着企业市场营销活动，所以，它是企业营销创新的灵魂。观念创新主要包括四方面内容：首要问题是树立正确的市场意识，其次树立正

---

[1] 李双龙．差异化与营销创新［J］．管理现代化，2007（2）．

确质量意识，再次增强竞争意识，最后是强化合作意识。

营销组织的差异化。在激烈的市场竞争中，营销组织创新呈现出联合化、扁平化和虚拟化的发展趋势。

营销制度差异化。传统上的营销制度经过六种变化形态，即一般意义上的营销部门到作为企业活动中的"平等""重要""主要"的职能部门，发展到"综合型""定位型"的职能部门。

市场差异化。市场是指企业的服务对象，即目标顾客。它表现为一定地理范围内的某些类型的潜在消费者或用户的集合。据此，市场创新有两种思路：重新选择销售区域或重新选择购买群体。市场创新的最好办法就是不断细分。

策略差异化。创新策略已由传统的 4P 发展为 6P、10P、4C、4R。不仅如此，在每一个策略下面各子策略也要不断创新，不仅有单项策略创新，还要不同策略综合创新，所以企业要用发展的眼光来运用策略和进行策略创新。①

无论什么差异化导向和维度，营销创新创意都是有两个目的：一是需求创意，新的需求发现和新市场的发现；二是通过创意影响消费者行为。对于创意，要么让创意形成产品或服务，要么创意要有利于或服务于既有产品、服务的营销。通过将科技、创意、创新作为营销手段，服务于营销，影响消费者认知情感意志，实现营销目标。从顾客方面的创新创意，不能为了创新创意而为。要看创新创意结果顾客有没有需求；功能创意，在功能上对顾客有没有帮助。如实用、方便，降低顾客使用成本、购买成本、运输成本、保管成本等好处。认知创意（感觉创意、知觉创意）有利于顾客注意、吸引顾客眼球、帮助顾客记忆。情感创意，让顾客觉得好看、喜欢，心情愉快，有利于影响消费者，进而有利于营销。如在成都锦里卖明信片加创意的一个小店铺，旧书安放在地下上面有玻璃人可以在上面行走，吸引了很多人进店参观。又如争鲜回转寿司通过传送带传送菜，减少员工节约成本，也吸引顾客眼球。如传统的水果卖法都是把水果从园

---

① 李双龙. 差异化与营销创新［J］. 管理现代化，2007（2）.

子摘下拿到市场以坐商的形式销售。现在是让顾客到园子里摘吃买新鲜水果。以前西瓜主要针对一家人买回家吃，现在针对学生、单个的女生或行人游客切成可以直接吃的小块装盒卖。以前按斤或个直接卖西瓜等水果，现在按大小不同的包装盒卖水果或把西瓜切成可以直接吃的小块装盒卖。因此创新创意以影响顾客需求、顾客认知、顾客情感、顾客购买为目的，不能为了创意而创意。

企业创新的层次、要素是很多的。战略的创新、职能部门的创新以及战术的创新之间有先后的问题。战略的创新是关键的和首先的。当战略确定并稳定下来后，企业局部的创新以及战术的创新就提上议事日程。技术创新和制度创新之间，制度创新重要于技术创新并优先于技术创新。营销创新方面，营销观念创新先于营销策略创新。由于企业资源的约束、能力的有限以及急迫程度的不同，企业应根据创新的急迫程度以及资源、能力的条件情况按时间顺序进行创新。① 对中小企业来说，技术创新困难，市场创新先于技术创新。而对于大企业有能力和条件进行技术创新，因此技术创新肯定优先于市场创新。②

2. 关系对象的创新

关系对象的创新，包括建立新关系、终止老关系、恢复关系。关系对象创新主要是市场或顾客创新。市场是指企业的服务对象，即目标顾客。它表现为一定地理范围内的某些类型的潜在消费者或用户的集合。据此，市场创新有两种思路：重新选择销售区域或重新选择购买群体。市场创新的最好办法就是不断细分。比如，由国内市场进入国际市场；消费者市场进入组织市场；城市市场进入农村市场；高端市场进入低端市场等。

3. 顾客关系方式和关系性质创新

关系方式以及关系性质的创新。如何建立关系，建立什么性质的关系，这些都不是一成不变的。关系的性质和方式种类有很多，比如，大、小客户关系，重要与不重要客户关系，单方面主导关系，双方面主导关

---

① 李双龙. 企业技术创新存在的问题分析［J］. 西南民族大学学报，2005（2）.
② 李双龙，裴志丹. 浅谈企业创新的原则［J］. 中外企业家，2012（11）（上）.

系，合作关系、合伙关系、结盟关系，正式关系，非正式关系，升降关系等。任何企业与各市场子系统的关系，其关系对象、性质、形式、数量、范围等等都不是一成不变的，它们必然随着企业内在条件和客观环境的变化而变化：新的关系产生了，旧的关系消失了；有的关系变得密切，有的关系变得松散；有些关系越来越稳定，有些关系越来越动荡；有的关系甚至发生了性质上的变化，如敌对关系变为友好关系，竞争关系转为协作关系，等等。企业的基本关系状态的变化，必然要求企业关系营销的目标、策略、方法进行相应的调整。这种关系变化的结果可能对企业的经营管理产生重大的影响，因此，企业必须用发展的眼光来看待其关系营销管理。

4. 其他利益相关者关系创新

企业的竞争优势并非完全来自企业自身，也来自企业的利益相关者，他们起着影响企业竞争优势的作用。企业必须正确处理和这些利益相关者的关系。同时企业的政治、经济、技术、文化、自然等环境对企业的经营活动造成影响。第一，能影响消费者需求的变化；第二，能影响供应商、经销商、政府等利益相关者的需求的变化；第三，能影响竞争者战略战术的变化。凡此种种，都要求企业及时做出应对的决策。为了维持顾客关系，让顾客满意，企业必须对其各利益相关者关系对象、关系方式、性质进行及时创新。

后　记

　　多年的资料准备，一次又一次调整书稿结构，不断自我否定，不断修改书稿，作者今天终于完稿了。书中难免有不足和瑕疵，原因：一是作者能力的局限；二是社会在不断发展变化。

　　作者在多年的《关系营销》《客户关系管理》课程的教学实践过程中，坚持教学和科研相结合、理论和实践相联系。基于互联网环境下的企业同样面临竞争和企业发展等现实情况，作者不断收集相关资料，分析现有顾客关系/客户关系理论，力求对顾客关系/客户关系理论的研究，既有理论性、系统性，又有实操性。市场经济是世界经济的主流和现实，市场经济是交换经济。作者结合市场经济的大环境，从交换视角研究顾客关系。企业为什么交换？与谁交换？交换什么？怎么交换？交换的形态？交换的结果？与此对应了顾客关系的形成和实质、顾客关系的主体、顾客关系的内容、顾客关系的过程、顾客关系的属性特征和顾客关系的结果等相关问题。作者在对什么是顾客关系，为什么是顾客关系，以及如何开展顾客关系、关系营销和管理关系等问题的自问自答，和不断深入地进行系统研究后，终于有了这本拙著的出版。

　　这本书能够最终出版，得力于光明日报出版社王佳琪老师的辛勤付出。王老师在百忙之中抽出宝贵的时间，帮助作者斟酌书稿标题，指出个别案例使用不合理，在字词的校正以及引用的规范等方面花费了大量的精力。作者在此对王老师深表感谢！

　　在作者曾经的学习、工作中，在此书的撰写过程中，作者母亲一直是作者的精神动力，她一直激励作者坚持前行。作者母亲目不识丁，但她善良、勤劳、纯朴、坚韧、省吃俭用。她一生是非分明，为人善良宽厚。她的言行一直教育影响着作者。谨以此书纪念在天堂的作者母亲！也纪念作者的昨天！

2022 年 10 月于成都三里花城

参考文献

［1］马克思恩格斯选集（第 2 卷）［M］．北京：人民出版社，1972.

［2］马克思恩格斯全集（第 1、3 卷）［M］．北京：人民出版社，1995.

［3］马克思．资本论［M］．北京：人民出版社，1975.

［4］阿德里安·佩恩．关系营销——形成和保持竞争优势［M］．北京：中信出版社，2002.

［5］索斯顿·亨尼格-索罗．关系营销：建立顾客满意和顾客忠诚赢得竞争优势［M］．罗磊，译．广州：广东经济出版社，2003.

［6］迈克尔·R. 所罗门．消费者行为学（第五版）［M］．北京：经济科学出版社，2003.

［7］科特勒．营销管理（第十一版）［M］．上海：上海人民出版社，2003.

［8］科特勒．营销管理分析、计划、执行和控制（第九版）［M］．上海：上海人民出版社，1999.

［9］科特勒．营销管理（新千年版．第十版）［M］．北京：中国人民大学出版社，2001.

［10］约翰·莫温，迈克尔·麦纳尔．消费者行为学［M］．北京：清华大学出版社，2003.

［11］罗格·D. 布莱克韦尔，等．消费者行为学（原第 9 版）［M］．北京：机械工业出版社，2003.

［12］霍金斯，贝斯特，科尼．消费者行为学［M］．北京：机械工业

出版社，2000.

　　[13] 彼得·布劳. 社会生活中的交换与权力 [M]. 北京：华夏出版社，1988.

　　[14] 莫温，迈纳. 消费者行为学 [M]. 北京：清华大学出版社，2003.

　　[15] 康芒斯. 制度经济学 [M]. 北京：商务印书馆，1983.

　　[16] 凯琳等. 战略营销：教程与案例 [M]. 大连：东北财经大学出版社，2000.

　　[17] 格罗鲁斯. 服务管理与营销 [M]. 北京：电子工业出版社，2002.

　　[18] 克里斯托弗·H. 洛夫洛克. 服务营销（第三版）[M]. 北京：中国人民大学出版社，2001.

　　[19] 乌尔瓦希·毛卡尔. 客户关系管理 [M]. 北京：中国人民大学出版社，2014.

　　[20] 彼得·奥尔森. 消费者行为与营销战略 [M]. 大连：东北财经大学出版社，2000.

　　[21] 莱恩哈德·斯普伦格. 信任 [M]. 北京：当代中国出版社，2004.

　　[22] 伊根. 关系营销：剖析营销中的关系策略 [M]. 北京：经济管理出版社，2005.

　　[23] 赫斯克特，萨塞，施莱辛格. 服务利润链 [M]. 北京：华夏出版社，2002.

　　[24] 欧德罗伊德. 市场营销环境 [M]. 杨琳，译. 北京：经济管理出版社，2004。

　　[25] 谢斯（ShethMittal, B.），等. 消费者行为学：管理视角（第2版）[M]. 北京：机械工业出版社，2004.

　　[26] 拜瑞·J. 内勒巴夫，亚当·M. 布兰登勃格. 合作竞争 [M]. 合肥：安徽人民出版社，2000.

　　[27] 泽丝曼尔，比特纳. 服务营销 [M] . 北京：机械工业出版

社，2004.

[28] 丹尼斯·J. 克希斯. 内部营销 [M]. 北京：机械工业出版社，2000.

[29] 威勒，西兰琶. 利益相关者公司 [M]. 北京：经济管理出版社，2002.

[30] 金黛如特约. 信任与生意——障碍与桥梁 [M]. 陆晓禾，译. 上海：上海社会科学院出版社，2003.

[31] 彻纳东尼. 品牌制胜——从品牌展望到品牌评估 [M]. 北京：中信出版社，2002.

[32] 特拉维斯. 情感品牌 [M]. 北京：新华出版社，2003.

[33] 莱兹伯斯. 品牌管理 [M]. 北京：机械工业出版社，2004.

[34] 彼得，奥尔森. 消费者行为与营销战略 [M]. 大连：东北财经大学出版社，2000.

[35] 里克·卡什. 供需新规则 [M]. 沈阳：辽宁教育出版社，2002.

[36] J. 佩帕德，P. 罗兰. 业务流程再造 [M]. 北京：中信出版社，1999.

[37] 张晓堂. 市场营销学 [M]. 北京：中国人民大学出版社，2003.

[38] 菲利普·科特勒，等. 市场营销管理（亚洲版·第二版）[M]. 北京：中国人民大学出版社，2003.

[39] 沃克，马尔. 利益相关者权力 [M]. 北京：经济管理出版社，2003.

[40] 安东尼奥，等. 公司战略管理与政企关系 [M]. 北京：中国人民大学出版社，2001.

[41] 张福墀，杨静. 管理哲学 [M]. 北京：经济管理出版社，2003.

[42] 卢现祥. 西方新制度经济学 [M]. 北京：中国发展出版社，2003.

［43］薛而思．营销潜规则［M］．上海：上海科学技术文献出版社，2004.

［44］卢泰宏，等．消费者行为学——中国消费者透视［M］．北京：高等教育出版社，2005.

［45］郭咸纲．西方管理思想史（第二版）［M］．北京：基金管理出版社，2002.

［46］王谊，于建原，张剑渝，等．现代市场营销学［M］．成都：西南财经大学出版社，2004.

［47］陆和平．赢得客户的心——中国式关系营销［M］．北京：企业管理出版社，2010.

［48］彼得，奥尔森．消费者行为与营销战略［M］．大连：东北财经大学出版社，2000.

［49］李洪道．营销三问：让客户主动上门［M］．北京：机械工业出版社，2007.

［50］刘北林．商品学［M］．北京：北京中国人民大学出版社，2006.

［51］李萍莉．经营者业绩评价——利益相关者模式［M］．杭州：浙江人民出版社，2001.

［52］江若尘．大企业利益相关者问题研究［M］．上海：上海财经大学出版社，2004.

［53］王方华，洪祺琪．关系营销［M］．太原：山西经济出版社，1998.

［54］屈云波，等．营销企划手册［M］．北京：企业管理出版社，2008.

［55］张国寿．经销商管理手册［M］．广州：广东经济出版社，2002.

［56］蓝海林，张平．战略管理：中国情景下的企业战略行为［M］．北京：机械工业出版社，2011.

［57］陆铭，潘慧．政企纽带：民营企业家成长与企业发展［M］．北

京：北京大学出版社，2009.

[58] 丁丽琼．现代企业营销理论与策略 ［M］．长沙：湖南大学出版社，2004.

[59] 苏朝军．客户关系的建立与维护 ［M］．北京：清华大学出版社，2007.

[60] 丁兴良．营销新革命之一：突破工业品营销瓶颈 ［M］．北京：经济管理出版社，2008.

[61] 张联雄．用脑袋走路：一个营销策划人的智慧火花 ［M］．武汉：湖北科学技术出版社，2006.

[62] 杨松霖．品牌速成大师 ［M］．北京：中国经济出版社，2009.

[63] 陈放．品牌学 ［M］．北京：时事出版社，2002.

[64] 李仉辉．客户关系管理 ［M］．上海：复旦大学出版社，2013.

[65] 董雅丽，杨魁．关系文化与关系营销 ［M］．北京：中国社会科学出版社，2006.

[66] 杨国枢．中国人的心理 ［M］．台北：台北桂冠图书公司，1982.

[67] 徐晖，齐洋钰．大客户销售谋攻之道 ［M］．北京：中国人民大学出版社，2015.

[68] 贺兵一．向高层销售：与决策者有效打交道 ［M］．北京：中华工商联合出版社，2015.

[69] 丁兴良，张丹．工业品企业促销策略革命 ［M］．北京：经济管理出版社，2008.

[70] 丁兴良．营销新革命之一：突破工业品营销瓶颈 ［M］．北京：经济管理出版社，2008.

[71] 孙富鑫．史玉柱口述：我的人生哲学 ［M］．深圳：海天出版社，2014.

[72] 王成慧．市场营销理论的演进逻辑与创新研究 ［M］．北京：中国财政经济出版社，2003.

[73] 熊银解．销售管理 ［M］．北京：高等教育出版社，2005.

［74］管顺丰，等．艺术管理［M］．北京：北京大学出版社，2008.

［75］杨明刚．市场营销100个案与点析［M］．上海：华东理工大学出版社，2004.

［76］周红梅．马克思交换理论的经济学研究［M］．南京师范大学硕士论文，2005.

［77］贾利利．社会生活中的社会交换理论［C］．东方企业文化·天下智慧，2010（6）.

［78］宋晓兵，董大海．国外关系价值研究综述［J］．外国经济与管理，2008（4）.

［79］杜巍．关系质量评价研究［J］．东岳论丛，2010（3）.

［80］姚作为．关系质量的关键维度——研究述评与模型整合［J］．科技管理研究，2005（8）.

［81］徐细雄．顾客关系管理理论研究新进展及其对我国企业营销实践的启示［J］．外国经济与管理，2009（1）.

［82］孟祥科．西方人性理论研究综述［J］．延边党校学报，2011（1）.

［83］姜利军．管理理论中人性假设模式综述［J］．经济学动态，2000（5）.

［84］柴国君，李文豪，魏晶国．经济学中关于"人性假定"的理论综述——基于原子论和混沌论视角［J］．内蒙古财经学院学报，2012（1）.

［85］严浩仁，等．试论顾客满意的形成机理模型及其发展［J］．经济经纬，2004（1）.

［86］丁望．国外客户关系管理理论研究综述［J］．经济纵横，2005（8）.

［87］班红娟．交换理论中人性假设分析与批判［J］．福建论坛（社科教育），2009（2）.

［88］朱方明．论马克思主义经济发展理论中国化的新发展［J］．四川大学学报（哲学社会科学版），2018（5）.

［89］周红梅．论马克思交换理论的地位和价值［J］．当代经济，2007（7）（上）．

［90］连燕华．技术创新政策体系的目标与结构［J］．科学学研究，1999（3）．

［91］杨志勇．顾客要结果还是要过程［J］．销售与市场（管理版），2013（1）．

［92］周志娟，金国婷．社会交换理论综述［J］．探索，2009（1）．

［93］张屹山，金成晓．真实的经济过程：利益竞争与权力博弈［J］．社会科学战线，2004（4）．

［94］梁威．论内部营销策略组合及其应用模型［J］．现代管理科学，2003（4）．

［95］李蔚．论 CS 管理中的顾客结构［J］．商业经济与管理，1998（5）．

［96］屈晓华．构建新时期民营企业与政府关系的思考［J］．管理现代化，2003（3）．

［97］邓大才．论政府市场［J］．山东社会科学，2004（7）．

［98］系红妹．内部营销概念的演变以及内部营销的实施［J］．国际商务研究，2003（5）．

［99］肖冰果，王晓晚．关于信任资源的制度经济学分析［J］．山东社会科学，2010（4）．

［100］贾雷，涂红伟，周星．消费者信任修复研究评介及展望［J］．外国经济与管理，2012（1）．

［101］张康之．有关信任话题的几点新思考［J］．学术研究，2006（1）．

［102］周志民，卢泰宏．广义品牌关系结构研究［J］．中国工业经济，2004（11）．

［103］杨曦沦．品牌是一种关系［J］．中国民航报，2008（1）．

［104］李耀．国外品牌关系理论新探索［J］．商业研究，2011（11）．

［105］张红明. 品牌体验类别及其营销启示［J］. 商业经济与管理, 2003（12）.

［106］李大洪. 关系竞争与企业竞争优势［J］. 江苏商论, 2008（11）.

［107］吕庭华. 两个制造商争夺一个经销商的故事［J］. 销售与市场（渠道版）, 2007（2）.

［108］宋学宝. "讨伐格兰仕"［J］. 中外管理, 2001（1）.

［109］李双龙. 基于地方政府的西部民营企业关系营销对策［J］. 特区经济, 2019（5）.

［110］李双龙. 消费者与企业社会责任［J］. 湖北经济学院学报（人文社会科学版）, 2005（11）.

［111］李双龙. 差异化与营销创新［J］. 管理现代化, 2007（2）.

［112］李双龙. 企业技术创新存在的问题分析［J］. 西南民族大学学报, 2005（2）.

［113］李双龙, 裴志丹. 浅谈企业创新的原则［J］. 中外企业家, 2012（11）（上）.

［114］J. A. CZEPIEL, M. R. SOLOMON, C. F. SURPRENANT（eds.）. The Service Encounter［M］. Lexington, MA: Lexington Books, 1985.

［115］PEPPERS D, ROGERS M. The One-to-One Future［M］. New-York: DoubledayPublications, 1993.

［116］CHRISTOPHER M., PAYNE A., BALLANTYNE D. Relationship Marketing［M］. Butterworth Heinemann, Oxford, 1991.

［117］CSIKSZENTMIHALYI M. Flow: The psychology of optimal experience［M］. New york: Harper & Row, 1990.

［118］ALEX R. ZABLAH DANNY N Beuenger, Wesley J. Customer relationship management: Anexplication of its domain and avenues forfurther inquiry［M］. Berlin: Freie Universität Berlin, 2003.

［119］ADRIAN PAYNE. The Essence of Services Marketing［M］. Prentice Hall Europe, 1993.

[120] CSIKSZENTMIHALYI M. Flow: The psychology of optimal experience [M]. New York: Harper&Row, 1990.

[121] PAUL COSTA, ROBERT MC CRAC. from catalog to classification: rays needs and the five-factor model [J]. Joumal of Personality, 1988, 55 (2).

[122] Murray Raphel. The Art of Direct Marketing: Upgrading Prospects to Advocates [J]. Direct Marketing, 1995. 6. 6.

[123] ADRIAN PAYNE, PENNIE FROW. A strategic framework for customer relationship management [J]. Journal of Marketing, 2005, 69 (10).

[124] CHRTSTION GROINROOS. Marketing redefined [J]. Management Decision, 1990, 28 (8).

[125] DAVID A. GARVIN. What does "product quality" mean? [J]. Sloan Management Review, 1984, 26 (1).

[126] C. w. L. HART. The Power of Unconditional Guarantees [J]. Harvard Business Review, July-August 1988.

[127] WILSON DT, JANTRANIA S. Understanding the value of a relationship [J]. Asia-Australia Marketing Journal, 1995, 2 (1).

[128] RAVALD A, GRÖNROOS C. The value concept and relationship marketing [J]. European Journal of Marketing, 1996, 30 (2).

[129] HOGAN JE. Expected relationship value: Aconstruct, a methodology for measurement and a modeling technique [J]. Industrial Marketing Management, 2001, 30.

[130] LAPIERRE J. Customer perceived value in industrial contexts [J]. Journal of Business&Industrial Marketing, 2000, 15 (2/3).

[131] ULAGA W, EGGERT A. Relationship value and relationship quality [J]. European Journal of Marketing, 2006, 40 (3/4).

[132] MCALEXANDER JH, KIM SK, ROBERTS SC. Loyalty: The influences of satisfaction and brand community integration [J]. Journal of Marketing Theory&Practice, 2003, 11 (4).

［133］AJZEN I. The theory of planned behavior ［J］. Organizational Behavior & Human Decisions Processes, 1991, 50 (2).

［134］BAGOZZI RP, DHOLAKIA UM. Antecedents and purchase consequences of customer participation in small group brand communities ［J］. International Journal of Research in Marketing, 2006, 23 (1).

［135］BELK RW. Possessions and the extended self ［J］. Journal of Consumer Research, 1988, 15 (9).

［136］ALGESHEIMER R, DHOLAKIA UM, HERMANN A. The social influence of brand community: Evidence from European car clubs ［J］. Journal of Marketing, 2005, 69 (3).

［137］MCMILLIAN DW, CHAVIS DM. Sense of community: A definition and theory ［J］. Journal of Consumer Psychology, 1986, 14 (1).

［138］ALGESHEIMER R, DHOLAKIA UM, HERMANN A. The social influence of brand community: Evidence from European car clubs ［J］. Journal of Marketing, 2005, 69 (3).

［139］ROSENBAUM MS, OSTROM AL, KUNTZE R. Loyalty programs and a sense of community ［J］. Journal of Services Marketing, 2005, 19 (4).

［140］SCHOUTEN JW, MCALEXANDER JH, KOENIG HF. Transcendent customer experience and brand community ［J］. Journal of the Academic Marketing Science, 2007, 35 (3).

［141］CROSBY LAWRENCE A, EVANS KENNETH R, COWLES DEBORAH. Relationship Quality in Services Selling: An Interpersonal Influence Perspective ［J］. Journal of Marketing. 1990, 54 (3).

［142］STORBACKA, KAJ, STRANDVIK, TORE, GRÖNROOS, CHRISTIAN. Managing Customer Relationships for Profit: The Dynamics of Relationship Quality ［J］. International Journal of Service Industry Management, 1994, 5 (5).

［143］PALMER ADRIAN , BEJOU DAVID. Buyer-Seller Relationships: A

Conceptual Model and Empirical Investigation ［J］. Journal of Marketing Management, 1994, 10（6）.

［144］ROBERTS KEITH, VARKI SAJEEV, BRODIE ROD. Measuring the Quality of Relationships in Consumer Services: An Empirical Study ［J］. European Journal of Marketing, 2003, 37（1/2）.

［145］J. BROCK SMITH. Buyer－Seller Relationships: Similarity, Relationship Managements, and Quality ［J］. Psychology & Marketing, 1998, 15（1）.

［146］MOHR JAKKI, SPEKMAN ROBERT. Characteristics of Partnership Success: PartnershipAttributes, CommunicationBehavior, and Conflict Resolution Techniques ［J］. StrategicManagement Journal, 1994, 15（2）.

［147］DWYER F. ROBERT, OH SEJO. OutputSectorMunificence Effects on the Internal Political Economy of Marketing Channels ［J］. Journal of Marketing Research, 1987, 24（4）.

［148］MICHAEL. DORSCH, SCOTT R. SWANSON, SCOTT W. Kelley. The Roleof Relationship Quality in the Stratification of Vendors as Perceived by Customers ［J］. Journal. Of the Academy of Marketing Science, 1998, 26（2）.

［149］NIRMALYA KUMAR, LISA K. SCHEER, J B E. M. STEENKAMP. The Effectsof Supplier Fairness on Vulnerable Resellers ［J］. Journal of MarketingResearch, 1995, 32（1）.

［150］PARSONS AMYL. WhatDetermines Buyer－Seller Relationship Quality? An Investigation from the Buyer's Perspective ［J］. Journal of Supply Chain Management, 2002, 38（2）.

［151］AFRICA ARIO, JOSE DE LA TORRE PETER SMITH RING. Relational Quality: Managing Trust in Corporate Alliances ［J］. California ManagementReview, 2001, 44（1）.

［152］GUMMESSON EVERT. The New Marketing－Developing Long－term Interactive Relationship ［J］. Long Range Planning, 1987, 20（4）.

[153] HOLMLUND MARIA. The D& D model—dimensions and domains of relationship quality perceptions [J]. Service Industries Journal, 2001, 21 (jul/3).

[154] THORSTEN HENNIG-THURAU, ALEXANDER KLEE. The Impact of Customer Satisfaction and Relationship Quality on Customer Retention: A Critical Reassessment and Model Development [J]. Psychology & Marketing, 1997, 14 (8).

[155] HOLMLUND MARIA. The D&D Model: Dimensions and Domains of Relationship Quality Perceptions [J]. Service Industries Journal, 2001, 21 (3).

[156] THORSTEN HENNIG-THURAU, KEVIN P. GWINNER, DWAYNE D. GREMLER. Understanding Relationship Marketing Outcomes: An Integration of Relational Benefits and Relationship Quality [J]. Journal of Service Research, 2002, 4 (3).

[157] ANNIKA RAVALD, CHRISTIAN GRÖNROOS. The Value Concept and Relationship Marketing [J]. European Journal of Marketing, 1996, 30 (2).

[158] W. ULAGA, A. EGGERT. Relationship value and relationship quality [J]. European Journal of Marketing, 2006, 40 (3/4).

[159] ADRIAN PAYNE, PENNIE FROW. A strategic framework for customer relationship management [J]. Journal of Marketing, 2005, 69 (10).

[160] SUDHIR H. KALE. CRM failure and the seven deadly sins [J]. Marketing Management, 2004, 13 (9-10).

[161] ADRIAN PAYNE, PENNIE FROW. Customer relationship management: From strategy to implementation [J]. Journal of Marketing Management, 2006, 22.

[162] GRÖNROOS C. From marketing mix to relationship marketing: Towards a paradigm shift in marketing [J]. Management Decision, 1994, 32 (2).

［163］PARASURAMAN A. Reflection on gaining competitive advantage through customer value ［J］. Journal of the Academy of Marketing Science, 1997, 25 (2).

［164］PAYNE A, HOLT S. Diagnosing customer value: Integrating the value process and relationship marketing ［J］. British Journal of Management, 2001, 12.

［165］WILSON D T, JANTRANIA S. Understanding the value of a relationship ［J］. Asia-Australia Marketing Journal, 1995, 2 (1).

［166］RAVALD A, GRÖNROOS C. The value concept and relationship marketing ［J］. European Journal of Marketing, 1996, 30.

［167］LAPIERRE J. Customer – perceived value in industrial contexts ［J］. Journal of Business & Industrial Marketing, 2000, 15 (2/3).

［168］MCALEXANDER J H, KIM S K, ROBERTS S C. Loyalty: The influences of satisfaction and brand community integration ［J］. Journal of Marketing Theory&Practice, 2003, 11 (4).

［169］AJZEN I. The theory of planned behavior ［J］. Organizational Behavior &Human Decisions Processes, 1991, 50 (2).

［170］BAGOZZI R P, DHOLAKIA U M. Antecedents and purchase consequences of customer participation in small group brand communities ［J］. International Journal of Research in Marketing, 2006, 23 (1).

［171］BELK R W. Possessions and the extended self ［J］. Journal of Consumer Research, 1988, 15 (9).

［172］ALGESHEIMER R, DHOLAKIA U M, HERMANN A. The social influence of brand community: Evidence from European car clubs ［J］. Journal of Marketing, 2005, 69 (3).

［173］MCMILLIAN D W, CHAVIS D M. Sense of community: A definition and theory ［J］. Journal of Consumer Psychology, 1986, 14 (1).

［174］ROSENBAUM M S, OSTROM A L, KUNTZE R. Loyalty programs and a sense of community ［J］. Journal of Services Marketing, 2005, 19

(4) .

[175] SCHOUTEN J W, MC ALEXANDER J H, KOENIG H F. Transcendent customer experience and brand community [J] . Journal of the Academic Marketing Science, 2007, 35 (3) .

[176] CROSBY L A, EVANS K R, COWLES D. Relationship quality in service selling: an interpersonal influence perspective [J] . Journal of Marketing, 1990, 54 (3) .

[177] GUMMESSON E. The New Marketing: Developing Long-Term Interactive Relationships [J] . Long Range Planning, 1987, 20 (4) .

[178] STORBACKA K, STRANDVIK T, GRÖNROOS C. Managing Customer Relationships for Profit: the Dynamics of Relationship Quality [J] . International Journal of Service Industry Management, 1994, 5 (5) .

[179] WILSON D, JANTRANIA S. Understanding the Value of a Relationship [J] . Asia-Australia Marketing Journal, 1996, 2 (1) .

[180] WILSON D T, MUMMALANENI V. Bonding and Commitmentin Supplier Relationships: APreliminary Conceptualization [J] . Industrial Marketing and Purchasing, 1986, 1 (3) .

[181] PETE NAUDE. Assessing relationship quality [J] . Industrial Marketing Management, 2000, 29 (4) .

[182] KIM W G, HAN J S, LEE E. Effects of relationship marketing on repeatpurchase and word of mouth [J] . Journal of Hospitality & Tourism Research, 2001, 25 (3) .

[183] MOHR J, SPEKMAN R. Characteristics of Partnership Suc-cess: Partnership Attributes, Communication Behavior and Conflict Resolution Techniques [J] . Strategic Management Journal, 1994, 15.

[184] STORBACKA K, STRANDVIK T, GRÖNROOS C. Managing Customer Relationships for Profit: the Dynamics of Relationship Quality [J] . International Journal of Service Industry Management, 1994, 5 (5) .

[185] LILJANDER VERONICA, STRANDVIK TORE. The Nature of Cus-

tomer Relationships in Services ［A］.//Teresa A. Swartz, David E. Bowen, Stephen W. Brown. （Eds.） Advances in Services Marketing and Management ［C］.London：JAI Press Inc.，1995.